3. 哲学原典精读系列

主编 | 吴晓明　孙向晨

《孟子》精读

徐洪兴·著

复旦大学出版社

总　　序

吴晓明

　　阅读并研习经典，亦即与经典作品的持续"对话"，是人文学术的真正基础。人文学术的基本样式与其他学科不同，它只是在很小的程度上构成所谓"规范的"或现成的知识体系；就其实质而言，它是一种唯有在多重的对话中方能保持其生机的"思想奠基活动"。这意味着，作为某种先行的思想奠基活动，人文学术及其成果毋宁应当被更恰当地理解为诸知识体系孕育其中并植根其上的思想-定向和精神-根据。

　　对于哲学学术来说，情形尤其如此。因为哲学在根本上就是——并且完全就是——"思想的事情"。而此种思想之事的大端之一，便是为既与的规范知识筹划并准备必要的思想前提和经验法则——规定其活动的领域并为其活动制定基本方向。此间的差别可以较为便捷地提示哲学学术的独特性：真正说来，那构成既与知识体系之思想前提的东西，本身不是现成的知识。事实上，我们在学习过程中有可能观察到这样的情形：既与的知识体系仿佛是展开在一个平面上，你可以通过一定的程序逐步地扩张至整个领域；而思想的事情则仿佛是在垂直于平面的纵向上活动，你往往只有通过占据不同高度的上升运动才能不断地扩展自己的视野。大体说来，这就意味着哲学与知性科学在学科性质上的一种差别。

　　正是这种性质上的差别决定了哲学研习的基本方式。它只是在极其有限的范围内才能依赖于"教程"或"教科书"之类的形式体系，而由此让渡出来的巨大区域正应当为经典的研习所占据，并成为研习者与之积极对话的广阔空间。在某种提示性的意义上可以说,比较起沃尔夫空洞的教材式"体系",康德的"批判"会重要得多;对于真正的哲学研习来说,这两者的价值几乎是难以比拟的。

我们在这里之所以特别强调这一点,是为了突出地表明哲学学术的特点,而决不意味着知识的获取和积累因此是无关紧要的。"学而不思则罔,思而不学则殆"——这向来是对此一问题之最为正当的领会方式。但是,既然哲学依其本质来说就是思想的事情,那么,这里的一切"所学"总已先行地从属于"能思"了。也就是说,哲学之本己的任务——开启并守护思想,乃是一切可称之为哲学"知识"的东西始终围绕着旋转的枢轴;离开了这个枢轴,固然知识的东西还可以保留下来,但已不再是——或很少是——真正"哲学的"了。因此之故,我们几乎可以说,哲学学术的唯一正途,便是阅读并研习经典,即与真正的"思者"保持对话,以便使开启并守护思想之事能够不间断地付诸实行。一切既与的知识体系固然无疑是思想的成果,但哲学所关注的那一度是:思想的开展本身以及这种开展所需要的前提和条件。

然而,哲学作为思想的事情,却并不仅仅是思想的"内部自身"。它从根本上来说关乎时代,关乎时代的精神状况与经验样式,关乎时代的根本问题与未来命运。正如黑格尔所说,哲学无非是被把握在思想中的时代。那些被称为"哲学经典"的著作之所以成为经典,不仅在于其生动活跃的原创性思想,而且在于这些思想深深植根其中的那个时代被决定性地道说出来了。真正的哲学家,无论他自己是否清楚地意识到这一点,总已使思想的锋芒最关本质地涵泳于时代的风云中了。即使是那些最为孤寂、看起来只是一味沉思冥想的哲学家,即使是那些最为深奥、读起来总是一派晦涩玄远的哲学著作,无一例外地总是时代的产儿,并且总是依循其揭示并切中时代的深度来获得其品题和权衡的。常常伫立在雪地里沉思的苏格拉底是如此,往往奔波劳苦的孔夫子也是如此;笛卡尔的"我思"是如此,王阳明的"良知"也是如此。至于说到黑格尔,那么海德格尔曾这样评论道:新时代的劳动的形而上学本质,在《精神现象学》中是被深刻地道说出来了。

总　序

如果说，在那些几经翻拓的知识读本中，哲学思想和时代境况已经被渐次分离开来并从而变得难以识别的话，那么，经典著作的优越性恰恰在于：上述联系能够以一种有机的生命体的形式显现出来；而这就意味着，在我们能够从中真正读懂思想的地方，我们同时也真正读懂了那个时代，读懂了在时代的根本问题及其应答中开展出来的实际思想进程。指出这一点是重要的，因为对于哲学来说，体现在其经典源头中的思想本身又是依时代的性质来定向的；依此定向我们便能积极地寻绎并领会哲学思想的本质来历。而只有当这种本质来历被牢牢地把握住的时候，思想的航船才能够避开各种无内容的抽象——"外部反思"以及由之而来的疏阔散宕的"意见"——而重新扬帆起航。

当哲学思想的本质来历能够被较为切近地领会到的时候，思想的开展过程以及这种开展所需要的前提和条件就开始显现出来了。因此之故，就像哲学本身要力求体现为批判的思想一样，对经典著作的阅读和研习也应当成为批判的思想。"批判"一词之原初和简要的含义是：澄清前提并划定界限。康德的"纯粹理性批判"意味着，澄清人类知识的先验前提，并通过对这种知识的划界来为信仰留出地盘。而马克思的"政治经济学批判"所做的工作无非是：澄清现代经济生活——政治经济学只是其理论表现——之现实的历史前提，并依循对这种经济生活的批判性分析而揭示其历史的限度。如果说，当今的哲学只有通过真正批判的思想才能深入到社会现实之中，那么同样，哲学的研习也只有通过批判性的阅读——真正的"对话"——才能以思想之本己的形式深入到经典著作的思想之中。黑格尔曾这样说过，什么叫自由的思想？自由的思想就是不接受未经审查其前提的思想。

当我们把批判的思想理解为澄清前提和划定界限，又把批判的阅读理解为真正的对话时，这里所要强调的无非是：正像一切历史现象都有其前提和界限一样，任何一种经典的哲学思想同样有其前提和界限；唯其如此并且因为如此，我们才可能由某种思想而开始自己去思想。因此，批判性阅读的要义就在于，经由一种名副其实的"对话"而开始自己的思想——这才意味着真正自由的思想。

此外，也许还应当提一下的是，尽管哲学经典的决定性根基在于"思想之事"，但它们也和其他学科的经典作品一样，是真正意义上的"学术典范"。这一点对于我们的研习者来说当然也是十分重要的。深入地阅读、研习经典作品并与之亲熟，是在学术上能够根深蒂固、并从而能够厚积薄发的不二法门。开展出广大学术空间的奠基之事，唯在"入门以正"、"取法乎上"而已。因此，凡志于学术或乐于求索者，必以经典作品为师。这正合严羽在《沧浪诗话》中所说，"此乃是从顶领上做来，谓之向上一路，谓之直截根源，谓之顿门，谓之单刀直入也。"

我们在这里奉献给大家的"哲学原典精读系列"，是由哲学学院的诸多教师精心撰著的。其主旨便是开辟出一些小径，以便我们的研习者能够较为便捷地通达并深入于哲学经典的堂奥。这个系列的作品真正说来乃是一种"阶梯"或"导引"，是一种唯独对于探索者来说具有提示作用的"路标"。因此，它绝对不能代替对原典本身的研读，而只是期望把研习者唤入到一种批判性阅读-对话的境域中去。只要能够真正被唤入到这个境域，思想之切近开启的真实可能性便已然出现了，而我们这个教材系列的主要目的也就达到了。

哲学是思想的事情，而思想的事情是我们这个时代的当务之急。如果说，当下的历史性实践已经开始逐步表明了这一点，那么，但愿有朝一日，当真正重大的思想任务急切地前来同我们照面的时候，我们已做好了充分的准备。诸位年轻的哲学研习者，勉乎哉，勉乎哉。

目　录

导　论 / 001
　　一、孟子其人其书 / 001
　　二、孟子其人其书的升格过程 / 007
　　三、关于《孟子》的研究 / 011

第一讲　**人性与人心** / 018
　　一、人性本善 / 019
　　二、人之所以会有不善 / 024
　　三、"仁义礼智根于心" / 027
　　四、人性之辨 / 029
　　五、性命之别 / 033

第二讲　**修身与养性** / 036
　　一、存心养性 / 037
　　二、先立乎其大 / 040
　　三、反求诸己 / 043
　　四、养气 / 048

第三讲　**读书与求知** / 055
　　一、博学与自得 / 057
　　二、教人之法 / 059
　　三、知人论世 / 061

	四、知天与知命	/ 063
第四讲	圣贤气象	/ 070
	一、"圣人"与"贤人"	/ 071
	二、"大人"与"君子"	/ 078
	三、"大丈夫"精神	/ 082
第五讲	人伦之道	/ 087
	一、事亲为大	/ 089
	二、慎终追远	/ 093
	三、大孝典范	/ 098
	四、君臣有义	/ 100
	五、执中行权	/ 107
第六讲	经世思想	/ 113
	一、义利之辨	/ 113
	二、制民之产与使民以时	/ 118
	三、取民有制与井田理想	/ 122
	四、劳力与劳心	/ 125
第七讲	王道仁政	/ 131
	一、先王之道	/ 132
	二、仁政	/ 138
	三、王霸之辨	/ 143
	四、保民而王	/ 147
	五、与民同乐	/ 151
推荐阅读书目		/ 159
本书参考文献		/ 161
附录:《孟子》白文		/ 163

导　论

一、孟子其人其书

在旧时的中国,尤其是宋代以后,孟子可说是个家喻户晓的人物,这大概还得拜南宋后出现的发蒙读物《三字经》所赐。《三字经》劈头就讲"人之初,性本善",这可是孟子的意思。第二句"性相近,习相远",那才是孔子的话。可见,从那时起,孟子的地位并不比孔子低。这里,我们就先来讲讲孟子这个人、《孟子》这部书吧。

太史公司马迁写《史记》,惜墨如金,但他还是为孟子立了篇小传,总共一百三十七字(不计标点),原文如下:

> 孟轲,驺人也。受业子思之门人。道既通,游事齐宣王,宣王不能用。适梁,梁惠王不果所言,则见以为迂远而阔于事情。当是之时,秦用商君,富国强兵;楚、魏用吴起,战胜弱敌;齐威王、宣王用孙子、田忌之徒,而诸侯东面朝齐。天下方务于合从连横,以攻伐为贤,而孟轲乃述唐、虞、三代之德,是以所如者不合。退而与万章之徒序《诗》《书》,述仲尼之意,作《孟子》七篇。

司马迁的介绍也过于简洁了一点,对现代人说来不易了解,下面根据历代学者的研究稍加展开。

孟子名轲,生活在动荡的战国中期,邹(今山东省邹城市)人。关于孟子的生卒之年,学术界历来有许多说法。据统计,仅孟子的生年之说就有九种之多,然后又由于各种推算的不同,以及对他寿数的说法不同,可衍生出更多关于孟子卒年之说。这里我们仅取一种相对通行的说法,即孟子生于约公元前372年,卒于约公元前289年。

古人除名之外还应有字。关于孟子的字,《孟子》书中并未提到过,司马迁在其《史记》中也无记载。到东汉末的赵岐,他在注解《孟子》时就更不清楚了,只能说孟子"名轲,字则未闻也"(《孟子题辞》)。但从魏晋开始,突然冒出孟子字"子车"、"子舆"或"子居"等多种说法。尽管煞有介事,但证据却绝无,且其中还有被学界公认的"伪书",因此不足凭信。

孟子的先祖是谁?《孟子》七篇中没有说,《史记》、《汉书》及其他与孟子同时代或稍晚的历史文献中也无记载。东汉赵岐在《孟子题辞》中说:"或曰孟子鲁公族孟孙之后。""或曰"之说表明赵岐也不能完全确定,但学界一般都沿用此说,即认为相传孟子的远祖是鲁国的贵族孟孙氏,后来家道中落,从鲁国迁居邹国。据说孟子幼年丧父,与寡母相依为命,孟母对孟子的教养有道。从《孟子》书中我们知道,孟子对其母亲非常孝敬,以至因葬母时棺椁衣衾太好而遭人非议。从西汉开始,孟母开始成为世所公认的母仪典范,西汉时的文献《烈女传》、《韩诗外传》中记有"孟母三迁"、"孟母断织"、"东家杀豚"等故事,这些故事的真实性虽无从考证,但不妨碍其成为流传千古的美谈。

孟子的师承关系也不太清楚。司马迁说他"受业于子思之门人",但"子思门人"是哪位? 缺乏进一步的说明。从中唐韩愈开始,不少儒家学者都说孟子的老师是子思,子思的老师是曾参,此说后来流传甚广,但无确切的证据,所以也有学者并不认可。根据孟子自己的说法:"予未得为孔子之徒,予私淑诸人也。"(《离娄下》)① 这里的"人"是谁? 我们不知道,大概是"子思之门人"吧? 而所谓"私淑",按一般的理解,是指景仰某人的学问但未能登堂入室成为其弟子的说法。因此,孟子直接的老师是谁,至今无法断定。

但不管怎样,有两点似无可怀疑:其一,孟子是儒家学派中人。孟子一生服膺儒学的创始人孔子,认为"自生民以来,未有盛于孔子也"(《公孙丑上》);并以一生学习孔子为志愿,说:"乃所愿,则学孔子也。"(同上)其二,孟子确与战国儒学中子思一派关系颇深,这可从《孟子》书中及战国儒家对孟子

---

① 按:"本书"中凡引《孟子》语者,书名省略,仅列篇名。

的评价中看出。首先,在《孟子》书中曾多次引述子思的言论,同时也多次引述传为子思老师曾子的言论,可以说除孔子外,《孟子》书中引前儒之言以子思、曾子为多;其次,《孟子》书中有不少思想与传为子思所作的《中庸》有密切关联,如论"诚"等;再次,与孟子生活时间相处很近的荀子[①],在其论衡当时诸家之学时,明确把子思和孟子作为一派并提,所谓"子思唱之,孟轲和之"(《荀子·非十二子》),荀子是战国儒家的殿军,应该对思孟间的关联比较清楚。而晚近的考古发现,又表明荀子之说或许不虚[②]。因此,说孟子是子思思想的传人,与事实相去不会太大。

孟子的生平经历,与其崇敬的孔子有很多相似之处,这主要表现在:一、与孔子一样,他也长期开门授徒,即使在游历诸国时,学生们还是伴随其左右;二、与孔子一样,他也有强烈的从政愿望,希望把自己的政治理想付诸实践,因此中年开始他也周游列国游说,而"仆仆于道路"的结果和孔子也差不多,没有哪位国君真正愿意接受其政治主张;三、与孔子一样,晚年时孟子也退居故里,与学生一起讨论学问、著书立说。这里我简单叙述一下孟子以上三方面的情况。

孟子曾说过:"君子有三乐,而王天下不与存焉。父母俱存,兄弟无故,一乐也;仰不愧于天,俯不怍于地,二乐也;得天下英才而教育之,三乐也。君子有三乐,而王天下不与存焉!"(《尽心上》)孟子用先秦特有的强调句式即前后的复句,来强调从事教育之"乐",说明他把从事教育看得比称王天下还要有价值,看来他确实在长期的教学活动中获得过很大的慰藉。由于长期从事教育,孟子的学生尽管没有孔子"弟子三千,贤人七十有二"那么多,但可以想见也一定不少。如他在游历齐国时,已经是"后车数十乘,从者数百人"(《滕文公下》),这所"从"的"数百人",都是他的学生。只是由于没有类似司马迁为孔子学生专作的《仲尼弟子列传》这种比较可信的资料,所以我们对孟子学生的情况了解不多。现在能确定的也仅有乐正子、万章、公孙丑、公都子、陈臻、充虞、咸丘蒙、陈代、彭更、屋庐子、桃应、徐辟、孟仲子等十几人,他们都见诸

[①] 按通行的说法,孟子约卒于公元前289年,荀子约生于公元前313年,那么孟子卒时,荀子已二十四岁。

[②] 按:1973年,湖南长沙马王堆出土帛书中有《五行》篇,1993年湖北荆门郭店出土楚简中也有《五行》篇,研究者认为它们与战国时代的思孟学派有很大关联。

于《孟子》书中。后世有学者在这方面做过一些研究和考证,但其结论未被学界普遍接受,而所增人数也实在有限,所以不提也罢。

孟子中年开始带领弟子们周游列国,从事政治活动,历时二十多年。关于孟子的游历活动,历来有各种不同说法,学者们的考证更是不少,远的就不说了,如元代的程复心,明代的陈士远,清代的阎若璩、周广业、魏源、张宗泰、崔述,近人钱穆、罗根泽、杨伯峻等的研究,可谓言人人殊,莫衷一是。这里,我不想用那些复杂的考证来困扰读者,仅笼统地叙述一下孟子的游历。

大致说来,孟子是四十来岁开始其政治游历的。在此之前,他或许已有了短暂在邹从政的经历。孟子的游历,到过齐、宋、薛、鲁、滕、梁(魏)等国,其间还曾返回过邹国。孟子在各国的时间有长有短,有的仅是路过,有的则去过数次,旅居时间也较长。其中,去过次数最多、旅居时间最长的是齐国。

孟子所以屡次游齐,并在那里居住的时间最长,历来有多种解释。较合理的推想不外乎三点:其一,当时齐国(威王、宣王统治时期)是"战国七雄"中军事上最强大的国家之一。尤其是公元前341年(齐威王十六年)齐国在著名的"马陵之战"中,用孙膑之计,大败魏军,俘杀魏太子申,迫使魏将庞涓自杀。此战不仅使同为"战国七雄"之一的魏国势力从此衰落下去,也使得齐国成为当时东方最强大的国家。孟子就是在此时游历齐国的,如果他的政治主张能被齐王采纳,则推行于天下显然要比一般的小国容易得多,因此孟子多次赴齐及在齐留滞时间最长是可以理解的。其二,齐国又是当时思想文化最繁荣的国家之一。威、宣之际,是齐国"稷下学宫"的鼎盛期。当时的稷下学宫容纳了诸子百家中几乎所有学派,如道、儒、法、名、兵、农、阴阳、轻重、纵横诸家;而汇集的天下贤士最多时达千人以上,其中不乏名流,如淳于髡、邹衍、田骈、慎到、接予、季真、环渊、彭蒙、宋钘、尹文、田巴、倪说、鲁仲连、邹奭以及稍后的荀子等。而孟子也是当时稷下学宫中的著名学者之一,尽管有少数学者对此持不同意见。在稷下学宫中,无论学术派别、思想观点、政治倾向,包括国别、年龄、资历等,都可以自由发挥观点,战国时期所谓"百家争鸣"之真正体现,以这里为最典型。孟子之所以在齐游历时间最长,这点无疑也起到重大作用。事实上,从孟子的整个思想来看,可说他既吸收诸家思想,又批判诸家思想,这是齐国稷下学宫为他提供的条件。其三,从功利立场来说,齐宣王时,孟子已成为当时稷下学宫中所谓"不治而议论"(《史记·田敬仲完列传》)、"不任职而论国事"(《盐铁论·论儒》)的"上大夫"(也称"卿"),这或也是孟子居齐时久的原因吧?当然,这只是一般条件而非必要条件,当齐宣王使孟子很失望时,即使宣王想在国都临淄建一居所,又附赠很多钱财("万钟"),想以此作为其优礼天下士大夫的典范,结果遭到孟子的断然拒绝(事见《公孙丑下》)。

至于孟子游历诸国所提的政治主张,基本上是一以贯之的,那就是主张"王道"而反对"霸道",反复申论"仁政"的重要性、必要性和可行性。孟子在其游说中提出:"仁政"源于先王的"不忍人之心",而从正经界、划井田开始,其中包括了"省刑罚,薄税敛,深耕易耨"等内容;他认为这可以使老百姓有一定的"恒产"(土地),能安居乐业,老人们能衣帛食肉,进而再使年青人受到道德教育;在孟子的"仁政"思想中,"民"具有关键意义,其地位高于国家,更高于君王,所以君王必须能安民、养民和保民;如果能做到这样,那么即使是弱国、小国,国君即使是好勇、好货、好色之徒,即使用木棒为武器,也可以打败秦、楚这种有"坚甲利兵"的强国、大国;就可以使其军队成为"王者之师",别国的人民就会"箪食壶浆以迎王师"。

孟子在诸国颇受各国君主的优礼,明显要比当年的孔子来得幸运,这与当时各国普遍有"礼贤下士"的风气有很大关系。孟子在游说那些诸侯时,常常慷慨陈词,咄咄逼人,摆出一副"说大人则藐之"的架势,经常弄得那些国君狼狈不堪,只能"顾左右而言他"。但当时的君主都是一些讲求实际功利的人,他们都崇尚霸道,大国热衷于如何攻伐、兼并,小国则关心如何在夹缝中搞平衡、求生存。所以孟子那些陈意甚高的政治理想,在这些国君眼里就不能不是"迂远而阔于事情",即如司马迁所说的:"天下方务于合从连横,以攻伐为贤,而孟轲乃述唐、虞、三代之德,是以所如者不合。"因此,孟子游说的结局也和孔子一样——到处碰壁。

经过这么多年的东奔西走、四处碰壁后,孟子最终明白,那些诸侯国君主虽然在"重士"的风气下对自己很客气,却从来没有认真对待过自己的政治主张,他的"王道"、"仁政"理想是难以实现了。到了这种境地,他又一次以孔子为榜样,放弃从政愿望,回归故里,与弟子们一起讲学论道,著书立说,希望通过这种形式,把自己的思想传于后世。于是就有了我们今天还能读到的《孟子》这部著作。

有关《孟子》这部书的作者、篇数，也有不同意见。

关于作者，按司马迁的说法，主要是由孟子自著，而其弟子万章、公孙丑等参与其事；按赵岐、朱熹、焦循等历代研究者的观点，认为是孟子自著；而韩愈、苏辙、晁公武等学者的意见则认为是弟子万章、公孙丑之徒的追记。具体的说法，这里就无烦赘引了。目前学术界一般多采取司马迁的说法。

至于《孟子》的篇数，司马迁说"作《孟子》七篇"，而《汉书·艺文》却著录"《孟子》十一篇"。现存最早《孟子》注解的作者赵岐，分《孟子》为"内书"七篇，"外书"四篇，并提出：《性善辨》、《文说》、《孝经》、《为政》四篇"外书"，"其文不能宏深，不与内篇相似，似非《孟子》本真，后世依放而讬也"。所以他不予作注。这以后，这四篇"外书"就渐渐亡佚了。今存的"外书"，学术界公认为是明末姚士粦的伪作，为清代吴骞所刊行。

今存的《孟子》一书共七篇，篇目依次是：《梁惠王》、《公孙丑》、《滕文公》、《离娄》、《万章》、《告子》、《尽心》。每篇各分上下，共261章(有的版本分为260章)。篇名取自每篇首章中的文字，没有特定含义。篇目的排列顺序，按赵岐《孟子篇叙》的说法则有特定含义。

> 孟子以为圣王之盛，惟有尧舜。尧舜之道，仁义为上，故以梁惠王问利国，对以仁义，为首篇也。
>
> 仁义根心，然后可以大行其政，故次之以公孙丑问管、晏之政，答以曾西之所羞也。
>
> 政莫美于反古之道也，滕文公乐反古，故次之以文公为世子，始有从善思礼之心也。
>
> 奉礼之谓明，明莫甚于离娄，故次之以离娄之明也。
>
> 明者当明其行，行莫大于孝，故次以万章问舜往于田号泣也。
>
> 孝道之本，在于情性，故次以告子论情性也。
>
> 情性在内而主于心，故次以尽心也；尽己之心，与天道通，道之极也，是以终于尽心也。

这实际是赵岐个人研读《孟子》一书的心得，谓其一家之言可矣。

二、孟子其人其书的升格过程

历史上有一个通行观点：孔子以后"儒分为八"，到战国中后期演变为两支。一支始于子夏，讲文献之学，数传而至荀子；一支始于曾参，究义理之学，二传而至孟子。以后，荀子便是汉代经学家所尊信的大部分儒家经传的先师，孟子则成为两宋起道学家所崇敬的不祧之祖。儒家内部这两派的分野，也就是所谓"学统"与"道统"之别，"汉学"与"宋学"之分。对这个说法，学术界的意见历来不同，这里就不必去细究了。此说至少有一点不错，即孟子其人其书的重要性确实是从唐宋之际开始凸显的。这以后，"孔孟之道"几乎就成了儒家思想的代名词。

孟子去世以后，以他为代表的儒家之一派似无太大的发展。到了战国的晚期，由荀子代表的一派渐渐崭露头角。荀子稍晚于孟子，他长期居齐，因学问博洽，曾三次出任"稷下学宫"的"祭酒"。他精通多种儒家经典，被认为是儒家经学早期传授中十分重要的人物。荀子在其《非十二子》中，对子思、孟子一派曾有严厉的批评，说他们"略法先王而不知其统，犹然而材剧志大，闻见杂博。案往旧造说，谓之'五行'，甚僻违而无类，幽隐而无说，闭约而无解。案饰其辞而祗敬之曰：'此真先君子之言也。'"荀子的批评只能说是当时儒家内部的派别斗争。

秦汉以降一直到两宋以前，孟子地位一直不高。孟子其人，只被视为一般的儒家学者；孟子其书，只能归入"子部"一类。在官私文献中，多是"周孔"或"孔颜"并提，鲜见有"孔孟"合称的。令人注意的是，东汉赵岐在注解《孟子》时，曾把孟子尊为"亚圣"，还提到西汉文帝时设置过《孟子》的"传记博士"。可"亚圣"之名，未被宋朝以前的官方认可；而"传记博士"即使存在过也为时很短，且不说此事因不见于《史记》、《汉书》记载而使后人颇生疑窦。当时，也有人批评孟子，最典型的应该是东汉的王充，他在《论衡》中专立了《刺孟》一篇，列举了孟子八个方面加以批评。

历史进入唐代，唐高祖、太宗、高宗三朝，在争论国子学当祭"周孔"还是"孔颜"时，唐太宗增加从左丘明到范宁二十二位儒者从祀孔庙时，甚至后来

《孟子》精读

唐玄宗封颜渊为"亚圣"和"兖国公"、封"孔门十哲"和"七十子"为侯、伯时,都对孟子只字未提。当时科举考试的"明经"科目中只有"三礼"(《周礼》、《仪礼》、《礼记》),"三传"(《左传》、《公羊传》、《穀梁传》)以及《周易》、《尚书》、《毛诗》这"九经",《论语》和《孝经》则被列入了"兼通",而《孟子》一书没有资格入选。此时的《孟子》一书,尚不如《老子》、《庄子》、《文子》、《列子》这四部道家著作,后者在唐玄宗时被列入科举,称之为"道举",课试与"明经"相同。

但从中唐起,情况开始发生了变化。渐渐地,孟子之名厕于孔子之后,成为仅次于孔子的"贤人";孟子其人被政府加封了爵号,从祀孔庙;孟子其书被增入儒经之列,悬为科举功令,不久又超越"五经"而跻身于"四书",变成中国士人必读的官方教科书。这个变化过程,就是历史上的"孟子升格运动"①。

变化最早出现在唐代宗的宝应二年(763年)。礼部侍郎杨绾上疏,建议把《孟子》与《论语》、《孝经》并列为一"兼经",增为"明经"科目。此事虽未见允,但却开启了《孟子》由"子"升"经"的先声。

真正揭开孟子升格运动序幕的是韩愈。韩愈在其《原道》一文中首次提出了儒家的"道统",并把孟子的名字上升到孔子之后,与那些"古圣先王"相提并论。韩愈以尊"孔孟"取代唐初的尊"孔颜",在当时的学界引起了一些学者的关注。如唐末的皮日休,他于唐懿宗咸通四年(863年)上书朝廷,建议将《孟子》作为国家"明经"考试的单独一经。但韩、皮之说只是少数人的呼吁,并没有得到最高统治者的重视。

赵宋立国伊始,承袭唐代旧制,国子监所祭仍为"孔颜",明经取士仍考"九经"。宋太祖、太宗、真宗三朝,重视孟子其人其书的大概也只有柳开和孙奭比较有名。柳开受皮日休影响,十分推崇孟子,但当时的影响并不大;孙奭乃是三朝宿儒,宋真宗大中祥符年间曾受命校勘《孟子》,由此"请以孟轲书镂板",并撰成《孟子音义》二卷。

孟子升格被重新唤起,是在宋仁宗的庆历之际。当时,学坛上出现了一股社会思潮,而"尊孟"成为该思潮的取向之一。庆历思潮的领袖人物是范仲淹和欧阳修,他们都属于"尊孟"一派。如范仲淹发挥孟子"乐以天下,忧以天

---

① 有关这个过程,其中因需考证的内容很多,注释也太多,这里就不具体出注了,详细注释可参看拙作《唐宋间的孟子升格运动》一文,载于《中国社会科学》1993年第5期。

下"的思想,标举出"先天下之忧而忧,后天下之乐而乐"的宋代新儒家的理想人格风范。欧阳修推尊孟子,认为"孔子之后,唯孟子最知道"。当时最推崇孟子的应该是孙复、石介师徒,他们反复强调儒家从尧、舜、禹、汤、文、武、周公、孔子到孟子、扬雄、王通、韩愈这样一个圣贤相续的"道统"。他们作为北宋前期首出的经学家和教育家,在当时的学术界有很大影响。在思想界出现"尊孟"的同时,实质性"尊孟"的行动也开始出现,那就是山东兖州邹县孟庙的建立。宋仁宗景祐五年(1038年),出知兖州的孔子第三十五世孙孔道辅,在邹县建成孟庙,以公孙丑、万章等配享,还专请孙复为此事写了记文。

自庆历以后,孟子升格进入了迅速发展期,到了宋神宗的熙宁、元丰年间(1068—1085年)达到高潮。当时,二程的"洛学"、张载的"关学"及王安石的"新学",尽管政治意见相左,却都属于"尊孟"之列的。二程兄弟及张载尊孟的言论很多,后来南宋的理学大师朱熹之所以会把"四书"单独拿出来作"集注",明显受到了二程和张载的影响,这方面的资料在他们的文集中随处可见,不必一一引证。我们主要来谈谈不太为人注意的王安石。

王安石一生服膺孟子,他把孟子引为自己的千古知己,把成为孟子式的人物当作人生的目标。王安石之"尊孟"是时人公认的,其弟子陆佃评价乃师曰:"言为《诗》、《书》,行则孔、孟。"其政敌司马光也说他:"介甫于诸书无不观,而特好孟子、老子之言。"王安石之学得力于孟子,故其治《孟子》一书亦勤,有《孟子解》十四卷,今已佚。其"新学"一派中人对《孟子》也多有钻研。王安石一派由于掌握着当时的国家权力,所以在行动上将"尊孟"积极付诸实践。孟子升格此时在政治上已获得朝廷支持,请看下列进展:

熙宁四年(1071年)二月,《孟子》一书首次被列入科举考试的科目之中。

熙宁七年(1074年),支持王安石变法的经学家常秩,请立孟轲像于朝廷。

元丰六年(1083年)十月,孟子首次受到官方的封爵,诏封为"邹国公"。

元丰七年(1084年)五月,官方首次批准,允许孟子配享孔庙。

政和五年(1115年),政府方面承认兖州邹县所建的孟庙,诏以乐正子配享,公孙丑以下十七人从祀。

宣和年间(1119—1125年),《孟子》一书首次被刻成石经,成为"十三经"之一。

在上列事实中,熙宁间为王安石当政之时,元丰间安石虽已经退隐,但执政者蔡确、章惇等均为"新党"中要人,故一向诋诟王安石的朱熹,也不得不承认"孟子配享,乃荆公请之";政和至宣和年间是蔡京当国,亦号称行"新法"。因此,王安石及其"新党",实在堪称孟子升格运动中之功臣。

宋室南渡以后,孟子升格进入尾声。当时,王安石"新学"尽管遭到排斥,但"尊孟"取向却为统治者全盘接受。到宋宁宗嘉定五年(1212年),国子司业刘爚奏准将朱熹的《论语孟子集注》作为官方之学。差不多同时,目录学家陈振孙撰《直斋书录解题》,正式从目录学上把《孟子》一书由"子部"升格至"经部"。至此为止,孟子升格运动已告基本完成。到元朝的至顺元年(1330年),元文宗加封孟子为"亚圣公",这可说是整个孟子升格运动的句号。

唐宋间的这场孟子升格运动,不是偶然事件。从本质上看,它是适应当时中国统治思想转型的需要而产生的,易言之,也就是中国近古时代思想文化大整合的一个组成部分。唐宋间思想家所以选择孟子作为儒学更新实践的重要内容,是因为孟子思想中有他们需要的东西。即孟子思想本身所具有的特点,与当时思想家们普遍关注的时代课题密切相关。概言之,这些特点包括了道统论、辟异端、谈心性、辨王霸诸方面。

当然,孟子升格运动也不是一帆风顺的,其间也出现了不少逆向的言行,即删孟、议孟、疑孟、辩孟、黜孟乃至诋孟的思想倾向。举其重要者言之:如唐末林慎思作《续孟子》,把《孟子》书中他以为不是孟子"原意"的内容加以改写。北宋庆历之际的李觏作《常语》,提出孟子不续"道统"、孟子背叛孔子、孟子怀疑六经、孟子不尊王、反对孟子的性善论、反对孟子排斥功利。李觏的学生陈次公、傅野等则附和乃师之说。北宋熙丰之际,司马光著《疑孟》,对孟子加以批评。司马光的"疑孟",从政治上讲,目的是攻击王安石变法;从学术上讲,是因为他信奉西汉扬雄的思想。司马光的门人晁说之著《儒言》,反对孟子的态度较其师更激烈,而矛头所指也是王安石。他公开上疏,反对当时立《孟子》于学科。南宋初的郑厚作《艺圃折衷》,对孟子进行人身攻击,极尽诟骂之能事,说孟子是借孔子思想而"卖仁义"。南宋中期的叶适,在其《习学纪言序目》中,对当时的尊孟风气比较系统地提出了反对意见,他否定孟子一系独传"道统",批评孟子专言心性,批评孟子不切实际的政治思想,认为孟子身上存在着四个毛病,"开德广,语治骤,处己过,涉世疏"。

以上诸人的反孟言行,由于不适应时代潮流,不可能产生真正的效果。

倒是后来的明太祖朱元璋曾掀起过一点反孟的小浪。作为绝对专制独裁的君主，朱元璋对孟子"民贵君轻"的思想十分反感，开始想罢去孟子在孔庙配享的资格，后在大臣冒死进谏下只能作罢。但他却下令删除《孟子》书中"激进"的话共八十五条，出版了一本名为《孟子节文》的书，规定科举考试不能出现已被删掉的文字[①]。但即便权倾一时的皇帝，也不能改变已深入人心的文化传统。所以，"怪胎"式的《孟子节文》一书，并没有流传开来。

三、关于《孟子》的研究

关于《孟子》的研究，这不好说，因为你可以从各个角度去研究。

就文学的价值来说吧，《孟子》一书，在中国文学史上就具有很高的价值。其文章流畅犀利，气势磅礴，逻辑性强，尖锐机智而又不失一定程度上的从容舒缓。因此与恢诡谲怪、汪洋恣肆、想象丰富、哲思深刻而又一定程度上不失经世忧民的《庄子》，被公认为先秦散文之双璧，对后世影响极大。从西汉的司马迁到唐宋的八大家，又有谁没有从《孟子》中汲取过养分？此不待多言。

就文义的训诂诠释、历史的典章制度或思想哲学层面来说，作为先秦典籍及儒家学派重要经典之一的《孟子》，其中包含的内容十分丰富，因此历来受到重视，研究者也可谓代不乏人，两宋以后则尤多专家。

在有关《孟子》的研究作品中，有一类属于借《孟子》著作以阐发自己的哲学或政治主张，如清代戴震的《孟子字义疏证》、近代康有为的《孟子微》等。这类作品，对研究作者本人的思想或颇具价值，但与《孟子》思想本身可能关联并不很大。还有一类属于纯考证的，如清代周广业的《孟子四考》、崔述的《孟子事实考》和近人钱穆的《先秦诸子系年考辨》等。这类作品，对了解孟子的生平经历或时代背景有相当的助益，但对理解《孟子》本身，似乎帮助不大。另外，更多的一类作品是对孟子思想的诠释发挥，这其中可圈可点的作品不少，这里就不一一列举了。但这些作品仅为一家之言，所以我把它们作为参

---

① 详可参看容肇祖：《明太祖的〈孟子节文〉》，《容肇祖集》，齐鲁书社1989年版。

考书目列在文末,学有余力的读者可以自己去选择阅读。

这里,我想主要介绍几部《孟子》的注释作品。在我看来,不管你是研究哪个领域的,只要你想深入了解《孟子》,这些注释作品或许会对你有一定的帮助。

(一)东汉赵岐的《孟子章句》①,这是现存最早的《孟子》注。

按赵岐的自述,他的注是"述已所闻,证以经传,为之章句,具载本文,章别其旨,分为上下,凡十四卷。"(《孟子题辞》)他采用对一句或数句原文进行注释的方法,每章结尾加上对全章概括性解释的"章指"。赵岐注的特点是:偏重于义理的阐释,而对名物制度及字义的考订训诂则相对较弱。这其中的原因,清代四库馆臣解释得已很清楚了:"汉儒注经,多明训诂名物,惟此注笺文句,乃似后世之口义,与古学稍殊。然孔安国、马融、郑玄之注《论语》,今载于何晏《集解》者,体亦如是。盖《易》、《书》文皆最古,非通其训诂则不明;《诗》、《礼》语皆征实,非明其名物亦不解。《论语》、《孟子》词旨显明,惟阐其义理而止。所谓言各有当也。"②

从总体来看,赵注的内容比较平实,较少附会,而其为各章所做的"章指",对后人理解《孟子》的帮助不小。如后来南宋朱熹在其《孟子集注》中,就对赵注颇多采纳;而作《孟子正义》的清儒焦循,对赵注也评价甚高,认为"生孟子后而能深知其学者莫如赵氏"③。清儒阮元在其《孟子注疏校勘记》中则这样评价道:"汉人《孟子注》存于今者,惟赵岐一家。赵岐之学,以较马(融)、郑(玄)、许(慎)、服(虔)诸儒稍为固陋,然属书离辞,指事类情,于训诂无所戾,七篇之微言大义藉是可推。且章别为指,令学者可分章寻求,于汉儒传注别开一例,功亦勤矣。"这可说是公允的论断。

另外值得一提的是,由于东汉去战国未远,赵注中还保留了不少有价值的文献资料。如赵岐见到的《尚书》,还不是我们今天所面对的真伪杂糅的本子,这对我们研究《尚书》就有相当的价值。

---

① 这个本子的单行本现在寻找不易,但其内容已全部收入清人焦循的《孟子正义》中,所以查找也不难。
② 《四库全书总目·〈孟子正义〉提要》,中华书局1965年版,第289页。
③ (清)焦循:《孟子正义·识语》,中华书局1987年版,第7页。

（二）南宋朱熹的《孟子集注》①，这是宋朝人注释《孟子》的代表作品。

前已提到，唐宋之际出现了孟子其人其书的"升格运动"。所谓的孟子"升格运动"，实际是两宋时期兴起的道学思潮的一个有机组成部分。两宋道学思潮，就其性质而言，主要是由印度佛教传入后对中国传统价值理念的冲击，进而引发的一场复兴儒学的思想运动。佛教强调心性之学，作为对挑战的创造性回应，当时的儒者纷纷从中国传统文化中寻找我们自己的心性之学，而《孟子》就成了当时最重要的思想资源之一。于是，许多疏释《孟子》的著述也应运而生了。

朱熹其人，学问渊博，于学无所不窥，是两宋道学的集大成者，也是中国中古社会后期影响最大的哲学家、经学家之一。他于《孟子》一书用力甚勤，著述除有《孟子集解》之外，尚有《论孟精义》、《孟子问辨》、《四书或问》等，至于在《朱子语类》、《朱文公文集》中涉及《孟子》一书的讨论，则更不胜枚举。以往有种成见，认为道学只讲哲学而不讲经学。那实际是缺乏历史常识的误解。只需翻检一下宋明时代的学术著作即可发现，一空依傍、自成体系者极少，而凭藉经义传注发挥思想的却比比皆是；甚至包括那些为数不少的"语录"和"笔记"同样也不例外。这说明，道学家和心学家同样十分重视儒家经典的研究和阐发。只不过当时学者所注重的儒经与汉唐时期的儒者有所不同，经典研究的形式有所变化，所关心的时代课题有所差异而已。朱熹的《孟子集注》可说是最好的例证，他并没有忽视传统的训诂，他曾说过："某解《语》、《孟》，训诂皆存。学者观书，不可只看紧要处，闲慢处要都周匝。"②钱穆先生对朱熹的经学曾有一番颇中肯綮的评价："朱子于经学，虽主以汉唐古注疏为主，亦采北宋诸儒，又采及道学家言，并又采南宋与朱子同时之人。其意实欲融贯古今，汇纳群流，采撷英华，酿制新实。此其气魄之伟大，局度之宽宏，在儒学传统中，惟郑玄堪在伯仲之列。惟两人时代不同，朱子又后郑玄一千年，学术思想之递衍，积愈厚而变益新。朱子不仅欲创造出一番新经学，实欲发展出一番新道学。经学与道学相结合，又增之以百家文史之学。

---

① 有中华书局1983年版的《四书章句集注》本。
② （宋）《朱子语类》卷十一，中华书局1986年版，第184页。

至其直接先秦，以《孟子》、《学》、《庸》羽翼孔门《论语》之传，而使当时儒学达于理想的新巅峰，其事尤非汉唐以迄北宋诸儒之所及。"①

朱熹《孟子集注》的特点是既重汉唐注疏，又不一味推尊，不仅吸收传统注释，且收入宋儒十二家解说，下以己意，可谓集两宋《孟子》学大成。当然，也有人以为朱熹的《集注》过于偏重哲学义理的阐发而忽略章句训诂及名物典章制度，这一观点自然不能说错。但殊不知，这恰恰也是此书特点之所在。还是周予同先生说得好："朱熹之于《四书》，为其一生精力之所萃，其剖析疑似、辨别毫厘，远在《易本义》、《诗集传》等书之上。名物度数之间，虽时有疏忽之处，不免后人之讥议，然当微言大义之际，托经学以言哲学，实自有宋学之主观的立场。"②就我个人的观点而言，我们现在要读《孟子》，如果不读一读朱熹的《孟子集注》，那你的理解一定难以全面，甚而还可能捡了芝麻，丢了西瓜。

（三）清代焦循的《孟子正义》③，这是清代学者经典新疏的代表作之一。

以"正义"命名的《孟子》注疏，在宋代就已经出现，旧题为北宋初的三代宿儒孙奭所撰，收在今通行的《十三经注疏》本中。但南宋的朱熹早就指出，此疏并非孙奭所作，而是出自朱熹同时代一个不知名的"邵武士人"之手④。此后，经清四库馆臣、清儒钱大昕等的考证，此说得到了基本论定⑤。

焦循其人，是清朝乾嘉之际扬州学派的经学大师，他以《易》学闻名于当时。但焦循早在青年时代就有志于重作《孟子正义》⑥，因为他认为"伪疏舛驳乖谬，文义鄙俚，未能发明其万一"⑦。当然，这可能也包含他对过于偏重义理的朱熹《孟子集注》的某种不满，尽管此点他没有明说。但后来的三十多

---

① 钱穆：《朱子新学案》（上），巴蜀书社1987年版，第24页。
② 周予同：《朱熹》，见朱维铮编《周予同经学史论著选集》，上海人民出版社1983年版，第169页。
③ 有中华书局1983年的校勘标点本。
④ 朱熹说："《孟子疏》，乃邵武士人假作。蔡季通知其人。当孔颖达时，未尚《孟子》，只尚《论语》、《孝经》尔，其书全不似疏样，不曾解出名物制度，只绕缠赵岐之说耳。"（《朱子语类》，中华书局1986年版，第443页）
⑤ 参见（清）《四库全书总目·〈孟子正义〉提要》，第289—290页；（清）钱大昕：《十驾斋养心录》卷三《〈孟子正义〉非孙宣公作》，上海书店1983年版，第53页。
⑥ 参见（清）焦循：《孟子正义·孟子篇叙》，中华书局1987年版，第1052页。
⑦ （清）焦循：《孟子正义·识语》，中华书局1987年版，第7页。

年里,焦循的精力基本上都萃于了《易》学,所以无暇顾及《孟子》一书。当他完成其名著《雕菰楼易学三书》,开始从事《孟子正义》撰作时,已经步入晚年。嘉庆二十一年(1816年),五十四岁的焦循,与儿子焦廷琥一起开始纂辑资料汇集性质的《孟子长编》。当十四帙《长编》完成后,他马上又着手编撰三十卷的《孟子正义》,嘉庆二十四年(1819年)完成。翌年七月,焦循未及誊清此书全稿就病故了①。

焦循《孟子正义》的特点是以训释名物为主,资料极为翔实。他博采经史传注,裁成损益,断以己意。就研究《孟子》资料的丰富而言,至今还没有哪部《孟子》研究著作能超过它。例如,其中仅征引清人考订注释的研究成果就多达六十余家。就体例而言,此书以赵岐的《章句》为主,分段疏释。但他并不墨守唐人所谓"疏不破注"的注经原则,"于赵氏之说或有所疑,不惜驳破以相规正"②。客观地说,焦循的《孟子正义》,如对想粗粗了解《孟子》的人来说,或有繁琐之嫌;但对想认真研究《孟子》的人来说,则价值极大。

还需指出的是,焦循《正义》虽重乾嘉考据学风,但对《孟子》之义理亦颇多留意。其义理诠解堪称简扼允当,梁启超在《中国近三百年学术史》中曾有很高的评价,说:"这书虽以训释训诂名物为主,然于书中义理也解得极为简当。里堂(焦循)于身心之学,固有本原,所以能谈言微中也。"③

(四)今人杨伯峻的《孟子译注》,这是当代流传很广的一个译注本。

已故的杨伯峻先生是我国当代著名的语言文字学家、古籍整理和注译专家,曾师从杨树达、黄侃等国学大家,于古汉语语法和虚词及古籍的整理和注译方面颇有建树。他的《孟子译注》虽不如其《论语译注》那么有名,但也影响不小。

该书的注释,颇重字音词义、语法规律、修辞方式等,对历史知识、名物制度、风俗习惯等也有一定的考证,而全书的译文亦属严谨、明白、流畅。这一切都颇便于初学者,因此自1960年中华书局出版后,屡次再印,流传甚广。

---

① 参见陈居渊:《焦循、阮元评传》,南京大学出版社2006年版。
② (清)焦循:《孟子正义·孟子篇叙》,中华书局1987年版,第1051页。
③ 朱维铮校注:《梁启超论清学史二种》,复旦大学出版社1985年版,第320页。

(五)今人徐洪兴的《孟子直解》,这是颇合当代人口味的一个译注及评析本。

这是作者于2004年6月由复旦大学出版社出版的一个本子。本书除尽可能在忠于原文前提下将每章用现代汉语直译之外,还有以下两个特点:其一是注释简明,一般不引书证,凡遇异说,择善而从;其二是对各章的意旨做出评析,评析中适当提示一些历史文化背景,择善介绍古今研究者的一些观点,亦参以一些本人的一得之见。

本书未必就是一个无瑕的本子,但对在传统经典渐行渐远之时的当代人而言,或有些许"启学"之功。

本书既名之曰《〈孟子〉精读》,"读"当然是它的核心之所在。因此,有关孟子的具体思想内容,"导论"中就不再一一介绍了。就让我们在阅读中去体认吧。

说到阅读,自然要讲体裁。《孟子》一书的体裁,属于以记言为主的语体文。一般说来,它与《论语》相差无几。我们知道,与孟子同时代或稍晚的诸子,都已经开始在写作专题论述了,如商子、荀子、庄子等人。所以,后人有以为《孟子》的编纂是模仿或沿袭了《论语》。此说尽管有相当道理,但也并不尽然。譬如说,《论语》的文字简短而多含蓄,而《孟子》则颇多长文;又《孟子》的许多论述锋芒毕露,甚至可说是尖锐刻薄(当然,书中也不乏从容舒缓的篇章,不能一概而论。如从正面说,这些论述应该属于机智善辩、逻辑性强、气势磅礴云云)。所以,如果我们不去深究其原因的话①,公允地说,在体裁上,《孟子》对《论语》是既有承袭也有发展,这种评价当可说是"虽不中,亦不远矣"。

可《孟子》的这种体裁,如按原著的顺序去阅读(这应该是最好的),在现行的大学课程设置下难免会出现两个困难:一是时间难以控制;二是主题难以突出。考虑再三,我选择了按主题进行分类编排选文,再进行串讲的办法。

---

① 按:这方面的说法有不少,如关于孟子自续"道统"问题等。但我个人以为,此与本书的关系并不很大,因此就从略了。

可这不是一件轻松的工作。古人有云,"选家最难",因为这牵涉选什么、如何选及选多少等一系列问题,作者唯一所能做的大概也只有尽力而为了。

  为了克服因机械筛选而带来的不足,我在选文时尽可能保证章节的完整性,以免让人有断章取义的感觉。此外,本教材还采取了一个补救方法,那就是把《孟子》的白文附在后面。正文所选的原文,标明取自何卷、何章,读者可随时查阅原文。这样,一可以加深读者对《孟子》一书的全面理解;二可以让任课教师有选择余地;三是让学生和教师都有纠正本教材可能的错误之机会。

  最后,关于《孟子》一书的版本,历史上流传下来的已有不少,如宋刻巾箱本、宋刻大字本、明崇祯十三年锡山秦氏求古斋刻本、清乾隆间武英殿刻本、清嘉庆道光间江都焦氏雕菰楼本等。就目前通行的版本而言,那就更多了,这里实在难以举全,干脆省略。本教材所用的底本,是作者的《孟子直解》本,此本已参考了历史上的一些我认为比较可靠的版本。当然,我还是希望读者能接触更多的本子,多了解历代注家和研究者的成果。

第一讲　人性与人心

人的本性究竟是怎样的？人的行为善恶之根源又是如何的？类似这样的追问，在中国哲学史、思想史上受到特别的重视，所以经常出现讨论乃至争辩。这当然与中国主流文化关注人间问题，注重人的问题有很大的关系。儒家之学，从一开始起就是"人"学。有人也把它称之为道德哲学，因为它注重的是作为道德主体的人以及人与人之间的关系。而当它研究作为道德主体的人以及人的道德时，人的本质——人性问题是必须首先搞清的。

先秦儒家的思想核心，如用最简洁的话来概括，不外乎"内圣外王"或"修己安人"四个字，这固可视为通俗之谈，确也真是不刊之论。所谓"内圣"，就是强调"修己"，即注重人的本性、人的内在道德品质及其修养的"心性之学"；所谓"外王"就是强调"安人"、"安百姓"，即注重人的社会政治实践和教化，注重国计民生及治国安邦的"经世之学"。这两者，在孔子创立儒家学派时就已形成，也是儒家思想不可或缺的两翼。至于它们的关系，可以说，心性之学是经世之学的思想基础，经世之学是心性之学的实践目标。换言之，儒家思想的最终落脚点是在经世这一层面上的，其最终关心的还是伦理、社会和政治问题。

作为先秦儒家重要代表人物之一的孟子，其思想自不例外，这本没有多大疑问。但自宋代开始，儒家学者为回应佛教心性之学的挑战，在充分发掘先秦儒家心性之学资源的同时，逐渐也形成了一个颇为流行但却片面的观点，即认为孟子思想的本质就是心性之学。更有甚者，以为儒学乃至整个中国传统思想的核心就是心性之学。这真可谓"失之毫厘而谬以千里也！"就是

第一讲 人性与人心

宋明时期的"心学"大师也从不这么认为,如南宋的陆象山就说过:"儒者虽至于无声、无臭、无方、无体,皆主经世。"① "无声、无臭、无方、无体"是形上的世界、是心性的领域,儒者虽然也要进入,但进入的目的还在于经世济民。至于明代王阳明的"外王"之功就不消多说了,在历史上所有儒家思想家中恐怕都难有人能望其项背。

确实,在先秦的儒家学者中,孟子讨论心性问题最多,称他为儒家心性之学的实际开创者也不为过。但孟子重心性,并不表明他就轻社会政治。实际上,孟子所以要大谈心性,恰恰是与他的政治理想、政治目标紧紧结合一起的,恰恰是为了论证他的政治理念,恰恰是为他的政治理论服务的。不明乎此,殆不足与论孟子思想也。

所以,这里我们先说孟子的心性之学,目的是把握孟子思想的基础,为进一步理解孟子的政治理想做一铺垫。

一、人 性 本 善

孔子得意弟子之一的子贡,曾说过这么一番话:

> 夫子之文章,可得而闻也。夫子之言性与天道,不可得而闻也。

(《论语·公冶长》)

我们知道,孔子创立了关于"仁"的学说,提出人人都可能成"仁",都可能成为一个好人。可孔子很少谈论人性的问题,一部《论语》也只有一句"性相近也,习相远也"(《论语·阳货》)。所以其弟子也就不能不发出"不可得而闻也"的慨叹。由此我们也可以想见,孔子那个时候,关心人性问题的人还不是很多,更不用说对人性之善恶问题的讨论了。但这个问题实际上非常重要,因为它关涉人之所以能成"仁"、能成为好人的根据。

随着时间的推移,到了战国时期,人性问题开始成了儒家学者的一个热门议题。孟子、荀子大谈人性暂且不表。我们还可看到,1993年在湖北荆门

---

① (宋)陆九渊:《与王顺伯》,《陆象山全集》卷二,中国书店1992年影印版,第11页。

郭店出土的战国楚简中,就有一篇属于儒家学派的文字——《性自命出》(标题是整理者根据其中的简文加上去的),专门讨论人性问题。虽然《性自命出》中讨论的人性与孟子、荀子的都不太相同,但充分说明,当时的儒家学者已经注意到了人性问题的重要性。

孟子关于人性问题提出的观点,概括地说就是"人性本善"这个命题。可以认为,"人性本善"是孟子所有理论的出发点,没有它,其他都无法说了。当然,出发点只是立论的起点,不等于最终目标,这一点可不能搞混了。

下面我们就来看看孟子的论述吧:

> 孟子道性善,言必称尧舜。(《滕文公上》1)

这段话应该是孟子弟子概括的。原话是这样引出的:当滕文公还在做世子时,将要去楚国,路过宋国,去看望正在那里的孟子。孟子给他讲了人性本善的道理,言谈之中不离尧、舜。在孟子看来,人生来本是性善的,与尧、舜这样的圣人一样,不过一般人为私欲所蒙蔽,因而失去了天生的善性;尧、舜没有私欲的蒙蔽,所以能扩充这种善性,成为圣人。在《孟子》一书中,明确提到"性善"的,就始见于此章。朱熹因此在其注中特别指出:"孟子之言性善,始见于此,而详具于《告子》之篇。然默识而旁通之,则七篇之中,无非此理。"①

> 孟子曰:"乃若其情,则可以为善矣,乃所谓善也。若夫为不善,非才之罪也。恻隐之心,人皆有之;羞恶之心,人皆有之;恭敬之心,人皆有之;是非之心,人皆有之。恻隐之心,仁也;羞恶之心,义也;恭敬之心,礼也;是非之心,智也。仁义礼智,非由外铄我也,我固有之也,弗思耳矣。故曰:'求则得之,舍则失之。'或相倍蓰而无算者,不能尽其才者也。《诗》曰:'天生蒸民,有物有则。民之秉彝,好是懿德。'孔子曰:'为此诗者,其知道乎!故有物必有则,民之秉彝也,故好是懿德。'"(《告子上》6)

此章在《孟子》中很重要,因为它是孟子对自己的"性善"理论所做的一个比较全面的正面论述。这里的"乃若其情"即就实情来说的意思,"乃若"是表示转

---

① (宋)朱熹:《四书章句集注》,中华书局1983年版,第252页。

第一讲 人性与人心

折的发语词,"情"应作"实情"解①。

就孟子"人性本善"理论本身来看,实际并不深奥也不复杂,它强调的只是一个基本观点,即:以人的同情心、羞耻心、恭敬心和是非心为表征的仁、义、礼、智,这些道德观念是人与生俱有的,而不是人生下来以后再从外面加到人身去的,它们是人的天赋的本性,只是一般人未曾去思索、反思它们罢了。人与人之间之所以会出现差别,原因在于有的人未能把他那初生的"善"质充分发挥出来。可以说,孟子在其他章节中论述其"性善"理论,基本上都是围绕着这一观点展开的。

> 所以谓人皆有不忍人之心者,今人乍见孺子将入于井,皆有怵惕恻隐之心。非所以内交于孺子之父母也,非所以要誉于乡党朋友也,非恶其声而然也。由是观之,无恻隐之心,非人也;无羞恶之心,非人也;无辞让之心,非人也;无是非之心,非人也。恻隐之心,仁之端也;羞恶之心,义之端也;辞让之心,礼之端也;是非之心,智之端也。人之有是四端也,犹其有四体也。有是四端而自谓不能者,自贼者也;谓其君不能者,贼其君者也。凡有四端于我者,知皆扩而充之矣,若火之始然,泉之始达。苟能充之,足以保四海;苟不充之,不足以事父母。(《公孙丑上》6)

孟子把人所"固有之"的仁、义、礼、智,又称作"四端"。"四端"对一个常人而言,就如同他的四肢一样,是与生俱来的。在这节中,孟子以"四端"之首的"不忍人之心"——代表"仁之端"的"恻隐之心"——为例来说明他人性本善的观点:譬如现在有人突然看见幼儿将要掉入井里去,都会立即产生一种惊惧同情之心。这种惊惧同情之心的产生,既不是因为想跟孩子的父母攀交情,也不是因为要在邻里或朋友中获得好名声,更不是因为厌恶孩子的啼哭声。那又怎么会产生呢?就只能用天生的、先天就有的来解释了。进一步说,它不仅是天生的,而且还是超越功利的。

孟子强调"四端"属人人天生就有,真可谓用心良苦。其目的无外乎希望

---

① 此"情"字,赵岐注曰:"性与情相为表里,性善胜情,情则从之"(焦循《孟子正义》卷二十二引,第752页);朱熹解为"性之动也"(《四书章句集注》,第328页)。清儒戴震提出异说,认为"非性情之情也"。其释为:"情,犹素也,实也。"(《孟子字义疏证》,中华书局1961年版,第41页)按:戴说更合理。

唤醒人们去反省一下自己本有的善性,不要找各种各样的理由不去行善,否则就是在残害自己。如果说他的国君不能行善的话,那就是残害他的国君。

> 孟子曰:"人之所不学而能者,其良能也;所不虑而知者,其良知也。孩提之童,无不知爱其亲者,及其长也,无不知敬其兄也。亲亲,仁也;敬长,义也。无他,达之天下也。"(《尽心上》15)

本节也是说人的善"端"是天生的,仁义之心是不必通过学习和思考的"良知"、"良能"。孟子还是用举例的方式来说明,但这次不是成人而是小孩。这里"孩提之童"的"孩",本义是小儿笑,所谓"孩提之童"就是刚会笑、可提抱的幼儿。在孟子看来,二三岁的小孩没有不知道爱自己父母的,长大了没有不知道敬自己兄长的,这是无须学就会、无须思考就知道的。而爱父母就是仁,敬兄长就是义。这没有其他原因,因为仁义本就是通行于天下的。

为了进一步论证"人性本善"如何可能,孟子提出了"凡同类者,举相似也"的观点:

> 凡同类者,举相似也,何独至于人而疑之?圣人与我同类者。故龙子曰:"不知足而为屦,我知其不为蒉也。"屦之相似,天下之足同也。口之于味,有同耆也,易牙先得我口之所耆者也。如使口之于味也,其性与人殊,若犬马之与我不同类也,则天下何耆皆从易牙之于味也?至于味,天下期于易牙,是天下之口相似也。惟耳亦然,至于声,天下期于师旷,是天下之耳相似也。惟目亦然,至于子都,天下莫不知其姣也。不知子都之姣者,无目者也。故曰:口之于味也,有同耆焉;耳之于声也,有同听焉;目之于色也,有同美焉。至于心,独无所同然乎?心之所同然者何也?谓理也,义也。圣人先得我心之所同然耳。故义理之悦我心,犹刍豢之悦我口。(《告子上》7)

孟子所用的论证方法,在逻辑学上叫做"类比推理"或"类比法",即根据对象某些属性的相同而推出其他属性也相同的间接推理。他指出:即便你不知道脚的大小去编草鞋,但有一点可知道的是决不会把草鞋编成草筐,原因是天下人的脚形相同。同样,人的味觉、听觉、视觉也是基本相同的。然后从人的味觉、听觉、视觉的相同而推出人心的"同然"。此章的要紧处在于"圣人与我同类"这一点上,而圣人又"先得我心之所同然",这个"同然"就是"理"和

"义"。既然人同此心、心同此理,那说明仁、义、礼、智是人所固有的,所以人性是本善的。

孟子的这段话在历史上很有影响。如宋代大儒朱熹在他少年时代,读到"圣人与我同类"之语而备感振奋,"喜不可言",于是下决心要学做"圣人"[①];与朱熹同时代的另一个大儒陆九渊,在其十几岁就写下了"宇宙便是吾心,吾心即是宇宙。东海有圣人出焉,此心同也,此理同也……"[②]的警句。这一思想成为他一生所尊奉的哲学宗旨。

孟子的话固然极具精神感召力,但如仅从其论证本身而言,那还可以做进一步的推敲。譬如说,孟子认定人心之"同然"是理和义,但他却并没有说明人心之"同然"为什么必然是或必须是理和义?

  孟子曰:"人之所以异于禽兽者几希,庶民去之,君子存之。舜明于庶物,察于人伦,由仁义行,非行仁义也。"(《离娄下》19)

孟子为什么说人性本善,原因就在于他认为人人具有"四端"。否则,就是"非人",即算不上是个人或不像是个人。当然,这个"人"主要不是从生物学意义上讲的。于是,孟子讲人性本善就势必还要引出他的"人禽之辨"观点。本章讲"人之所以异于禽兽者",就是讨论"人禽之辨"的。

"人之所以异于禽兽者"到底有多少?这是个哲学问题。孟子在这里给出了一个答案,那就是"几希"——一点点。什么呢?一点点良心。圣贤、常人、小人之分就看这一点,没有它也就是"非人"。"非人"不能算是人,那只能算成语所谓的"衣冠禽兽"了。在孟子看来,人与动物间的区别是很小的,人之所以为人就在于有人性,而人性的主要标志就是人有道德意识,即有仁义之心。具体落实下去,就是懂得做人的道理。

孟子讨论"人禽之辨"与他的类比方法有关,如他说过的:人的口味相似,所以人们都喜欢易牙烹调出来的味道,而狗、马与我们不同类,所以口味一定也不同(见前《告子上》7 中的引文)。或许现代的动物保护主义者不会同意孟子的类比,因为有"动物歧视"之嫌,甚而还可能会如惠施问庄子"子非鱼,安知鱼之乐"一样地问:"子非禽兽,安知禽兽之没良心?"问得似乎蛮有理

---

① 参见(清)王懋竑:《朱子年谱》卷之一,中华书局 1998 年版,第 3 页。
② 参见(宋)陆九渊:《陆象山全集》卷三十六《年谱》,中国书店 1992 年影印版,第 317 页。

由,却还不如不问,因为问了可能更令人惭愧!我们只要明白孟子的用心,找回自己身上天生的好东西就够了。

本章最后一句话也颇值得玩味。孟子告诉我们,不能把仁义当作一种手段、工具去达到个人的目的,而是要依从仁义的原则去做事。真正的宗教信仰大多如此,如去庙里拜菩萨时,你不要老是想着让菩萨为你做点什么,而是应该想想自己如何遵循菩萨的教导去做点什么。再说白点,菩萨也是不会帮你满足私欲的。

总之,孟子"人性本善"的命题,肯定了人类道德生活的可能性和必要性,揭示了人与动物间的根本区别,这无疑有积极意义,所以在中国历史上影响甚大。孟子"性善"说不仅开启了儒家心性论的先河,也引起当世及后世不少人的讨论,有赞成也有反对或修正的,但没有人能完全不理会孟子之说。

二、人之所以会有不善

孟子充满信心地告诉我们人性本善的道理,企图唤醒人的良知。但他还必须回答一个问题,那就是:既然善心"我固有之",且还人人皆有,那么人为何会有不善?世间又为何有那么多因人之不善所造成的苦难?易言之,人之恶又是从哪里来的?因此,人之所以会不善是"人性本善"的题中应有之义,必须有交待。孟子当然知道这一点,所以他在《告子上》中有比较集中的回答。这里选三段:

若夫为不善,非才之罪也。(《告子上》6)

富岁子弟多赖,凶岁子弟多暴,非天之降才尔殊也,其所以陷溺其心者然也。今夫麰麦,播种而耰之,其地同,树之时又同,浡然而生,至于日至之时,皆熟矣。虽有不同,则地有肥硗、雨露之养、人事之不齐也。(《告子上》7)

孟子曰:"牛山之木尝美矣,以其郊于大国也,斧斤伐之,可以为美乎?是其日夜之所息,雨露之所润,非无萌蘖之生焉,牛羊又从而牧之,

第一讲 人性与人心

是以若彼濯濯也。人见其濯濯也,以为未尝有材焉,此岂山之性也哉?虽存乎人者,岂无仁义之心哉?其所以放其良心者,亦斧斤之于木也,旦旦而伐之,可以为美乎?其日夜之所息,平旦之气,其好恶与人相近也者几希,则其旦昼之所为,有梏亡之矣。梏之反复,则其夜气不足以存;夜气不足以存,则其违禽兽不远矣。人见其禽兽也,而以为未尝有才焉者,是岂人之情也哉?"(《告子上》8)

按孟子的解释,人之所以会有不善,不能归罪于人的天性——"非才之罪也","非天之降才尔殊也","人见其禽兽也,而以为未尝有才焉者"。要注意这个"才"字!"才"之本义为"草木之初",引申为人初生时的材质。在孟子那里,人初生时的材质中就含有了"善端"。孟子认为,人之所以会有不善,并不是天生的资质如此,而是受到了外界污染、为环境所迫,即由于环境影响了他们的心——"所以陷溺其心者然也","其所以放其良心者"——才会变成这样的。

孟子很善于用譬喻说事,他举例说:譬如大麦,播下种子,把地耙平,如果土壤相同,播种时节也一样,便都会蓬勃生长,到夏至前后就都成熟了。如果说还会有什么不同,那也是因为土地的肥瘠、雨露的滋养和人工管理的好坏不同罢了。第二个"牛山之木"的例子就更有名了:齐国都城临淄城南面的牛山,山上的树木原本是很茂盛的,但因它地处大国都城之郊,人们常用斧子去砍伐,树木还可能茂盛么?虽也有日夜生息,雨露滋润,可新枝嫩芽一生出来,马上就被牧放着的牛羊吃掉了,所以才变得现在光秃秃的样子。你看到现在这光秃秃的牛山,就说它不曾有过好树木,这难道就是牛山的本来面目吗?就说在人身上吧,难道就没有仁义之心吗?之所以有人会丢失他本有的善心,那就像斧子对于树木一样,天天去砍伐它,它还能茂盛吗?就是说,人性原本是善的,只是后天的环境使人变坏了。

孟子曰:"饥者甘食,渴者甘饮,是未得饮食之正也,饥渴害之也。岂惟口腹有饥渴之害?人心亦皆有害。人能无以饥渴之害为心害,则不及人不为忧矣。"(《尽心上》27)

本章中,孟子用嘴巴、肠胃会受外界影响而偏离其正常的感觉,来比喻人心也会受外界影响而偏离其正常的状态——"良心"。所以,修身养性的工夫非常重要，尤其是在外界影响严重或外部条件恶劣的情况下。应当注意，末句中的"不及人"，是指在权势、富贵方面的不及人。

以上孟子的侃侃而谈堪称精彩，但遗憾的是他实际上还是没有真正讲清人之所以会有恶的根源。他讲恶是受外界环境的影响，这外界环境当然是指人及人类社会，因为自然界是无所谓善恶这种价值判断的。"外界影响说"不难接受，但如果"打破砂锅纹（问）到底"，外界的这个恶——最本原的恶——又究竟是从哪里来的呢？假设人之初，第一个人来到这世界上，他应该只有本善的性，他的后人一定也应该遗传了他本善的性，那么人或社会的恶又是从何方、何时、因何而来的呢？这个问题在基督教那里容易解决，因为魔鬼撒旦，让蛇去蛊惑人类之母夏娃，偷吃了伊甸园的禁果，于是人类便有了"原罪"。但孟子既没去麻烦神学世界里的魔鬼，也缺乏哲学术语所谓的本体论（存有论）论证，于是恶便没了其本原的存在依据，成为无源之水、无本之木！但众所周知，恶是经验世界里从古到今、从中到外实实在在的存在，且还比比皆是。再进一步说，恶不能存在，那与之既相矛盾而又相互依存的善还能存在吗？即使能存在又有什么意义呢？

正因为孟子的理论存在缺陷，所以后来就有荀子出来与孟子唱反调，主张人性本恶，还批评孟子不知性、"伪"（人为）之分，不辨别先天、后天，以为提倡性善将导致"去圣王，息礼义"，如其言：

> 人之性恶，其善者伪也。今人之性，生而有好利焉，顺是，故争夺生而辞让亡焉；生而有疾恶焉，顺是，故残贼生而忠信亡焉；生而有耳目之欲，有好声色焉，顺是，故淫乱生而礼义文理亡焉。然则从人之性，顺人之情，必出于争夺，合于犯分乱理，而归于暴。故必将有师法之化，礼义之道，然后出于辞让，合于文理，而归于治。用此观之，人之性恶明矣，其善者伪也……凡性者，天之就也，不可学，不可事。礼义者，圣人之所生也，人之所学而能，所事而成者也。不可学，不可事，而在人者，谓之性；可学而能，可事而成之在人者，谓之伪。是性伪之分也。①

---

① （清）王先谦：《荀子集解》卷第十七《性恶篇》，中华书局1988年版，第434—435页。

第一讲 人性与人心

按荀子的观点,人性就是与生俱来的、质朴的自然属性,这种属性所遵循的原则是趋利避害、好逸恶劳,所以人性是本恶的。而人之所以能善,是后天教化和学习的结果,那是"伪",即通过"人为"来陶冶人的性情、"化性起伪"的结果。"伪"的标准是"圣人"制定的"礼义法度"。这就逻辑地延伸出荀子对后天的教育和学习之重视,其著作首立《劝学篇》实非偶然,其中多有我们熟知的名言名句,如:"学不可以已","干越、夷貉之子,生而同声,长而异俗,教使之然也","吾尝终日思之,不如须臾之所学也";后天学习对人至关重要,教育决定人的成长,知识和德性是通过积累而成的,"积土成山,风雨兴焉;积水成渊,蛟龙生焉;积善成德,而神明自得,圣心备焉"[①]。

荀子强调道德是人创造的,强调人必须自觉地用现实社会秩序规范来改造自己,这都有可取之处。但他在理论上的问题比孟子更多,如:他把人性仅看作是动物本能抓住了人性的本质吗?他既说"性出于天",又"人性本恶",那么这个产生人性的"天"(自然)究竟是善的还是恶的?他说"圣人"制定的"礼义法度"能"化性起伪",那"圣人"之性是恶还是善?他强调"化性起伪"的后天改造,但源于自然的恶之改造又如何可能?这些问题荀子都没真正讲清楚。

因此在中国哲学史上,战国时期儒家学者关于人性善恶问题的争辩,留下一个很大的理论难题,这个难题一直要到一千多年后的宋代道学家那里才得到一种相对合理的解决。但这里我们不能游离主题,扯得太远了。

三、"仁义礼智根于心"

> 孟子曰:"广土众民,君子欲之,所乐不存焉。中天下而立,定四海之民,君子乐之,所性不存焉。君子所性,虽大行不加焉,虽穷居不损焉,分定故也。君子所性,仁义礼智根于心,其生色也睟然,见于面,盎于背,施于四体,四体不言而喻。"(《尽心上》21)

本章讲君子的愿望、乐趣、本性之间既有联系,又有区别。君子行道的本

---

① 以上所引参见(清)王先谦:《荀子集解》卷第一《劝学篇》,中华书局1988年版,第1—20页。

性就是本分,是"分定故也"。唯君子能守本分,而本分是内在的、天生的,即"仁义礼智根于心"。所以这也是在证明人性本善。从本章的"根于心",我想引出"心"这个话题。因为"心"字在《孟子》一书中出现频率甚高,据统计凡121见(不包括"孔距心"之类的人名),占全书35 226字①的0.34%②,所以"心"可说是《孟子》书中的关键字之一。

实际上通过前面的阅读,我们已经可以发现一个特点,即孟子在讲人性本善及人之所以会有不善时,始终是围绕着"心"这个字在转的:他说的仁义礼智"四端",也就是"恻隐之心"、"羞恶之心"、"恭敬之心"和"是非之心";而人性之所以会善,是因为"仁义礼智根于心",且人还有"心之所同然"的理和义(仁义礼智),只是"圣人先得我心之所同然耳";至于人之所以会变得不善,那是因为受了环境影响而"陷溺其心",没有把握住心中那只有一点点的"善端",把自己固有的"仁义之心"——"良心"——"放"出去了。可见,"心"是理解孟子人性理论的吃紧处,大家一定要抓住。

可以说,中国人特别重视"心",因此自古以来用"心"组成的词也就特别多,张口就来,如:"心灵"、"心胸"、"心理"、"心境"、"心肠"、"心迹"、"心量"、"心气"、"心态"、"心志"、"心计"、"心术"、"心眼"、"心地"、"心田"、"心照"、"心醉"、"心痛"……"开心"、"关心"、"放心"、"担心"、"操心"、"小心"、"留心"、"用心"、"有心"、"无心"、"虚心"、"细心"、"粗心"、"公心"、"私心"、"好心"、"坏心"、"人心"、"兽心"、"恶心"、"中心"、"空心"……不一而足。中国人为何这么重视"心"?原因大概在于认为人心变化莫测而又能包罗一切。不管怎么说,在中国古人那里,"心"可是个极其重要的概念,它具有多种含义,如人的思维器官及思想意识乃至情感,人(也包括动物)的推动血液循环的肌性器官,事物的中央或内部,等等。这里我们主要讲前者。

我们知道中医的理论中有"心藏神"之说,这里的"神",就是指人的精神意识和思维活动。中国人在思维进路上一开始就与西方人有很大不同,所以在认识世界、认识社会、认识人类自身方面也与西方人有诸多差异,对"心"的理解就是一例。由于中国人认定"心藏神",所以传统上我们首先习惯于把

---

① 按:《孟子》字数,赵岐《孟子题辞》计为34 685字,明代陈士元《孟子杂记》计为35 410字,清代周广业计为34 085字,清代焦循《孟子正义》计为35 226字,这里取焦循说。
② 参见杨泽波:《孟子评传》,南京大学出版社1998年版,第306页。

"心"视为具有思想功能的器官。虽然今天我们大家早已接受了西方人关于大脑思维的理论,但直到现在我们还在说"心想事成"之类的话,而决不会说"脑想事成",这是约定俗成的。其次,"心"还有思维本身的意思,有时甚至可以指思维的活动或过程,这是把名词当作动词来用。此外,"心"还有第三层意思,那就是专门指道德上的善性,这在儒家学派中比较通行。

回到孟子,他讲人性本善时提到的那么多"心",实际都是在指人的道德之心。这一特定含义的"心",孟子又称作"良心"或"本心"。尽管"良心"和"本心"一词在《孟子》中都仅出现过一次①,但其重要性却受到了后儒的高度重视,成为后来儒家讲道德善性的核心概念。尤其是"良心"一词,以后更超越了儒家学说的范围而成为中国人普遍认同的一个常识概念。它变成无需解释、人人明白的一个词,与知道不知道儒学和孟子,甚而与受没受过学校教育等都可以没有关系。

四、人性之辨

对孟子"性善"论的基本内容有了一个大致了解后,我们进而可以来谈孟子当时其他一些关于人性的理论,以及孟子对它们的批判。

前已指出,儒家学派的创始人孔子并没讲过人性本善的话。说实在的,人性问题确实不太好说,因为它看不见、摸不着,只有在临事的时候才会呈现出来。因此,一般的或曰抽象的人性存在于四方上下的"六合之外",所以"圣人存而不论",可见孔子很高明。但孟子从理想出发,想接着而不是照着孔子说。所以就提出了"性善"论,这是孟子的发明。如果从精神实质上来看,孟子的发明并没有违背孔子的"仁"学原则,而恰恰是发展了孔子的"仁"学思想。

孟子为何会有此一说,现在已很难考察了。但有一个事实可以注意,那就是孟子的时代已经出现不少关于人性善恶究竟如何的说法。可能是因为

---

① 按:"良心"一词见于《告子上》8:"其所以放其良心者";"本心"一词见于《告子上》10:"此之谓失其本心。"

当时有一些被孟子认为极其错误的观点,他必须出来分辨一下,而其直接的对象可能就是告子。

有关当时人性理论的消息,孟子的学生公都子为我们透露了一些:

> 公都子曰:"告子曰:'性无善无不善也。'或曰:'性可以为善,可以为不善;是故文、武兴则民好善,幽、厉兴则民好暴。'或曰:'有性善,有性不善;是故以尧为君而有象;以瞽瞍为父而有舜;以纣为兄之子,且以为君,而有微子启、王子比干。'今曰'性善',然则彼皆非与?"(《告子上》6)

从公都子的话中可知,孟子提出"性善"论时,同时至少还有其他三种说法:一、"性无善无不善";二、"性可以为善,可以为不善";三、"有性善,有性不善"。三说中,第一说可知是告子的,其他二说不知其人。而从孟子的批判来看,基本是集中在对告子的"性无善无不善"理论的批判。

下面我们就来看看孟子与告子之间关于人性问题的辩论:

> 告子曰:"性,犹杞柳也。义,犹桮棬也。以人性为仁义,犹以杞柳为桮棬。"
>
> 孟子曰:"子能顺杞柳之性而以为桮棬乎?将戕贼杞柳而后以为桮棬也?如将戕贼杞柳而以为桮棬,则亦将戕贼人以为仁义与?率天下之人而祸仁义者,必子之言夫!"(《告子上》1)

告子主张人性无所谓善恶之分。在本章中,他用杞柳与桮棬的关系来比喻人性与仁义,认为人性是原材料,仁义是加工品。孟子认为告子的比喻不当,提出在把杞柳加工成桮棬时,究竟是顺着杞柳的本性,还是会伤害杞柳的本性?如果是后者,那就一定是在伤害人的本性后才能成就仁义。这与他人性本善、"仁义礼智根于心"的主张根本相反,所以他严厉地批评告子是"率天下之人而祸仁义"。

> 告子曰:"性犹湍水也,决诸东方则东流,决诸西方则西流。人性之无分于善不善也,犹水之无分于东西也。"
>
> 孟子曰:"水信无分于东西,无分于上下乎?人性之善也,犹水之就下也。人无有不善,水无有不下。今夫水,搏而跃之,可使过颡;激而行

第一讲 人性与人心

之,可使在山。是岂水之性哉?其势则然也。人之可使为不善,其性亦犹是也。"(《告子上》2)

本章中,告子把人性比作急流,不分东西,哪里有口子就往哪里流,因而人性无所谓善恶的定性,就像流水无所谓东西的定向。但他没想到孟子会用"水往低处流"的常识来反驳,然后指出水可以高过额头,可以引而上山,但那不是水的本性,而是外力所迫。转而来证明其人性本善的观点,即只有在外部环境的影响下人才会变坏,但这种改变却不是人的本性使然。

告子曰:"生之谓性。"

孟子曰:"生之谓性也,犹白之谓白与?"

曰:"然。"

"白羽之白也犹白雪之白,白雪之白犹白玉之白与?"

曰:"然。"

"然则犬之性犹牛之性,牛之性犹人之性与?"(《告子上》3)

告子主张人性无所谓善恶之分,所以提出"生之谓性",即人天生的生理现象就是性。孟子就用"白之谓白"来比"生之谓性",然后又以"白羽"、"白雪"、"白玉"之"白"问告子是否相同,告子忘了三者间既有共性又有殊性,竟贸然同意,落入孟子的圈套。孟子马上用"犬之性"、"牛之性"来与"人之性"类比,使对方一下子陷入被动。

告子曰:"食、色,性也。仁,内也,非外也;义,外也,非内也。"

孟子曰:"何以谓仁内义外也?"

曰:"彼长而我长之,非有长于我也;犹彼白而我白之,从其白于外也,故谓之外也。"

曰:"异于白马之白也,无以异于白人之白也。不识长马之长也,无以异于长人之长与?且谓长者义乎?长之者义乎?"

曰:"吾弟则爱之,秦人之弟则不爱也,是以我为悦者也,故谓之内。长楚人之长,亦长吾之长,是以长为悦者也,故谓之外也。"

曰:"耆秦人之炙,无以异于耆吾炙,夫物则亦有然者也。然则耆炙亦有外与?"(《告子上》4)

《孟子》精读

本章是孟子批评告子"义外"说。孟、告二子对"义"的理解实际并不相同。在告子,指事物性质如此而我的认识也如此,那就是"义",如"彼长而我长之"、"彼白而我白之",那是事实判断,所以是外在的。而孟子理解的"义"是价值判断,所以是内在的。本来两人是各说各的,唯孟子善辩,把话题引向纯讲价值判断而不谈事实判断。告子不明就里地跟着去讲,于是再次陷入被动了。

孟子和告子关于人性问题的直接辩论,到此为止。这个辩论的内容很精彩,也很好玩,所以这里顺便说一下孟子的辩论术。从上面的辩论中我们可以发现一个基本特点,那就是孟子都不是从正面去申论自己的观点,而是以抓告子弱点、转换告子概念等方法来取得主动的。这正是孟子的厉害之处,尽管在某些方面孟子有强词夺理之嫌,但他处理得恰到好处,往往不易察觉。我们不妨来辨析一下:

第一则中,告子并没有说过"戕贼杞柳而以为桮棬",而是孟子硬安在告子头上,这是虚设论敌;然后话锋一转将之与"戕贼人"、"祸仁义"这些有强烈道德情感色彩的命题挂上钩,在气势上一下子就抢占了上锋。

第二则中,孟子是抓住告子以"水"喻"性"中的漏洞,顺着告子"水无分于东西"的话头,把"东西"转变为"上下",然后用"水往低处流"的常识来反驳告子、证明己说;实际按告子"性无善无不善"的逻辑来推,人性善恶全由外力决定,既不分"东西",也不分"上下",但他不当地以"水"喻"性"在先,已经陷入了被动。

第三则中,孟子先巧妙地以"白之谓白"来比"生之谓性",然后又以"白羽"、"白雪"、"白玉"之"白"来问是否相同;告子一下子没明白孟子用意,没有去分辨三者之间有共性也有殊性,贸然同意,上了圈套;孟子马上抓住了他的错误,用犬、牛也是生而有禀性,难道与人性也一样吗的逼问,告子只能无言以对。

第四则中,告子讲的"义"是事实判断,这是"白"的,所以我认识下来是"白"的,"白"不在我而在物,因此是外在的;孟子讲的"义"是其"四端"说之一的"羞恶之心",那是价值判断,是内在的。本来是两人各说各的,但孟子把话题引向纯讲价值判断的"长人之长"这一点上,而不去谈"白马之白"、"白人之白"这些事实判断的问题。告子也跟着去讲什么"长楚人之长,亦长吾之长",这又落入孟子的圈套。孟子最后的发问很高明,他抓住告子"食色性也"的命题,既然食色出自"性",是本身之所需,那就不是外在而是内在的,因此"耆炙"也必须是内而不是外,否则"食色"还能称之为"性"吗?

孟子"好辩"与善辩在当时是出了名的,他与告子的人性之辩只是表现之一。通观《孟子》一书,不管是与人交谈、政治游说还是思想交锋,都在在表现出这一特点。尽管孟子自云"予岂好辩哉?予不得已也"(《滕文公下》6),但无论从逻辑推论、语言技巧,还是从判断能力、应变策略诸方面来看,他都称得上是个雄辩家。因此,"好辩"与善辩也是《孟子》一书给人留下的深刻印象。

五、性命之别

"性"这个字,从"心"、从"生",这说明它与"生"有着密切的关系,这是中国文字造字原则中的常识。

在古汉语中,"生"、"性"是同源字。甲骨文、金文等古文字材料中,只有"生"字而无"性"字,可知"性"字是从"生"字派生而来,先秦时二字有时可通用,如清人徐灏《说文解字笺》中指出:"生,古性字,书传往往互用。《周礼》大司徒'辨五土之物生',杜子春读为性。《左氏》昭八年传,'民力雕尽,怨讟并作,莫保其性。'言莫保其生也。"[①]此须视其上下文之关联才能决定其意义。由于"生"、"性"二字的这种密切联系,先秦诸子往往通过"生"来理解"性",如告子的"生之谓性"即是一例。前面提到荆门郭店战国楚简中有儒家学派的文字《性自命出》,也证明了这一点。这里的道理应该说不难理解,试想,一个人如果连生命都没有,又哪里来的性呢?

告子说"生之谓性",认为人性就是人天生的本能,人人皆然,无所谓善恶,这本也没什么错。如他又说过"食、色,性也",即饮食之欲和男女之欲就是人最主要的本能,这也是一点不错的大实话,孔老夫子不也说过:"饮食男女,人之大欲存焉。"(《礼记·礼运》)但孟子却对告子的话做出了严厉的批评。由此引出一个似是而非的判断,即认为孟子否认人的动物属性、否认"食

[①] (清)徐灏:《说文解字笺·生部》,上海中原书局1928年版。

色"。实际这是冤枉了孟子。孟子并没有想过要否认"生之谓性"。只是在孟子看来,讲人性问题时只讲"生之谓性",未免流于浅薄庸俗,于是提出了反驳,想凸显出人性更深刻的含义。所以,他把告子所说的"性"称之为"命",由此生出误解。

> 孟子曰:"口之于味也,目之于色也,耳之于声也,鼻之于臭也,四肢之于安佚也,性也,有命焉,君子不谓性也。仁之于父子也,义之于君臣也,礼之于宾主也,知之于贤者也,圣人之于天道也,命也,有性焉,君子不谓命也。"(《尽心下》24)

本节说"性"、"命"之别。这里的"臭"通嗅,即气味;而"味"、"色"、"声"、"臭"从文脉上推应该都是褒义的。按孟子的观点,人的"性"实际分为两层,一层属于人的本能的、动物的"性",如味、色、声、臭、安佚之类的;另一层属于人之所以为人的、道德的"性",如仁、义、礼、智、圣人之类的。因为这两种"性"都是天生的,所以都与"命"有关系,即两者都兼有"性"与"命"的性质。而孟子讲人性本善时,讲的只是其中的后者。易言以明之,孟子认为,人之所以为人的"性",只在于他的道德之"性"。因此,他把前者仅仅称作"命",而把后者才称之为"性"。

孟子为什么要做出"性"、"命"这样的区分?值得玩味。

> 孟子曰:"求则得之,舍则失之,是求有益于得也,求在我者也。求之有道,得之有命,是求无益于得也,求在外者也。"(《尽心上》3)

从此章中,我们大致可以读出孟子"性"、"命"之别的用意。孟子做这一区别应该是有感而发,大概在他看来,人们大多热衷于对"味色声臭"的拼命追求,而对"仁义礼知"却听之任之(这一点在古今中外差别都不大)。所以,孟子要突出强调前者的命运成分和后者的天性成分,希望人们对前者不必强求,对后者能身体力行。因为仁、义、礼、智这些东西,就存在于我们每个人身上,只要你去努力追求就能获得;而富贵、权势、美女、佳肴这些东西,外在于我们本身,虽然你可以根据一定的方式去追求它们("求之有道"),但能否得到却需听从命运的安排("得之有命")。换言之,"性"和"命"虽然都是"你"的。但就"你"而言,"性"属于内在的,因此你主观上可以把握住它;而"命"是与"天"联系在一起的,属于外在的、客观的,并不以你的个人意志为转移,你

第一讲 人性与人心

主观上想把握它但实际却未必会如你所愿。所以,"性"比"命"更重要,尽管有"性"无"命"也不足以成事。

孟子的性命之别实际上揭示了儒家的一个重要信念:即首先是承认人生有命,并承认其有限制性。但对这种命,真正的儒者只能采取"顺受其正"的态度:一方面,承认并接受命运的限制与限定;另一方面,则依据自己的"性分",强化自我选择与自我担当,并在这种选择与担当中彰显出真正属于自己的人性。

有关孟子对"天"、"命"的态度,后面还会有专节,这里仅限于"性"、"命"关系的讨论。

第二讲　修身与养性

按儒家的观点,修身养性对一个人说来至关重要,它关乎我们的安身立命,因此是做人最重要的"学问"。修身养性在儒家学者那里也叫做"践履工夫",许多儒者还强调说:"明理不难,工夫最难。"突出强调个人修身养性的"践履",这可认为是中国哲学与西方哲学最大的不同处之一。

本教材第一讲是"人性与人心",主要讲人的本质即人性问题,旨在解决人的行为善恶之根源。人何以能善,按孟子的说法是因为人有与生俱来的"善端"——"仁、义、礼、智"。但必须注意,这个与生俱来的"善"仅仅是个"端"。"端"是什么?这个字古义与今义差别不是很大,不必多做考订,大致就是指一个头(也可称首)、一个端倪、一点萌芽。按孟子的意思,若稍不注意,人就会受到外界的影响,这个"端"就会给遮蔽了,人进而也就可能变坏。所以孟子在讲了人人具有"四端"后,马上就强调:"凡有四端于我者,知皆扩而充之矣,若火之始然,泉之始达。苟能充之,足以保四海;苟不充之,不足以事父母。"(《公孙丑上》6)意思就是说,"四端"只是个头、苗子、萌芽而已,所以还必须"扩充"它们。如果知道把它们都扩充起来,那就会像火刚开始点着,泉水刚开始流出一样。如果能够扩充它们,就足以安定天下;如果不去扩充它们,那就连自己的父母也无法事奉。孟子这里所谓的"扩而充之",也就是人需修身养性的意思,由此我们进入第二讲,述"修身与养性"。

第二讲　修身与养性

一、存心养性

存其心,养其性,所以事天也。(《尽心上》1)

君子所以异于人者,以其存心也。君子以仁存心,以礼存心。(《离娄下》28)

苟得其养,无物不长;苟失其养,无物不消。孔子曰:"操则存,舍则亡;出入无时,莫知其乡。"惟心之谓与。(《告子上》8)

人有"善端",但必须"扩而充之"。如何扩充?便是"存心"与"养性"。君子(包括圣贤)与常人本是同类,他们之所以能贤于、优于、高于常人,原因就在于他们善于"存心"。从前面的阅读中我们已经知道,孟子是由"心"而说"性"的,性善是因为心善;人人心中都有仁义,这个仁义之心就是人的"良心"或"本心",表现出来的就是善性。但这个"心"得"存","操则存,舍则亡","存心"了也就是"养性"了。

孟子曰:"自暴者,不可与有言也;自弃者,不可与有为也。言非礼义,谓之自暴也;吾身不能居仁由义,谓之自弃也。仁,人之安宅也;义,人之正路也。旷安宅而弗居,舍正路而不由,哀哉!"(《离娄上》10)

本章说"居仁由义",在《孟子》一书中颇为出名,宋明理学家对此章尤多讨论。按孟子人性本善的理论,"仁"和"义"都是一个人天生就具有的"善端";而孟子讲理想人格中"大丈夫"应居的"广居"、应行的"大道"(见后),也就是"仁"与"义"。所以,一个人如果不把这些"善端"充分发挥出来、不按"仁"、"义"去行事的话,那是非常可悲的,那叫做"自暴自弃"。朱熹在其《孟子集注》中强调说:"道本固有,而人自绝之,是可哀也!此圣贤之深戒,学者所当猛省也。"[①]

人为什么会"变坏"?人为什么会"自暴自弃"?孟子告诉我们的答案是:

[①] (宋)朱熹:《四书章句集注》,中华书局1983年版,第281页。

"虽存乎人者,岂无仁义之心哉?其所以放其良心者。"(《告子上》8)这是因为人把他的良心"放"出去了。因此,人如果不想生活得如禽兽一般,唯一的方法就是找回他那被"放"出去了的"良心",而"求其放心"、"收放心"也成了他认定的学问之关键。

  孟子曰:"仁,人心也;义,人路也。舍其路而弗由,放其心而不知求,哀哉!人有鸡犬放,则知求之,有放心而不知求。学问之道无他,求其放心而已矣。"(《告子上》11)

  孟子曰:"今有无名之指屈而不信,非疾痛害事也,如有能信之者,则不远秦楚之路,为指之不若人也。指不若人,则知恶之,心不若人则不知恶,此之谓不知类也。"(《告子上》12)

"放心"就是指被放失的"良心"。孟子指出,对大多数人而言,往往小事清楚,大事糊涂,譬如说:家中的鸡狗走失了,还知道去寻找,而"良心"放失了却不知去寻找;无名指弯曲不能伸直,不痛不痒也不碍做事,但只要能医治,还是会不远千里地去求医,手指不如别人知道嫌恶,心不如别人却不知道嫌恶。这是非常可悲的,是不知轻重缓急。所以,对一个人来说,头等要紧的大事就是应该把放失了的"良心"找回来。

  这里所引的"仁,人心也"一章在《孟子》中很重要,因为它点出了孔子之"仁"的实质。孔子反复说"仁",他的思想核心就是"仁",但何为"仁"?孔子随人说法,并无定义。他只说这样做是仁,那样做是不仁,其解释宽泛多变,每次讲解都不尽一致,初读《论语》者大多有此感受。这并不奇怪,因为在孔子看来,"仁"主要是一种主体的体验及实践问题,不必从概念上明确界定,也无需理论论证。因为是体验和实践,所以它难以从知识论上来界定。孔子言仁,就是从实践上指点如何实现仁。而其所言的对象是不同的,因此答案也自然不同,他只是根据不同的场合、不同的人做出不同的回答。但孟子在本章中给"仁"的实质做了个规定:"仁"就是"人心",即人的"良心"或"本心",这一解释对后来儒家心性之学的发展具有决定性的意义。

  此章最后提到的"学问之道"问题也颇值得注意。它点出了儒家思想的一个重大特点,即认为教育和学习的根本目的在于保持或恢复人本有的善

第二讲　修身与养性

性。这可说是儒家的传统,大而言之也可说是中国文化的主流传统。用现代话说,就是教育和学习的根本目的在于伦理道德,而不是客观知识。所以,中国传统文化的指向主要是人文而非科学,由此引出的是价值理性的优先而非工具理性的优先。这可以说既是优点,也是缺点。

要存心养性,就需坚持与专一。

> 虽有天下易生之物也,一日暴之,十日寒之,未有能生者也。……今夫奕之为数,小数也;不专心致志,则不得也。奕秋,通国之善奕者也。使奕秋诲二人奕,其一人专心致志,惟奕秋之为听。一人虽听之,一心以为有鸿鹄将至,思援弓缴而射之,虽与之俱学,弗若之矣。为是其智弗若与?曰:非然也。(《告子上》9)

孟子善用比喻,即使是天下最易生长的东西,晒它一天,冻它十天,也没有能生长的。譬如下棋这种小技艺,如不聚精会神便学不好。奕秋是国内的下棋高手。假如让他教两人下棋,其中一个聚精会神,只听奕秋的指教。另一个虽也在听,却又想着天鹅要飞来了,怎么拿起弓箭去射它,此人尽管与前一个人一起在学,却比不上人家。能说这是他的才智不如别人吗?显然不是的。所以,善性固然需要养护,而且更需要用心专一,"一暴十寒"肯定是不会有成效的。

> 孟子曰:"养心莫善于寡欲。其为人也寡欲,虽有不存焉者,寡矣;其为人也多欲,虽有存焉者,寡矣。"(《尽心下》35)

本章说"养心",其意思与"存心"、"养性"差不多。放失的"良心"收回后,还得不断的"养",否则不知哪一天又逃走了。这就是所谓的"操则存,舍则亡;出入无时,莫知其乡"。孟子认为,"养心"的工夫之一在于"寡欲"。减少了"味"、"色"、"声"、"臭"、"安佚"这类欲望,就减少了影响人丧失其"本心"的外在因素,这对修身养性肯定是大有裨益的。

说到"寡欲",这倒并不是儒家的"专利",先秦的道家可能比儒家讲得更多、更好。老子就说过许多这方面的名言,如:

> 五色令人目盲;五音令人耳聋;五味令人口爽;驰骋畋猎令人心发狂;难得之货令人行妨。(《老子》第十二章)

> 持而盈之，不如其已；揣而锐之，不可常保。金玉满堂，莫之能守。富贵而骄，自遗其咎。功成身退，天之道也。(《老子》第九章)
>
> 名与身孰亲？身与货孰多？得与亡孰病？是故甚爱必大费，多藏必厚亡。知足不辱，知止不殆，可以长久。(《老子》第四十四章)
>
> 祸莫大于不知足，咎莫大于欲得。故知足之足，常足矣。(《老子》第四十六章)

佛教传入中土后，更是十分强调"寡欲"，此不待多说。

一个人修身养性要讲求"寡欲"，这当然有相当的道理。但需要指出的是，它也容易引出误解，尤其是容易被统治者利用来压制老百姓正常的物质欲望。理学占统治地位的明清时代就是如此，"寡欲"、"灭人欲"成了统治者的口头禅，连皇帝的居所也美其名曰"养心殿"，但他们可从来也没有"寡欲"过。所以，"寡欲"并不等于灭欲，这必须分清了，否则一定会生出流弊。从历史上看，中国人虽然把"心"作为道德善性来讲，主张"人同此心，心同此理"，但中国人也从不否认个人之心的存在。春秋时代的子产已经有"人心之不同，如其面焉"[①]之说，以后一直也没怎么变过。一般说来，中国人受儒家的影响较大，不太相信人死后有什么"天堂"或"极乐世界"，认为这个世界就是真实的世界，而且我们也就这么一个世界，应该好好地珍惜它。所以中国哲学的主旨十分强调"人心"，认为一个人不能完全由社会身份或物质条件来决定，而应该由"心"来决定。一方面，我们不能放弃自己独有的心，因为事实上每个人都是一个心；但私心得有个限度，这个限度就是不能妨害公心。中国哲学还认为，个人的心是可以相通的，即所谓心同理同；更要紧的是，个人的心需要"养"，如果不养的话，你的心就越变越小，人也越变越自私，那么社会就一定会乱。孟子所谓的"养心"，我以为当作如是解。

二、先立乎其大

孟子曰："拱把之桐梓，人苟欲生之，皆知所以养之者。至于身，而不

[①] 《左传·襄公三十一年》，(晋)杜预：《春秋经传集解》，上海古籍出版社1978年版，第1166页。

第二讲 修身与养性

知所以养之者,岂爱身不若桐梓哉?弗思甚也。"(《告子上》13)

孟子曰:"人之于身也,兼所爱。兼所爱,则兼所养也。无尺寸之肤不爱焉,则无尺寸之肤不养也。所以考其善不善者,岂有他哉?于己取之而已矣。体有贵贱,有小大。无以小害大,无以贱害贵。养其小者为小人,养其大者为大人。今有场师,舍其梧槚,养其樲棘,则为贱场师焉。养其一指而失其肩背,而不知也,则为狼疾人也。饮食之人,则人贱之矣,为其养小以失大也。饮食之人无有失也,则口腹岂适为尺寸之肤哉?"(《告子上》14)

公都子问曰:"钧是人也,或为大人,或为小人,何也?"

孟子曰:"从其大体为大人,从其小体为小人。"

曰:"钧是人也,或从其大体,或从其小体,何也?"

曰:"耳目之官不思,而蔽于物。物交物,则引之而已矣。心之官则思,思则得之,不思则不得也。此天之所与我者。先立乎其大者,则其小者不能夺也。此为大人而已矣。"(《告子上》15)

所引三章在《孟子》中本就连在一起,其意思亦相近,都是说"先立其大"的问题。我以为这一节对我们大学生说来相当重要,因为大家正当"立"之时,怎么"立"?有各种说法,都有其一定的理由,也不能说一定谁对谁错,这是一种选择,牵涉的不是工具理性而是价值理性,所以尤当慎重。

前已提到,孟子讲"性"、"命"之别,把人的道德属性归在"性"一类中,把人的生理属性归在"命"一类中。这里,孟子又用了"大体"、"小体"来对两者加以形容。"大体"就是"良心"、"本心";"小体"就是耳目感官、食色之欲等。孟子告诉我们,人的身体和本性都需要得到护养,但两者之间是有主次、小大之分的,不能颠倒了它们的关系,如果有个园艺师,舍弃梧桐、梓树这些有用的树不种,却去培植酸枣、荆棘那些无用的树,他肯定是个蹩脚的园艺师;仅仅注意保养自己的一个手指却遗忘了自己的肩和背,还不知道,那肯定是个糊涂透顶的人。只讲吃喝的人,人们鄙视他,因为他只注意保养小的而遗忘了大的。所以既要吃喝,而又不遗忘品德的培养。一个人活着就要吃饭,但人不能为了吃饭而活着;反之,因为为了培养品德,我们就可以饿肚子了吗?同样也不行。所以两者要兼顾,但又必须分出主次。"体有贵贱，有小大。无以小害大，无以贱害贵。养其小者为小人，养其大者为大人。"这话值得记住。

从"大体"与"小体"、"大人"与"小人"进而说到人的"心"。孟子认为：耳朵、眼睛这类器官是不能思考的，所以就会被外物所蒙蔽，当它们与外物一接触，就只能被外物牵引着。心的官能就不同了，它的特点是能思考，思考就能得到人的善性，不思考便得不到。能思考的"心"是上天特意赋予我们人类的，所以我们首先应该确立起大的东西（善性），那小的东西就无法与之争夺了。成为君子的道理也仅此而已。

要注意孟子这里的"思"字！尤其是"耳目之官不思"与"心之官则思，思则得之，不思则不得也"两者之间细微的差别：前者仅表示一般意义的思想、思考，主要从认知角度讲的，与《礼记·大学》中"心不在焉，视而不见，听而不闻，食而不知其味"意思差不多，即耳目等感官如离开的人的思想就等于没用的；后者在很大程度上却是在讲反思，与下一节中讲的"反求诸己"、"反身"的关系密切。孟子要突出强调的是，一个人必须通过反思，才能得到本就存在于每个人身上的"四端"之心——"良心"或"本心"。所谓"精读"，我以为主要就应该把经典中这种细微的差别读出来。

孟子"先立乎其大"的命题，还表现在对待名和利的态度上：

> 孟子曰："有天爵者，有人爵者。仁义忠信，乐善不倦，此天爵也；公卿大夫，此人爵也。古之人修其天爵，而人爵从之。今之人修其天爵，以要人爵；既得人爵，而弃其天爵，则惑之甚者也，终亦必亡而已矣。"（《告子上》16）

> 孟子曰："欲贵者，人之同心也。人人有贵于己者，弗思耳矣。人之所贵者，非良贵也。赵孟之所贵，赵孟能贱之。《诗》云：'既醉以酒，既饱以德。'言饱乎仁义也，所以不愿人之膏粱之味也。令闻广誉施于身，所以不愿人之文绣也。"（《告子上》17）

"仁义忠信，乐善不倦"是上天所赋予人的"善"，那是天然的，所以孟子把它们称之为"天爵"；而公、卿、大夫之类（或现在所谓的部、局、处、科之类），只是人世间的爵位。按孟子的观点，理想的情况应该是修"天爵"而"人爵"从之，如仅仅因为"人爵"就放弃"天爵"，那对做人而言可真是糊涂透顶的事。美食锦衣尽管人人想要,但它们充其量只是些外在的东西,有固然不错,但不必过多地去羡慕。对一个人而言,仁义才是真正最可贵的。

三、反求诸己

"反求诸己"是儒家"工夫论"的一个重要内容。孔子曾说过,"君子求诸己,小人求诸人"(《论语·卫灵公》),这可视为儒家讲"反求诸己"工夫最初的话头。"反求诸己"这种工夫强调,当我们遇到任何问题时,首先应该从找自己的不够开始,我们应该检讨自己在哪方面还存在不足,然后加以改正,只有做到自身端正,所做的事情才会取得成效。小到个人,大到国家,无不如此。这道理很对,也很简单,但要真正做到却很不容易。正因为不容易,所以需要下"工夫"。现代新儒家创始人之一的熊十力先生,慨叹现代人大多"漠视先圣贤之学,将反身克己工夫完全抛却,徒恃意气与浅薄知见作主张",他说:"今人只知向外,看得一切不是,却不肯反求自家不是处,此世乱所以无已也。先圣贤之学,广大悉备,而一点血脉,只是'反求诸己'四字。"①熊先生的话有没有道理,这里无需讨论,大家不妨"反求诸己"。

我们还是回到孟子。孟子于"反求诸己"的工夫颇多发挥,他提到过的"反求诸己"、"反身而诚"、"自反"、"反"等话头,其实都是这个意思。

> 孟子曰:"人有恒言,皆曰'天下国家'。天下之本在国,国之本在家,家之本在身。"(《离娄上》5)

"反身"的前提是要有这个"身","身"也就是儒家常用的另一个字"己"。本章孟子讲的以修身为本,即"身"是"本"、是开始处②,由"身"出发,进而才能把家、国、天下都治理好。儒家之学之所以又称作"为己之学",是因为它首先强调"修己"或"修身",这决非孟子一人特有的主张。如孔子强调"修己以敬"、"修己以安人"、"修己以安百姓"(参见《论语·宪问》);《大学》"八条目"中"后四目"就是"修身,齐家,治国,平天下",说得与孟子如出一辙,其中还特别强

---

① 熊十力:《十力语要》卷三《黎涤玄记语》,中华书局1996年版,第332—333页。
② 按:"本"字原义为树根,可引申为开始处。

调"自天子以至于庶人,壹是皆以修身为本";《中庸》也强调"君子不可以不修身"。顺便要指出的是,孟子这里的"国"指的是诸侯国,"天下"才大致相当于今天的中国,《大学》亦然。

  孟子曰:"万物皆备于我矣。反身而诚,乐莫大焉。强恕而行,求仁莫近焉。"(《尽心上》4)

本章讲"反身而诚",虽然很短,但在《孟子》中属于很重要的一章,因为它涉及的面颇广。照先儒的说法,此章既是讲认识问题,又是讲修养工夫,也是讲人生境界。从认识论上讲,它与孟子的"尽心"、"知性"、"知天"思想有关;从工夫论层面讲,它与孟子的"思诚"思想有关;从境界论层面讲,它与孟子"乐"的思想有关。先儒之说自有其道理,但我们读书也不一定要完全照着先儒的诠释去读,就从字面上、从自己的理解去读许多时候也是可以的:万事万物的道理本就具备在我自身之内。反躬自问而觉得真实无妄,快乐没有比这更大的了;照着将心比心、推己及人的恕道努力地去做,求仁的道路没有比这更近的了。本章就这么读,我以为也没有违背孟子的意思。

  夫仁,天之尊爵也,人之安宅也。莫之御而不仁,是不智也。不仁不智,无礼无义,人役也。人役而耻为役,由弓人而耻为弓,矢人而耻为矢也。如耻之,莫如为仁。仁者如射,射者正己而后发,发而不中,不怨胜己者,反求诸己而已矣。(《公孙丑上》7)

"为仁"对一个人而言,不是能不能的问题,而是想不想的问题。并没有人来阻挡你,你却不仁,那是愚蠢的。关键还看自己的选择。最后孟子以射箭为喻,提出了"反求诸己"命题。以射箭为喻的话头,孔子也说过,只是不在《论语》中,而是《中庸》引孔子的话:"子曰:'射有似乎君子,失诸正鹄,反求诸其身。'"孟子的意思与此相同,只是说得更清楚明白,直指"为仁"。

下面我们来看孟子关于"反求诸己"的两个具体论述:

  孟子曰:"爱人不亲,反其仁;治人不治,反其智;礼人不答,反其敬。行有不得者,皆反求诸己,其身正而天下归之。《诗》云:'永言配命,自求多福。'"(《离娄上》4)

  孟子曰:"居下位而不获于上,民不可得而治也。获于上有道,不信

第二讲 修身与养性

于友,弗获于上矣。信于友有道,事亲弗悦,弗信于友矣。悦亲有道,反身不诚,不悦于亲矣。诚身有道,不明乎善,不诚其身矣。是故诚者,天之道也;思诚者,人之道也。至诚而不动者,未之有也;不诚,未有能动者也。"(《离娄上》12)

前一章讲"反求诸己",关键要做到"身正","其身正而天下归之"。最后引《诗经》的话蛮有意思,值得回味。后一章讲通过"反身而诚"而"明善"。孟子认为,使自身真诚是有方法的,不明白什么是善,自身就不能真诚。所以诚是自然的法则;追求诚,则是做人的法则。做到了至诚而不被感动,是从没有过的事;如果不诚,也不可能感动人。就文本本身言,孟子这里所论的"诚",是指真诚地去内省人的仁、义、礼、智等先天所具有的善性。这里,引出了儒家的一个核心概念——"诚",需要简单地说一下。

"诚",一般讲就是"真实无妄"。儒家的"诚"是从人的道德实践中抽象出来的,其实质指道德实践中高度自觉的品质或心理状态。在先秦儒家思想的发展中,"诚"的概念经历了一个逐步发展的过程。孔子未直接言"诚",而是通过言"仁"来透显"诚"之意蕴。孟子开始言"诚"。以后的荀子亦言"诚",《荀子·不苟》篇中有"君子养心莫善于诚,致诚则无它事矣";"诚心守仁则形,形则神,神则能化矣。诚心行义则理,理则明,明则能变矣";"天地为大矣,不诚则不能化育万物;圣人为知矣,不诚不能化万民;父子为亲矣,不诚则疏;君子为上尊矣,不诚则卑。夫诚者,君子之所守,而政事之本也"。《大学》亦言"诚","诚意"就是其"八条目"之一,"所谓诚其意者,毋自欺也",因为"诚于中,形于外"。真正把"诚"作为核心概念的是《中庸》,《中庸》的二十章到二十六章集中论"诚",其重要者如:"诚者,天之道也;诚之者,人之道也";"诚者,物之终始,不诚无物";"唯天下至诚为能经纶天下之大经,立天下之大本,知天地之化育";"自诚明,谓之性;自明诚,谓之教。诚则明矣,明则诚矣。唯天下至诚为能尽其性。能尽其性,则能尽人之性;能尽人之性,则能尽物之性;能尽物之性,则可以赞天地之化育;可以赞天地之化育,则可以与天地参矣";"诚则形,形则著,著则明,明则动,动则变,变则化。唯天下至诚为能化"等。《中庸》之"诚",成为一个统贯天人的范畴,它既是宇宙的,也是人性的,体现了先秦儒家"天人合一"的思维模式。以后的儒者无不重视这个"诚"字,尤以宋明儒为甚，不仅讲"诚"，还要把它与"敬"结合起来，这是后话，也是一个很大的话题，就此打住吧。

顺便说一下，后一章从开头"居下位"至"不诚其身矣"，与《中庸》第二十章中的一段文字几乎完全相同。相传《中庸》为子思所作，荀子《非十二子》将思、孟归为一派，司马迁说孟子"受业子思之门人"。但有学者考证说《中庸》实为战国晚期甚至汉初的作品，因此是《中庸》抄《孟子》。而晚近以来新的出土文献又提示子思的作品并不能轻易否定。这桩学术公案，学者们历来意见不一，现在也没有定论，这里我们不必去纠缠了。

> 仁者爱人，有礼者敬人。爱人者人恒爱之，敬人者人恒敬之。有人于此，其待我以横逆，则君子必自反也：我必不仁也，必无礼也，此物奚宜至哉？其自反而仁矣，自反而有礼矣，其横逆由是也，君子必自反也，我必不忠。自反而忠矣，其横逆由是也，君子曰："此亦妄人也已矣！如此，则与禽兽奚择哉？于禽兽又何难焉？"（《离娄下》28）

本章也讲"自反"。孟子告诉我们，做人是应该"反求诸己"，但这并不等于没有原则、不讲是非了。孟子的意思是，只要反省自己后觉得站得直，行得正，也就没有必要患得患失。这里开首的那两句也值得注意。

> 孟子曰："不仁者可与言哉？安其危而利其菑，乐其所以亡者。不仁而可与言，则何亡国败家之有？有孺子歌曰：'沧浪之水清兮，可以濯我缨；沧浪之水浊兮，可以濯我足。'孔子曰：'小子听之！清斯濯缨；浊斯濯足，自取之也。'夫人必自侮，然后人侮之；家必自毁，而后人毁之；国必自伐，而后人伐之。《太甲》曰：'天作孽，犹可违；自作孽，不可活。'此之谓也。"（《离娄上》8）

本章主旨也是讲"自反"的。孟子认为，个人、家国的福祸、兴衰、荣辱虽然有外因，但外因须通过内因才能起作用的，所以还得"反求诸己"，即强调自身的因素。这里孟子引《尚书》"天作孽，犹可违；自作孽，不可活"，非常传神；而其强调的"人必自侮，然后人侮之；家必自毁，而后人毁之；国必自伐，而后人伐之"，更成为千古名言。

> 孟子曰："人不可以无耻。无耻之耻，无耻矣。"（《尽心上》6）

第二讲　修身与养性

孟子曰:"耻之于人大矣。为机变之巧者,无所用耻焉。不耻不若人,何若人有?"(《尽心上》7)

这两章很好理解,其中的关键在于人要"知耻"。只有"知耻"才能知道自己的不足,从而也就成为改正的起点;也只有"知耻",才能知道什么该做什么不该做。所以,"知耻"也就是"反求诸己"、"反身而诚"的具体表现。前一章的"无耻之耻",赵岐注曰:"人能耻己之无所耻,是为改行从善之人,终身无复有耻辱之累也。"朱熹同意此说。今人杨伯峻认为"无耻之耻"的"之"不当作动词解,所以其译文是:"人不可以没有羞耻,不知羞耻的那种羞耻,真是不知羞耻!"亦可通。

讲到"人不可以无耻",可以说一下。在中国历史上,儒家是一贯强调人必须要有羞耻心、知荣辱的,认为这是人之所以为人的基本条件和基本素质,否则不是衣冠禽兽就是行尸走肉。现在,我们觉得又必须出来讲"荣辱观",原因就在于我们近百年来过分强调知识而不讲"荣辱"了,于是许多问题就出现了。个中缘由自一言难尽,不说也罢。就事论事,在这方面,孟子就是很值得提一下的思想家。关于知耻和知荣辱,孟子不仅有上引精彩的论述,在《离娄下》中他还给我们讲过一个形象而生动的故事——"齐人有一妻一妾":

齐人有一妻一妾而处室者,其良人出,则必餍酒肉而后反。其妻问所与饮食者,则尽富贵也。其妻告其妾曰:"良人出,则必餍酒肉而后反,问其与饮食者,尽富贵也,而未尝有显者来。吾将瞷良人之所之也。"

蚤起,施从良人之所之,遍国中无与立谈者。卒之东郭墦间,之祭者,乞其余;不足,又顾而之他。此其为餍足之道也。

其妻归,告其妾曰:"良人者,所仰望而终身也,今若此!"与其妾讪其良人,而相泣于中庭。而良人未之知也,施施从外来,骄其妻妾。

由君子观之,则人之所以求富贵利达者,其妻妾不羞也、而不相泣者,几希矣。

"齐人有一妻一妾"是中国历史上一则很有名也很有趣的寓言故事,这是属于那种读后让人苦笑和深思的"黑色幽默"。丈夫本是妻妾要托付终身的人,可此人却不知羞耻,天天扮两面人,在外面装孙子奴颜乞讨,回到家装大爷吹牛摆阔。孟子通过这则寓言,鞭挞了当时那些为求取富贵者卑鄙无耻的嘴脸,他们在光天化日之下衣冠楚楚、自我炫耀,暗中却卑躬屈膝、无所不为。这样的无耻之徒,实际上什么时代都有。

孟子曰:"身不行道,不行于妻子;使人不以道,不能行于妻子。"(《尽心下》9)

本章说以身作则。不以身作则的人,连老婆、孩子也管不了,更别谈要求别人了。所以还得"反求诸己"。从文脉来推,孟子主要是针对当官有权者说的,我以为这在今天仍有意义。

四、养　气

孟子曰:"舜发于畎亩之中,傅说举于版筑之间,胶鬲举于鱼盐之中,管夷吾举于士,孙叔敖举于海,百里奚举于市。故天将降大任于是人也,必先苦其心志,劳其筋骨,饿其体肤,空乏其身,行拂乱其所为,所以动心忍性,曾益其所不能。人恒过,然后能改;困于心,衡于虑,而后作;征于色,发于声,而后喻。入则无法家拂士,出则无敌国外患者,国恒亡。然后知生于忧患而死于安乐也。"(《告子下》15)

这是《孟子》书中很有名的一章,被作为范文选入中学语文教科书,我想大多数人以前都应该读过的,就不必再具体解释。就总旨而言,本章勉励人们从逆境中奋起,在艰苦的环境中磨炼自己的意志。

意志在一个人的修养实践中十分重要,无论存心养性、先立乎其大还是反求诸己,都离不开人的意志。那如何才能磨炼意志?除了上面讲的"苦其心志,劳其筋骨,饿其体肤,空乏其身,行拂乱其所为,所以动心忍性,曾益其所不能"之外,孟子还提出了"养气"说。前面我们引"牛山之木"那章中,孟子提到过"平旦之气"、"夜气"——"其日夜之所息,平旦之气,其好恶与人相近也者几希,则其旦昼之所为,有梏亡之矣。梏之反复,则其夜气不足以存;夜气不足以存,则其违禽兽不远矣。"(《告子上》8)这里所谓的"存夜气",就属于一种"养气"的工夫。当然,关于"养气",孟子还有更精彩、更具体的论述:

公孙丑问曰:"夫子加齐之卿相,得行道焉,虽由此霸、王,不异矣。

第二讲 修身与养性

如此则动心否乎?"

孟子曰:"否。我四十不动心。"

曰:"若是,则夫子过孟贲远矣。"

曰:"是不难,告子先我不动心。"

曰:"不动心有道乎?"

曰:"有。北宫黝之养勇也,不肤挠,不目逃,思以一毫挫于人,若挞之于市朝;不受于褐宽博,亦不受于万乘之君;视刺万乘之君,若刺褐夫;无严诸侯,恶声至,必反之。孟施舍之所养勇也,曰:'视不胜犹胜也。量敌而后进,虑胜而后会,是畏三军者也。舍岂能为必胜哉?能无惧而已矣。'孟施舍似曾子,北宫黝似子夏。夫二子之勇,未知其孰贤,然而孟施舍守约也。昔者曾子谓子襄曰:'子好勇乎?吾尝闻大勇于夫子矣,自反而不缩,虽褐宽博,吾不惴焉;自反而缩,虽千万人,吾往矣。'孟施舍之守气,又不如曾子之守约也。"

曰:"敢问夫子之不动心与告子之不动心,可得闻与?"

"告子曰:'不得于言,勿求于心;不得于心,勿求于气。'不得于心,勿求于气,可;不得于言,勿求于心,不可。夫志,气之帅也;气,体之充也。夫志至焉,气次焉,故曰:'持其志,无暴其气。'"

"既曰'志至焉,气次焉';又曰:'持其志,无暴其气'者,何也?"

曰:"志壹则动气,气壹则动志也。今夫蹶者、趋者,是气也,而反动其心。"

"敢问夫子恶乎长?"

曰:"我知言,我善养吾浩然之气。"

"敢问何谓浩然之气?"

曰:"难言也。其为气也,至大至刚,以直养而无害,则塞于天地之间。其为气也,配义与道;无是,馁也。是集义所生者,非义袭而取之也。行有不慊于心,则馁矣。我故曰告子未尝知义,以其外之也。必有事焉而勿正,心勿忘,勿助长也。无若宋人然:宋人有闵其苗之不长而揠之者,芒芒然归,谓其人曰:'今日病矣!予助苗长矣!'其子趋而往视之,苗则槁矣。天下之不助苗长者寡矣。以为无益而舍之者,不耘苗者也;助之长者,揠苗者也。非徒无益,而又害之。"

"何谓知言?"

曰:"诐辞知其所蔽,淫辞知其所陷,邪辞知其所离,遁辞知其所穷。生于其心,害于其政;发于其政,害于其事。圣人复起,必从吾言矣。"

(《公孙丑上》2)

这一段节选自《公孙丑上》第二章,人称"知言养气章",是《孟子》一书中篇幅第二长的一章。此章在"《孟子》学"史上不仅非常重要,而且号称难解,因此受到宋以后学术界的普遍关注。自南宋起,包括朱熹、王阳明、黄宗羲这样的大儒在内,至现当代学者则如钱穆、牟宗三、徐复观、陈荣捷、刘述先、李明辉、黄俊杰等,以及东亚学者如日本的伊藤仁斋等在内,对此章多有诠释、辨析、发挥乃至争论①。

确实,《孟子》的这一章(尤其是这里所选的内容)不好读,因为其中牵涉到的许多概念容易产生歧义或不同理解,如"不动心"、"勇"、"志"、"气"(包括"志""气"关系等问题)、"浩然之气"、"集义"、"知言"等等;如"无是,馁也"中"是"究竟指"义"还是"气"等问题;再如"必有事焉而勿正心勿忘勿助长也",如何断句,其中是否有误植、字讹等。类似的问题,无论在先儒还是时贤那里,都可谓探骊得珠、高见迭出,但可惜的是言人人殊,由此争论也就层出而不穷。这里我不想介入争论,唯一的办法是根据自己的理解把这段原文直译一下:

公孙丑问道:"老师如果官居齐国卿相,能实现自己的抱负,即使成就霸业和王业,也不足为怪。如果这样,您是否会动心呢?"

孟子说:"不会。我四十岁时就做到不动心了。"

公孙丑说:"如此看来,老师比孟贲强多了。"

孟子说:"这并不难,告子不动心比我还早。"

公孙丑说:"做到不动心有方法吗?"

孟子说:"有。北宫黝培养勇气的方法是:肌肤被刺不退缩,眼睛被刺不转睛,别人动了他一根毫毛,他便看作如在大庭广众之下被人鞭打一样;他既不愿受普通平民的侮辱,也不愿受大国君主的侮辱;他把刺杀

---

① 有关这方面的具体情况,可参见台湾大学黄俊杰教授的《中国孟学诠释史论》第五章,社会科学文献出版社 2004 年版,第 166—222 页。

第二讲 修身与养性

大国的君主,看成和刺杀普通平民一样;他不畏惧国君侯王,谁骂他一句,他就一定要回敬一句。孟施舍培养勇气的方法,据他自己说:'我对待不能战胜的敌人和对待能够战胜的敌人一样。如果估量对方的力量后才前进,考虑有必胜的把握才交锋,这种人见了数量众多的敌军是会畏惧的。我孟施舍怎能够稳操胜算吗?我只是能够无所畏惧而已。'孟施舍有点像曾子,北宫黝有点像子夏。这两人的勇气,我也说不准到底谁更强,但孟施舍的方法较为简约。从前曾子对子襄说:'你爱好勇敢吗?我曾经在老师孔子那里听到过关于大勇的论述:自我反省,自己不在理上,哪怕对方是普通平民,我也不能去恐吓人家;自我反省,自己有理,哪怕面对千军万马,我也勇往直前。'孟施舍所守的是无所畏惧的勇气,这又不如曾子所守的原则来得简约。"

公孙丑说:"我斗胆问一声,老师的不动心和告子的不动心,能说给我听听吗?"

孟子答道:"告子说:'对对方语言的意思有弄不清的地方,不要再在心上反复琢磨;对于某事的道理心里没底,不要再去求助于气。'对于某事的道理心里没底,不要再去求助于气,这是可以的;而对对方语言的意思有弄不清的地方,不要再在心上反复琢磨,那是不可以的。志是气的主帅,气是充满人身体的。志到哪里,气也随之到哪里,所以说:'应该坚定自己的志,不要滥用自己的气。'"

公孙丑说:"您既然说'志到哪里,气也随之到哪里';又说'应该坚定自己的志,不要滥用自己的气'这是什么道理呢?"

孟子说:"因为,志如果专一了就会影响到气,气如果专一了也会影响到志。现在我们看那些摔倒和奔跑的人,这都只是气,可是却反过来影响了他们的志(使他们心浮了)。"

公孙丑说:"我斗胆地问老师擅长于什么?"

孟子说:"我善于分析了解别人的言辞,我善于培养我的浩然之气。"

公孙丑说:"我再斗胆问一句,什么叫做浩然之气?"

孟子说:"这个很难说清楚。它作为一种气,是最大最刚的,用正直去培养而不伤害它的话,它就会充满于天地之间。它作为一种气,与义和道是紧密配合的,否则,就会软弱无力。这种气是积累了义而产生的,不是靠偶然用义突袭一下就能取得的。只要行为使自己感到问心有愧,这气就会变得疲软了。我所以说告子从来不懂得什么是义,因为他把义看成是外在的东西。一定要在平日有所作为时自然合乎义,而不要故意做作,每时每刻都不要忘记此事,但也不要勉强去帮助它成长。不要像宋国人一样:有个宋国人,担心他的禾苗长不长,而把苗拔高了,他拖着疲惫的身子回到家中,对家里人说:'今天累坏了!我帮助禾苗生长了!'他儿子赶快跑去一看,禾苗全都枯萎了。世上不帮助禾苗生长的人实在很少。那些认为培养工作没好处而放弃的,就是不锄草的人;那些不按照规律硬去帮助生长的,就是拔苗的人。这非但没有好处,而且还害了它。"

公孙丑又问:"什么叫做善于分析了解别人的言辞呢?"

孟子说:"听到偏颇的言辞,我知道哪里片面了;听到过分的言辞,我知道哪里失误了;听到邪僻的言辞,我知道哪里背离正道了;听到躲闪的言辞,我知道哪里理屈词穷了。这四种言辞,如果从内心产生,便会在政治上产生危害;如果体现于政治举措上,便会妨害国家各种事务。即使圣人再出现,也必定会赞同我说的这些话的。"

以上所译只是勉强为之,因为有些古文本来就是无法翻译的,全靠自己的体验,即魏晋玄学说的"得意忘言",或如陶五柳先生之名句"此中有真意,欲辨已忘言"而已。

但哲学既讲"道可道,非常道;名可名,非常名",又要强为之说,形成了"说不可说"的悖论。这不是坏事,它激发你思想、反思,去想一些常人不想的事情。就本章言,我个人以为不必解释得那么玄之又玄。孟子所讲的"不动心"没先儒或时贤说得那么复杂,也就是"心"有所主,能当大任而不惧不惑。"养气"就是指顺养此至大至刚之气以复其初;"知言"是说凡天下之言,无不有以究极其理。能"养气",则有以配道义,而于天下事无所畏惧,这就是能当大任而心有所主的原因;能"知言",则有以明道义,而于天下事无所疑惑。孟子的"不动心",大致就相当于朱熹所谓的"气魄",它是通过"养气"、"知言"途径而达到的一种精神境界,"养气"就是不断扩充内心的善端,积蓄足够的力量去推行仁政;"知言"则是明察时势,确立自己的奋斗目标。这才是孟子强调"不动心"的用意所在。一得之见,未必就对,姑妄听之可也。

第二讲 修身与养性

孟子此章,我以为"养气"重于"知言",前者重在"内",后者重在"外";无"内"也就无"外"。故孟子强调"养气",历来受到儒者的重视。宋儒程颐说:"孟子有功于圣门不可言。如仲尼只说一个'仁义',孟子开口便说'仁义';仲尼只说一个'志',孟子便说出许多'养气'来。只此二字,其功甚多。"① 朱熹《集注》也认为:"孟子此章,扩前圣所未发,学者所宜潜心而玩索也。"这里我觉得有必要说一下"气"这个观念:

"气"之为言亦大矣!在中国传统文化中具有极为重要的地位。它不仅为儒、道两家所重,同时也与中国传统文化如哲学、医学、方技、术数、养生、健身、强体等关系至密。

论"气"在中国向来代不乏人:孟子之前,中国早就有了关于"气"的学说。如西周末年的伯阳父,就曾用"气"来解释当时出现的地震现象(参见《国语·周语上》)。在《左传·昭公元年》上有关于"阴、阳、风、雨、晦、明"的"六气"理论。老子讲"道生一,一生二,二生三,三生万物。万物负阴而抱阳,冲气以为和"(《老子》第四十二章)。提出作为混沌未分总体的"道",自我分化或生长出"一","一"就是统一的气;"一生二",从统一的气中再分化出对立的阴阳二气;"二生三",阴阳二气相互激荡产生"和",于是万物渐次地产生了。后来,"气"作为构成万物要素的观点为许多思想家接受。到战国时,与孟子同时代的"稷下学宫"中的道家学者,有关于"精气"的理论,如《管子·内业》中就有不少论述,其中提到"精气"流动于天地之间就称作"鬼神",藏于人的心中就使其成为"圣人"。这与孟子之"气"有相通的地方,有人因此还认为这是孟子受道家思想影响的结果。

孟子此章中关于"气"的论述,有其独特之处:一方面,他把"气"规定为属于"体"即身体方面的,但它又与"志"即思想密切关联、相互影响。更重要的是,他主要不是把"气"作为一种物质状态,而是把它作为一种精神状态来看待,"气"成为很难讲清楚的、要靠生命体验的、道德的一种精神。这种精神的源头在哪里?据孟子的观点就应当在"我"——人之自我。孟子是尊个性而张精神的豪杰,因此他的"养气"说,极富个性色彩。首先,他认"气"是"体之充",更说"志"(意志)是"气之帅",主张"持其志,无暴其气",这种志气养到

---

① 《二程集》,中华书局1981年版,第221页。

一定的境界,就成为"浩然之气"。"浩然"二字本是形容水的,借来论"气"仍旧生动,至于细节,并不好讲,但孟子还是透露了一点消息。他说这种气至大至刚,用道义培养而不加伤害——"以直养而无害",就会充盈天地之间。它源自正义的长期积累,绝非心血来潮偶尔为之所能获得——"是集义所生者,非义袭而取之也"①。一旦做了问心有愧的事,"气"便软弱无力了,这叫"气馁"。我们常说"做贼心虚",就与这个"气馁"有关,"气"不馁,心"虚"什么呢?"养气"要专心,又不能刻意。所以下面孟子还特别给我们讲了个宋人"揠苗助长"的寓言,而结论是"非徒无益,而又害之"。

孟子之后论"气"者不可谓少,如稍晚于孟子的庄子,在《逍遥游》中有"乘天地之正,而御六气之辩,以游无穷"的理想,境界甚高,仙风道骨,但缺点是脱离社会现实。"气"的理论在孟子后仍有很大发展。而孟子的"浩然之气"总教人难忘,一直成为中国"气"论中很独特的一面,对以后儒家的修养工夫产生了巨大影响。如南宋末年民族英雄文天祥在著名的《正气歌》中这么吟诵道:

> 天地有正气,杂然赋流形。
> 下则为河岳,上则为日星。
> 于人曰浩然,沛乎塞苍冥。
> 皇路当清夷,含和吐明庭。
> 时穷节乃见,一一垂丹青。
> ……②

当是时,文天祥正被关在元朝大牢里,夏天时分,水气、土气、日气、火气、米气、人气、秽气,七气交攻,他以孱弱之躯俯仰其间,尚能慷慨吟诗,就是得益于他的"浩然正气","彼气有七,吾气有一,以一敌七,吾何患焉!"(《正气歌序》)文天祥"求仁得仁",他之于孟子,真正可称"千载同调"。

---

① 按:这里的"生"、"取"两字是吃紧处!"生"是自然,是求在我;"取"是刻意,是求在外。详可参见朱熹的《孟子集注》。
② (宋)文天祥:《文山先生全集》卷十四《指南后录·正气歌》,世界书局1936年版,第375页。

第三讲　读书与求知

古代汉字中的通假字很多,如"知"与"智",先秦时它们就是一个字——"知"。"知"之义有三:一是认知、知道,作动词;二是知识,作名词;三是聪明、智慧,作形容词或名词。如孔子说:"知之为知之,不知为不知,是知也。"(《论语·为政》)前两句中的"知"都是第一义,最后那个"知"是第三义,应该读去声。

在先秦诸子中,道家是以"反知"著称的。如老子曾说过:"慧智出,有大伪"(《老子·十八章》),"绝圣弃智","绝学无忧"(《老子·十九章》)等;庄子在其《养生主》中更有一段名言:"吾生也有涯,而知也无涯。以有涯随无涯,殆已!已而为知者,殆而已矣!"认为人的生命有限而认识对象无限,以有限的生命去追求无限对象的认识必然会陷入困境。老、庄的观点自有其言之成理的一套诠释,这里不必多说。

儒家的见解则与道家不同。儒家认为,学习知识、增长智慧,也是人生的一个重要价值取向。所以,"智"(知)成为儒家的"五常"之一。我们知道,孔子以好学著称,他"十有五而志于学",以后曾师从过多人,"于周则老子;于卫,蘧伯玉;于齐,晏平仲(婴);于楚,老莱子;于郑,子产;于鲁,孟公绰"(《史记·仲尼弟子列传》),再加据说他在周曾向苌宏问乐、在鲁曾向师襄子学琴,真可谓不名一师。至于孔子主张"学而不厌"、"学而时习之"、"学则不固"、"学如不及"、"敏而好学,不耻下问"、"博学于文"等等,那都是大家耳熟能详的名言。孔子重视"仁",但他认为光有"仁"是不够的,所以说:"好仁不好学,其蔽也愚。"(《论语·阳货》)所以"知"在孔子那里受到高度重视,他常把"知"和"仁"对举,如"知者乐水,仁者乐山;知者动,仁者静;知者乐,仁者寿"(《论语·雍也》);"知者不惑,仁者不忧,勇者不惧"(《论语·子罕》)。孔子所讲的学,就科目而言,是"六艺",首先即周朝官学传统的"礼、乐、射、御、书、数"。至于"受业身通者",大概要学更高层次的"六艺"——《诗》、《书》、《礼》、《乐》、《易》、《春秋》,所以孔子曾为此花了很大精力去整理古籍,编订教科书,经孔子删(《诗》)、编(《书》)、订(《礼》)、正(《乐》)、论(《易》)、修(《春秋》)的这些"教材",以后就成了儒家的"六经"。

当然,儒家讲学习知识、增长智慧的"学",与我们今天所讲的"学"有很大区别。如果用现代学科分类来说,儒家讲的大致是经、史、哲、文等人文学科,而不是数、理、化、生等自然科学。孔子虽也说过学《诗》可以"多识鸟兽草木之名"(《论语·阳货》),在《论语》中,我们也读到孔子讲观天、看地、察物,如讲川河流逝(《论语·子罕》)、讲"众星拱北辰"(《论语·为政》)、讲"棠棣之花"开合(《论语·子罕》)等,但孔子讲这些有关自然方面的内容,其用意主要是在借物喻人、借自然以明人事,并不是研究自然本身。他讲"逝者如斯",是强调人应珍惜时间;讲"譬如北辰",是喻国君当用德治;讲"唐棣之华,偏其反而",是喻行"权"合"道"。所有这些内容,就思想性来看都有相当的价值,但对自然科学本身的发展则没有什么益处,这是不言而喻的。正因为孔子重视的只是"修己安人"之学,所以他的学生樊迟想学稼、学圃,结果被孔子骂作是"小人"(见《论语·子路》)。自然科学在儒家学者的眼里,即使不被排斥的话,也充其量只是"小技"、"小道"。孔子学生子夏说过,"虽小道,必有可观者焉,致远恐泥,是以君子不为也。"(《论语·子张》)"小道"虽也有可观之处,但深入研究会"玩物丧志",所以君子是不学的。在子夏看来,"贤贤易色,事父母能竭其力,事君能致其身,与朋友交,言而有信,虽曰未学,吾必谓之学也"(《论语·学而》),即尊贤人而轻女色、侍奉父母尽力、为上级办事忠心、交朋友讲诚信,这才叫学问!

曾听说过一个有关比较文化的说法:古代西方的精神传统注重人与自然的关系,故其学问主要指向知识论;古代印度的精神传统注重人与神的关系,故其学问主要指向宗教神学;古代中国的精神传统注重现实的人与人关系,故其学问主要指向人之为人的伦理学。此说固然不够准确,但作为大而化之的论说,也不能说毫无见地。就中国的精神传统来看,尽管也有追求"自然之道"、"致知之道"的内容,但最大成就无疑在"做人之道"——所谓"安身立命之学"也。中国主流(主要是儒家)的传统学问,强调通过思问与传习,找到个人在宇宙和社会中的准确位置,能在环境与命运的各种遭际与挑战前作出从容和正确的反映,并保持心灵的安静平和,而最终目标则在于个人精神人格和道德人格的自我树立和自我完成。因此,说中国古代的学问重在做人这一点上,大致不错。

但即便是儒家,也还有程度的差别。一般说来,孟子就不像孔子(更不必说荀子)那样重视学礼习乐、重视读书。有学者曾做过这样一个统计:《论语》中"学"字凡 64 见,约占全书的 0.5%;《孟子》的篇幅大于《论语》,但其中"学"字仅 32 见,占全书的 0.09%[①]。这大概也可算是孟子不如孔子重视和强调学习的一个"量化指标"吧?所以,我们对孟子曾说过的"学问之道无他,求其放心而已矣"这样的话就大可不必惊异了。

话还得说回来,孟子虽说过"求放心"是学问宗旨,但并不等于读书学习就不必讲了。实际上孟子对教育还是很重视的,如其所谓:

> 仁言,不如仁声之入人深也;善政,不如善教之得民也。善政,民畏之;善教,民爱之;善政,得民财;善教,得民心。(《尽心上》14)

所以,孟子对于"求放心"与读书学习这两者间的关系,在我看来可以套用他关于"大体"、"小体"的论述。翻检《孟子》一书,我们可以发现,在为学、教人方面,孟子也有不少精彩的内容,当然,此"学"(中国的)非那"学"(西方的)还是很明显的。下面述"读书与求知"。

一、博 学 与 自 得

> 孟子曰:"博学而详说之,将以反说约也。"(《离娄下》15)

孟子告诉我们,读书学习应该注意"博"与"约"的关系。首先就要做到广博地学习,详尽地阐述,对各种知识有充分的了解。而博学详述的目的,在于增广知识,夯实基础,加深理解。一旦达到融会贯通以后,才能进入更高的境界——简约,即执简驭繁,直奔主题,抓住问题的实质。这两者

[①] 参见杨泽波:《孟子评传》第七章,南京大学出版社 1998 年版,第 350 页。

的关系,可以说"博"是"约"的基础,"约"是"博"的目的。还没"博"就想"约",古人称之为"躐等"——不按次序,"梅花香自苦寒来",千万别指望能一夜成名、一年成"大师",那是做梦。能"博"而不能"约",虽好于前者,但破碎烦琐,不得要领,缺少向上一机的突破,变成个"两脚书橱",终究还是落入"下乘"。

孟子曰:"孔子登东山而小鲁,登泰山而小天下。故观于海者难为水,游于圣人之门者难为言。观水有术,必观其澜。日月有明,容光必照焉。流水之为物也,不盈科不行。君子之志于道也,不成章不达。"(《尽心上》24)

此章首先是讲境界问题,人只有达到一定的层次才会有一定的境界。其次是讲求道之循序渐进问题,与上一章可联系起来读。圣人之道虽然宏大,境界甚高,却是有根基的,有志于圣人之道固然重要,但只是起点,不经过学习和修养,没有达到一定阶段还是不能通达。就如观看水流,一定要观看它的波澜;太阳和月亮有光辉,一定要能有容纳光线的地方;流水这东西,不注满坎注地是不会前行的。

徐子曰:"仲尼亟称于水曰:'水哉,水哉!'何取于水也?"
孟子曰:"源泉混混,不舍昼夜,盈科而后进,放于四海。有本者如是,是之取尔。苟为无本,七八月之间雨集,沟浍皆盈;其涸也,可立而待也。故声闻过情,君子耻之。"(《离娄下》18)

孔子有"逝者如斯夫! 不舍昼夜"(《论语·子罕》)的名句,一般理解是孔子借河水的奔流不息,感叹时间之流逝、时不我待。孟子则做出了另一层意义的发掘和解读:从源头上流出的泉水滚滚奔流,不分白天黑夜,注满低洼后继续前进,一直流到大海。有本源的像这样子,孔子取的就是这一点。假如没有本源,就像七八月间雨水多时,沟沟洼洼水都满了,可它们的干涸,不一会儿就可等到。孟子以此来喻名声与实际,指出不符合实际的名声就如同无源之水,那是为君子所不齿的。读书实际上也一样,不刻苦、系统地去学习,东看一点,西抄一点,那就是没有本源,是决不会有所成就的。

孟子曰:"君子深造之以道,欲其自得之也。自得之,则居之安;居之安,则资之深;资之深,则取之左右逢其原。故君子欲其自得之也。"(《离

娄下》14)

　　孟子曰:"尽信《书》,则不如无《书》。吾于《武成》,取二三策而已矣。仁人无敌于天下,以至仁伐至不仁,而何其血之流杵也?"(《尽心下》3)

读书除了讲求"有本"之外,更需讲求"深造"、"自得"。所以必须自己去做、去看、去想、去经历,孟子所谓"深造"、"自得",强调的是要把握最本质的东西,要有自己独特的心得体会,才能左右逢源。否则妄随人转,难免轻薄。这既与一个人如何做学问的方法有关,往大里说也是在阐述一个人应该如何修养。

所以,我们读书,一定要注意保持自己的独立思考和独立判断,千万不要以为印成铅字、装订成册了,其中的内容就一定都是对的。"尽信《书》不如无《书》",那是孟子的名言。这里的"《书》",指的是被儒家尊为经典的《尚书》,孟子怀疑其中《武成》篇所记载的"武王伐纣"历史事件的真实性。孟子怀疑的具体内容这里可以不论,就其读书的态度而言却值得我们效法。即哪怕就是世所公认的经典,也不能盲目崇信。

　　孟子谓高子曰:"山径之蹊间介然,用之而成路;为间不用,则茅塞之矣。今茅塞子之心矣。"(《尽心下》21)

　　孟子曰:"有为者辟如掘井,掘井九轫而不及泉,犹为弃井也。"(《尽心上》29)

"高子"的名字在《孟子》中共出现四次,其身份,学术界有不同意见。这里的"高子"似乎是孟子的学生,所以孟子对他很严厉。孟子善用比喻,山上本来没有路,一直去走,也便成了路。求道就像走山路一样,如果不坚持或不能专一,人的心路就会被堵塞。掘井也是如此,没有挖到泉水前,挖得再深也是口废井。所以为学做事不全靠聪明智慧,还必须专心致志,切实努力,持之以恒,有始有终,困知勉行,方能有成。

二、教 人 之 法

在"导论"中我们提到,孟子把"得天下英才而教育之"作为君子的"三乐"

之一,他甚至把从事教育看得比称王天下还要有价值,看来孟子确实在长期的教学活动中获得过很大的慰藉。在中国历史上,大凡知名的儒家学者,往往都兼有做老师的经历,许多人甚至都是教育家。孟子自不例外。所以,在教人方面,孟子颇有心得,我们不妨来看看:

> 孟子曰:"羿之教人射,必志于彀,学者亦必志于彀。大匠诲人,必以规矩,学者亦必以规矩。"(《告子上》20)

> 孟子曰:"梓匠轮舆能与人规矩,不能使人巧。"(《尽心下》5)

> 公孙丑曰:"道则高矣,美矣,宜若登天然,似不可及也。何不使彼为可几及而日孳孳也?"

> 孟子曰:"大匠不为拙工改废绳墨,羿不为拙射变其彀率。君子引而不发,跃如也,中道而立,能者从之。"(《尽心上》41)

这三章可以放在一起读。孟子的意思是:教育是讲规则、有法度的,就如射手射箭、匠人制造器物一样。教师必须要用规则和法度来引导学生,不能因为某个受教育者的才能、悟性低下而去改变原则性的东西。从这里我们也可读出学贵自得的意思。作为一个教师自然应该循循善诱、引而不发;而作为一个学生则更应充分发挥自己的主观能动性,师傅带进门,修行靠自身,一切还得靠自己用心去理解体悟和融会贯通,把书本上的知识变成自己脑子里的东西,否则你不就白读了吗?

> 孟子曰:"君子之所以教者五:有如时雨化之者,有成德者,有达财者,有答问者,有私淑艾者。此五者,君子之所以教也。"(《尽心上》40)

教育要讲规则、有法度,这仅仅是一个方面。因材施教同样也很要紧,所以孟子这里又提出了五种教人的方法:一是适当点拨如时雨之润化;一是培养其德性;一是发挥其才干(这里的"财"字通"才"、"材");一是解答其疑难;一是以自身的品德学问影响那些不能登门受业的人。

> 孟子曰:"教亦多术矣,予不屑之教诲也者,是亦教诲之而已矣。"(《告子下》16)

> 公都子曰:"滕更之在门也,若在所礼而不答,何也?"

孟子曰:"挟贵而问,挟贤而问,挟长而问,挟有勋而问,挟故而问,皆所不答也。滕更有二焉。"(《尽心上》43)

除了以上教人的五种方法外,孟子还提出了"不教之教"的刺激法,即拒绝对某人的教诲,其实也就是在教诲他。滕君之弟滕更"挟贵""挟贤"而问,孟子不予回答,这实际是在启发他学习要诚心诚意,要做到尊师重道。

孟子曰:"人之患,在好为人师。"(《离娄上》23)

孟子曰:"贤者以其昭昭,使人昭昭;今以其昏昏,使人昭昭。"(《尽心下》20)

当然,孟子对一些不合格的教人者也有严厉批评,以上两章便是。孟子这里主要批评的是那些缺乏自知之明和骄傲狂妄的人,就其文脉推,多半是在批评当时的那些统治者,自己还糊里糊涂,什么都不明白,却又要担负起教化民众的责任。"以其昏昏,使人昭昭"后来就成为一句著名的成语,用来讽刺那些一知半解、不懂装懂而又想教导别人的人。

三、知人论世

做学问是有境界之分的,能读懂、弄通书上讲的是什么,那固然已经不错了,可做到这一点还只能算是最基本的要求、最低的境界。再进一步,那就需要讲求"知人论世"了。

孟子谓万章曰:"一乡之善士斯友一乡之善士,一国之善士斯友一国之善士,天下之善士斯友天下之善士。以友天下之善士为未足,又尚论古之人。颂其诗,读其书,不知其人,可乎?是以论其世也。是尚友也。"(《万章下》8)

此章谈交友。孟子认为,除了要与乡、国、天下的善士为友,还要与古人为友,学习古人优秀的东西。如何与古人为友?当然就离不开"颂诗"、"读书"了。

在本章中,孟子提出了一个中国哲学中的重要命题——"知人论世"。当你读这本书时,你有没有考虑过作者为什么要这样说、这样写呢?老实说,就书论书，往往是读不出来这其中的答案的，因此你也是很难回答这样的问题的。怎么办？那就需要你考察、了解作者的社会历史背景、人生经历、心路历程等一系列相关的东西。只有这样，才有可能真正理解作者著书的用心，读出书背后的意义，这大概就可以叫"知人论世"了。现代西方哲学有一个流派叫"诠释学"(Hermeneutik)，强调研究"作者"与"文本"及与"读者"之间的"张力"(Tensions)，这其中可引出诸多现代西方哲学的热门问题。"诠释学"的这一层意思，在我看来孟子早在两千多前就已经涉及了，那就是言简意赅的"知人论世"。

下面我们来看看孟子是如何读《诗经》的。

> 说诗者，不以文害辞，不以辞害志，以意逆志，是为得之。如以辞而已矣，《云汉》之诗曰："周余黎民，靡有孑遗。"信斯言也，是周无遗民也。(《万章上》4)

> 公孙丑问曰："高子曰：'《小弁》，小人之诗也。'"
> 孟子曰："何以言之？"
> 曰："怨。"
> 曰："固哉，高叟之为诗也！有人于此，越人关弓而射之，则己谈笑而道之；无他，疏之也。其兄关弓而射之，则己垂涕泣而道之；无他，戚之也。《小弁》之怨，亲亲也。亲亲，仁也。固矣夫，高叟之为诗也！"
> 曰："《凯风》何以不怨？"
> 曰："《凯风》，亲之过小者也。《小弁》，亲之过大者也。亲之过大而不怨，是愈疏也；亲之过小而怨，是不可矶也。愈疏，不孝也；不可矶，亦不孝也。孔子曰：'舜其至孝矣，五十而慕。'"(《告子下》3)

孟子认为，读书不能仅抓住书中的片言只语就望文生义，更不能因为某些艺术性的夸张修饰而对之作机械的理解。要学会"以意逆志"，即用心去领会作品全篇的精神实质，再加上自己切身的体会，去探求作者的志趣、意向。此可谓孟子"知人论世"的具体表现之一。《小弁》、《凯风》两诗主题近似，但孟子能根据具体情况作出不同的评价。首先他发挥了孔子诗"可以怨"(参见《论语·阳货》)的精神，肯定"怨"是可以的；其次他又强调应根据作者的遭遇、亲人的过失大小等的不同进行判断，可怨可不怨，不必偏固于一说。这也就是孟子的智慧。

当然,孟子讲的"知人论世",并不局限于读书一事。推而广之,它也是儒家、大而言之是中国传统文化所主张的一种修身的方法和成人的道理。孔子曾说过,"道不远人,人之为道而远人,不可以为道。"(《中庸》)这话确有道理,道是不能离开人的,离开了人来行道,那就不可以行道了。从这一点引申出来说,"道"是离不开"人"的,人又是离不开"世"的,所以我们就需要"知人论世"。记得《红楼梦》中有副对联:"世事洞明皆学问,人情练达即文章",这不就是对"知人论世"的最好诠释吗?曹雪芹能如此深契于中国文化传统的精神实质,不简单!但"群众是真正的英雄",在中国老百姓中更有一语中的大白话——"不识字还有饭吃,不识人头没有饭吃"。至于这其中的得失利钝如何?我就不多说了,大家可以多想想。

四、知天与知命

中国古代的哲学家或思想家与西方的哲学家不同,他们在谈人的认识与知识时,很少专门地去探讨宇宙和自然的问题,他们对人生问题感兴趣,但又不孤立地谈这一问题,而是把宇宙、自然与人生、社会——按他们的说法这叫"天道"与"人道"——紧密地结合在一起来加以探讨。他们把"人"看成是"宇宙"的一个有机组成部分,着重想探究的是"人"在这个"宇宙"中究竟处于一个什么样的位置?"人"对"宇宙"又能发挥多大作用?按司马迁的说法这就叫"究天人之际",即探究"天"与"人"的关系究竟是如何的。

在中国古代,"天"历来有两重含义,一是指自然存在,即与地相对的天;一是指有人格意志的最高主宰以及命运之"天"。一般说来,后者讲得更多,因此也更重要。如孔子说,"天何言哉?四时行焉,百物生焉,天何言哉"(《论语·阳货》),这是指前者;又说,"天生德于予"(《论语·述而》),"获罪于天"(《论语·八佾》),"欺天乎"(《论语·子罕》),"天厌之"(《论语·雍也》)等,这是指后者。同样,在孟子那里也类似的区别,如他说:"天之高也,星辰之远也,苟求其故,千岁之日至,可坐而致也"(《离娄下》26);"天时不如地利,地利不如人和"(《公孙丑下》1)等。这里所说的"天",都是指自然存在的"天"。至于孟子讲的最高主宰的"天"和命运之"天",下面我们会读到。

从出土的甲骨卜辞来看,"天"的观念在殷商时代已经出现,但还没有至上的"神格"。所以"天"的后一层意思,学术界一般认为是在西周时代才正式形成的①。周人推翻了殷人统治,认为这是"天"的眷顾,提出了"有命自天,命此文王"(《诗经·大雅·大明》)的说法。以为"天"有意志,能致"命"于人、决定人类命运,于是渐渐地形成了"天意"、"天命"等观念,进而演变为比较完整的"天命论"。

"天命论"认为:"天"命其"子"(这叫"授命")在人间代行权力,让他"替天行道"、护佑四方。"天子"统治人间既然受"天"之命(这叫"受命"),因此他必须有德;"受命"的天子要革去前一个天子所受的命(这叫"革命"),因为那个"天子"表现不佳,祸国殃民,已不能替天行道了。"天命论"以后根深蒂固地保留在中国历史上的政治生活中。

从"天命论"中又可引出"命"的观念。每个人都有"命",它指决定人一生吉凶、祸福、贫富、贵贱、寿夭等的一种异己力量。设定这种力量的当然是"天",所以从这个意义上说每个人都"受命于天","命"由"天"赋。

需要指出,"命"与"天命论"中讲的"天命"有区别,"天命"的落实处是政治的、道德的,所谓"天命靡常"(《诗经·大雅·文王》),"皇天无亲,惟德是辅"(《尚书·蔡仲之命》),"天命"只有通过帝王或圣贤的道德权威和杰出的施政能力来展现的,通过人的主观努力,"天命"是可以受影响甚至改变的。而"命"生而注定,并不因为人的主观努力、品德操行、贤愚如何就能改变的,所以"命"是超政治伦理的、无法抗拒的。

孔子既重视"天",也重视"命",强调"不知命无以为君子"(《论语·尧曰》),但他发现"天"与"命"有矛盾。因为"命"虽受之于"天"、由"天"决定,但"天"却又是遥远的、空洞的甚至与"命"脱节的,所以他常把"天"与"命"分开讲。他以"天生德于予"自居,但游说诸侯,仆仆于列国而其道不行,无法扭转"礼崩乐坏"的时局,于是只能归因于"命":"道之将行也与?命也;道之将废也与?命也。"(《论语·宪问》)就像他的好学生冉伯牛,染上恶疾,"天"也无

---

① 按:殷人崇拜的最高主宰是"帝"不是"天",这在甲骨文中随处可见。大约到了周人那里,把殷人"帝"的观念与"天"结合起来,"天"开始具有最高主宰的品格。这方面的具体情况,可参看陈梦家的《殷虚卜辞综述》(中华书局 1988 年版)。

第三讲 读书与求知

能为力,孔子只能慨叹:"命矣夫!斯人也而有斯疾!斯人也而有斯疾!"(《论语·雍也》)所以,孔子讲君子"知命",就是讲君子必须明白有许多事情不是光靠主观愿望就行的,更主要还得看"天意"和"命运"。孟子基本上是在继承孔子思想的基础上又有所发展。

> 莫之为而为者,天也;莫之致而至者,命也。匹夫而有天下者,德必若舜、禹,而又有天子荐之者。故仲尼不有天下。(《万章上》6)

本节截取自《万章上》之第六章。它是孟子为"天"和"命"下的简洁而明确的定义,突出的就是强调其非人力所能及这一点:不是人力所能办到却办到了,那是天意;不是人力所能招致却自然来了,那是命运。一个普通人却能拥有天下,他的道德一定得像舜和禹那样好,而且又有天子的推荐,所以孔子就没能拥有天下。后来汉儒有孔子为"素王"说,所谓"素王"者,即有王之德而无王之位,之所以没有王之位原因就在于这个"命"。

孟子上面为"天"和"命"下的定义,初看起来与道家的说法没有太大的不同,有学者因此以为这是孟子受到了道家的影响①。孟子长期客居齐国,齐国"稷下学宫"是当时道家的大本营,孟子受道家学者的影响不是没有可能。但必须指出的是,在对"命"的态度与取向上,儒家与道家又是完全不同的。由于道家对"命"采取的是"委心任化"的态度,认为"知其不可奈何而安之若命,德之至也"(《庄子·人间世》),主张"无以人灭天,无以故灭命"(《庄子·秋水》),这是一种"安时而处顺"的态度。儒家则恰恰相反,虽然它也承认人生有"命",但在"命"之限定面前,儒家却并非一味地"委心任化",而是主张在认识"天命"的前提下积极有为,尽量发挥人的主观能动性。这就高扬了人的主体性,以"知其不可而为之"(《论语·宪问》)、"发奋忘食,乐以忘忧,不知老之将至"(《论语·述而》)的精神来积极入世做事,从而在"有命"的人生中自觉地挺立起自己的"天命"。

> 孟子曰:"尽其心者,知其性也。知其性,则知天矣。存其心,养其性,所以事天也。殀寿不贰,修身以俟之,所以立命也。"(《尽心上》1)

《孟子》的这一章历来受到学者的重视,因为在短短数语中,包含了儒家的八

---

① 参见翟廷晋:《孟子思想评析与探源》,上海社会科学院出版社1992年版,第49页。

个十分重要概念:"尽心"、"知性"、"知天"、"存心"、"养性"、"事天"、"修身"、"立命"。这些概念不仅反映了孟子的认识论、人性论、工夫论、伦理观、天命观等诸多思想,而且儒家所谓"身心性命之学"中的身、心、性、命等问题,在这里处处有了着落。有关这些方面的具体内容,此处就不展开了。

就此章文本本身言,按孟子的意思,一个人通过内省,穷尽自己的本心(不忍人之心),就可以懂得人性;而懂得了人性,就是懂得了天命;存养心性,就可以事奉上天;一个人无论能活多久,只是培养身心,等待"天命"。"天命"不是个人所能左右的,长短难定,但不必怀疑。人只能尽力去做到"知天"、"事天",即尽心、知性和存心、养性,这就是对"天命"的基本态度。孟子的这一思想,也可说就是儒家"安身立命"的态度。后世儒者对孟子的这些思想有很多发挥,尤其以宋明时代的理学家为甚,如张载在其著名的《西铭》中就提出过"存吾顺事,没吾宁也",这是一种非宗教的、达观的人生态度,对中国人的影响极大。

> 孟子曰:"莫非命也,顺受其正;是故知命者不立乎岩墙之下。尽其道而死者,正命也;桎梏死者,非正命也。"(《尽心上》2)

本章是接着上章继续说"命"。朱熹《集注》云"所以发其末句未尽之意",即阐发上一章"立命"的意蕴。立者正也,"立命"者立"正命"也。

把"命"分为"正命"和"非正命",这是孟子的发明,也是他对儒家"天命"思想的发展。我们知道,孟子时代,墨家思想十分流行,墨家强调"非命",对儒家的"天命"思想多有批判,如《墨子·非儒》中说:

> 有强执有命以说议曰:"寿夭贫富,安危,治乱,固有天命,不可损益;穷达赏罚,幸否有极。人之知力不能为焉。"群吏信之,则怠于分职;庶人信之,则怠于从事。吏不治则乱,农事缓则贫。贫且乱,(背)政之本。而儒者以为道教,是贼天下之人者也。①

墨子批评儒家的"天命"思想有宿命论的倾向,这不能算错,但这仅能在理论本身上立论。墨子忽视乃至无视了儒家历来强调的立场,即在认识"天命"的前提下积极有为,尽量发挥人的主观能动性的思想,那他就错了。

---

① 王焕镳:《墨子校释》,浙江文艺出版社1984年版,第312页。

第三讲 读书与求知

在《孟子》此章中，我们看到，孟子的主张是：命运虽非人力所能改变，但如果人的行为是遵循命运的必然趋势行事，尽到了自己本身应有的努力，不管结果是否能尽如人愿，都是得"命"之"正"，是符合"正命"的。反之，如果人的行为违反事物的必然趋势，一意孤行，如明明已知是危墙还硬要往墙脚下钻，那被压死只能说是活该；又如明知国家法律禁令，还要以身试法，结果琅珰入狱、被处极刑。这都属于"非正命也"。所以，儒家讲"知命"，并不是消极的，更不等于可以无所作为了。一个人穷困与发达与否虽然有"命"，但做人原则还是在我自己。所以，人还是应该依法度努力地去做事，至于结果如何就不必太计较了。这就是"事天立命"。

> 孟子谓宋句践曰："子好游乎？吾语子游。人知之，亦嚣嚣；人不知，亦嚣嚣。"
> 曰："何如斯可以嚣嚣矣？"
> 曰："尊德乐义，则可以嚣嚣矣。故士穷不失义，达不离道。穷不失义，故士得己焉；达不离道，故民不失望焉。古之人，得志，泽加于民；不得志，修身见于世。穷则独善其身，达则兼善天下。"（《尽心上》9）

这里的宋句践是谁，今天已很难考证出来了，赵岐说他"好以道德游，欲行其道者"。战国时代，游说之风盛行，孟子亦难免俗，当时的纵横家固然属于游说之士，而孟子实也可归入游说之士之列。但孟子的游说是有自己原则的，而纵横策士则无。后者人称"禄蠹"，会以各种手段猎取功名。孟子游说的原则就是"尊德乐义"，而其具体表现就是"穷不失义，达不离道"，"得志，泽加于民；不得志，修身见于世"。就是说游说也必须遵循一定的道德原则，即要以行道为目的。至于"穷则独善其身，达则兼善天下"的境界，就已不全是游说的原则了，而是中国古代读书人守身和处世的理想原则之一。它所透露的思想，如果用现代话来诠释那就是：当你发达之时，就尽量为人民、为社会、为国家多做点贡献；当你困顿之时，没有能力为他人、社会和国家作贡献，就更应该努力在自己身上用功，培养自己的德性。这就是做到了"穷不失义，达不离道"，"得志，泽加于民；不得志，修身见于世"，"穷则独善其身，达则兼善天下"。

> 孟子曰："尧舜，性者也；汤武，反之也。动容周旋中礼者，盛德之至

也。哭死而哀,非为生者也。经德不回,非以干禄也。言语必信,非以正行也。君子行法以俟命而已矣。"(《尽心下》33)

本章的大意是说:尧、舜的行事是出于天性;商汤、周武王的行事稍微差了一点,他们是经过修养后而能返回天性。一个人的举动、容貌都合于礼,那是美德中的极点。他举例说明:哭死者而悲哀,不是做给生者看的;按道德行事而不违背,不是为了谋求官位;说话守信用,不是为了博取行为端正的名声。其结论最重要:"君子行法以俟命而已矣",君子只是依法度行事,至于结果如何就只能等待命运安排了。

君子创业垂统,为可继也。若夫成功,则天也。君如彼何哉?强为善而已矣。(《梁惠王下》14)

本节截取自《梁惠王下》十四章滕文公问齐人"将筑薛",意思与上章"君子行法以俟命而已"同。

说了不少孟子关于"知天"、"知命"的思想,下面我们就来看看孟子本人"知天"、"知命"的实例:

鲁平公将出,嬖人臧仓者请曰:"他日君出,则必命有司所之。今乘舆已驾矣,有司未知所之,敢请。"

公曰:"将见孟子。"

曰:"何哉,君所为轻身以先于匹夫者?以为贤乎?礼义由贤者出,而孟子之后丧逾前丧。君无见焉。"

公曰:"诺。"

乐正子入见,曰:"君奚为不见孟子也?"

曰:"或告寡人曰:'孟子之后丧逾前丧',是以不往见也。"

曰:"何哉,君所谓逾者?前以士,后以大夫;前以三鼎,而后以五鼎与?"

曰:"否。谓棺椁衣衾之美也。"

曰:"非所谓逾也,贫富不同也。"

乐正子见孟子,曰:"克告于君,君为来见也。嬖人有臧仓者沮君,君是以不果来也。"

曰:"行,或使之;止,或尼之。行止,非人所能也。吾之不遇鲁侯,天

也。臧氏之子焉能使予不遇哉?"(《梁惠王下》16)

本章说孟子不遇鲁国诸侯。本来鲁平公是要去见孟子的,后因小人臧仓的谗言而未果。孟子所以到鲁国去,很可能是因为他的学生乐正子(名克)在那里做官。据《告子下》记载,当孟子听说鲁国要用乐正子为政时,曾"喜而不寐",称"其为人也好善"(同上),是"善人也,信人也"(《尽心下》)。鲁平公要见孟子想必就是乐正子推荐的。所以当平公取消了见孟子的计划,乐正子自然要去问明原由。孟子对此事的态度很达观,他回答乐正子的话也耐人寻味:平公想见孟子是由于乐正子的促使,而不想见了又是由于臧仓的离间,表面上看似乎都是人在起作用,然冥冥之中实有天意,况且平公本人意志这么不坚定,这么容易听信谗言,即使相见又有多大意义? 所以不见也罢。

　　孟子去齐,充虞路问曰:"夫子若有不豫色然。前日虞闻诸夫子曰:'君子不怨天,不尤人。'"
　　曰:"彼一时,此一时也。五百年必有王者兴,其间必有名世者。由周而来,七百有余岁矣。以其数,则过矣;以其时考之,则可矣。夫天未欲平治天下也;如欲平治天下,当今之世,舍我其谁也? 吾何为不豫哉?"(《公孙丑下》13)

本章是孟子离开齐国,在路上和弟子充虞的对话。孟子自信有命世之才,但事与愿违,所以只能把天下能否平治归诸"天"。这不仅是他个人的命运,也是所有大哲的命运。孔子说"天生德于予"(《论语·述而》),"苟有用我者,期月而已可也,三年有成"(《论语·子路》),同时又慨叹"道之将行也与,命也;道之将废也与,命也"(《论语·宪问》)。孟子与孔子的差别也只在"几希"之间,他周游列国推行"仁政"的时间比孔子还长,但结果一样,最后离开齐国时也只能无奈地慨叹:"夫天未欲平治天下也! 如欲平之,当今之世,舍我其谁也?"

第四讲　圣贤气象

在先秦诸子中,无论儒、墨、道、法,都有"圣人"崇拜的倾向,只是程度不同而已。相对说来,道家、法家的"圣人"崇拜多为虚悬一格,如老子说:"朴散为器,圣人用之"(《老子》第二十八章);商鞅、韩非子认为各种制度及发明都是"圣人"造作的(详可参见《商君书·开塞》、《韩非子·五蠹》等)。而儒家和墨家则具体而微,尤其是儒家,更有着一个十分明确的"圣王"系统——尧、舜、禹、汤、文、武、周公。这个"圣王"系统可认为是儒家人格最高的精神体现,孔子在这个系统中还没有位子,因为孔子仅是个"宗师",所谓"祖述尧舜,宪章文武,宗师仲尼"(《汉书·艺文志》)。孟子为什么"言必称尧舜",答案恐怕要从这里去找。当然,这么说并不是贬低孔子,孔子也很伟大,他虽然只是"宗师",但儒家思想成为体系却是从他才开始的。先秦儒家的这一"圣贤"系统,至唐代起就演变为所谓的"道统"论,那是后话。

儒家之所以这么重视圣人、贤人,原因在于想树立起一个标准,让他们成为大家学习的榜样。从理论上讲,儒家认为"人皆可以为尧舜"(《告子下》2),"涂之人可以为禹"(《荀子·性恶篇》),尽管你可能永远做不到尧、舜、禹那样,但至少可以"'高山仰止,景行行止',虽不能至,然心向往之"(《史记·孔子世家》)。所以,"圣贤"实际就是儒家讲做人所追求的最高境界,用今天的话说也可叫做"理想人格"。

"人格"这个词,在西方是从拉丁文"面具"(persona)一词衍生来的,如英文作 personality、法文作 personnalité 等。面具,旧时中国称作"脸谱",即舞台上演员为体现所饰人物角色的个性、品格而使用的特殊道具,用它来喻人格倒也蛮贴切。因为社会本来就是个大舞台,人都是这个舞台上的演员,他

第四讲 圣贤气象

的人格是反映他个性、品格的标志。不过,中国古人多用"人品"、"气象"这类词,"人格"一词是近代才有的,据说是从日文转译过来的,这里就不必详考了。

孟子一生最佩服的是孔子,说:"自生民以来,未有盛于孔子也"(《公孙丑上》2),并以一生学习孔子为志愿,"乃所愿,则学孔子也"(同上)。为什么?其中很重要的一点就是因为孔子首先确立起了儒家的理想人格。在孔子看来,一个"士"——即读书明理之人,就应该(注意是"应该"而不是必然)提高精神境界,讲求修身养性,培养气节,锻炼意志,自我节制,重视品德操守,充分发挥自己的主观能动性,执著地追求真、善、美;同时要具备发奋立志,天下为公,嫉恶好善,激浊扬清,悲天悯人,拯世济民,为民请命,替天行道等崇高品德;一言以蔽之——应该追求理想的人格。这方面的论述在《论语》中太多了,不胜枚举。

孟子则继承了孔子高标的理想人格,并加以发扬光大。他把理想人格细分为"善"、"信"、"美"、"大"、"圣"、"神"六个层次:

> 可欲之谓善,有诸己之谓信,充实之谓美,充实而有光辉之谓大,大而化之之谓圣,圣而不可知之之谓神。(《尽心下》25)

孟子对这六个层次做出了简明的界定:值得喜欢叫做"善";善确实存于自身叫做"信";使善和信充实叫做"美";充实后能发扬出来叫做"大";发扬光大而能化育天下叫做"圣";圣达到妙不可测之境叫做"神"。在这里,"善"是基础、起点,然后依次递进,经"信"、"美"、"大",最后达到"圣"和"神"的最高境界。下面述"圣贤气象"。

一、"圣人"与"贤人"

孟子曰:"由尧、舜至于汤五百有余岁,若禹、皋陶则见而知之,若汤则闻而知之。由汤至于文王五百有余岁,若伊尹、莱朱则见而知之,若文王则闻而知之。由文王至于孔子五百有余岁,若太公望、散宜生则见而知之,若孔子则闻而知之。由孔子而来至于今百有余岁,去圣人之世若

此其未远也,近圣人之居若此其甚也,然而无有乎尔,则亦无有乎尔。"(《尽心下》38)

这是《孟子》一书的最后一章。《孟子》的编者把此章作为全书之结,颇具深意。孟子是坚信"五百年必有王者兴,其间必有名世者"的,所以在此章中他叙述了历史上那些具有里程碑性质的"王者"(尧、舜、禹、汤、文王等)和"名世者"(皋陶、伊尹、莱朱、太公望、散宜生、孔子等)。最后隐含着他对"道"之传统可能中断的忧患,同时也隐然地表示了他就是这一传统的继承者。由此,我们就不难理解孟子为什么亟亟于"距杨、墨",因为他早就铁了心要做"继统"的"圣人之徒"。唐宋之际,儒学复兴运动兴起,韩愈首倡儒家"道统"论,宋儒纷纷效仿,他们主要就是受到了《孟子》此章的启发。后来经过一大批"尊孟"儒者的不懈努力,为孟子实现了夙愿,他终于能以私淑弟子的身份配享孔庙了,他的书也被尊为了"经"。到元朝,文宗皇帝又加封他为"亚圣公",那是锦上添花,"孔孟"最终并称连类。这样的事情,大概是孟子生前所不曾想到过的,否则他就不会发出"然而无有乎尔,则亦无有乎尔"的慨叹了。

圣人之所以为圣人,在孟子看来首先是因为他们能拨乱反正,治乱世,开太平。

公都子曰:"外人皆称夫子好辩,敢问何也?"

孟子曰:"予岂好辩哉?予不得已也。天下之生久矣,一治一乱。

"当尧之时,水逆行,泛滥于中国,蛇龙居之,民无所定,下者为巢,上者为营窟。《书》曰:'洚水警余。'洚水者,洪水也。使禹治之。禹掘地而注之海,驱蛇龙而放之菹。水由地中行,江、淮、河、汉是也。险阻既远,鸟兽之害人者消,然后人得平土而居之。

"尧舜既没,圣人之道衰,暴君代作,坏宫室以为汙池,民无所安息;弃田以为园囿,使民不得衣食。邪说暴行又作,园囿、汙池、沛泽多而禽兽至。及纣之身,天下又大乱。周公相武王,诛纣伐奄,三年讨其君,驱飞廉于海隅而戮之,灭国者五十,驱虎、豹、犀、象而远去,天下大悦。《书》曰:'丕显哉,文王谟!丕承哉,武王烈!佑启我后人,咸以正无缺。'

"世衰道微,邪说暴行有作,臣弑其君者有之,子弑其父者有之。孔

第四讲 圣贤气象

子惧,作《春秋》。《春秋》,天子之事也。是故孔子曰:'知我者,其惟《春秋》乎!罪我者,其惟《春秋》乎!'

"圣王不作,诸侯放恣,处士横议,杨朱、墨翟之言盈天下,天下之言不归杨,则归墨。杨氏为我,是无君也;墨氏兼爱,是无父也。无父无君,是禽兽也。公明仪曰:'庖有肥肉,厩有肥马,民有饥色,野有饿莩,此率兽而食人也。'杨墨之道不息,孔子之道不著,是邪说诬民,充塞仁义也。仁义充塞,则率兽食人,人将相食。吾为此惧,闲先圣之道,距杨墨,放淫辞,邪说者不得作。作于其心,害于其事;作于其事,害于其政。圣人复起,不易吾言矣。

"昔者,禹抑洪水而天下平,周公兼夷狄,驱猛兽而百姓宁,孔子成《春秋》而乱臣贼子惧。《诗》云:'戎狄是膺,荆舒是惩,则莫我敢承。'无父无君,是周公所膺也。我亦欲正人心,息邪说,距诐行,放淫辞,以承三圣者,岂好辩哉?予不得已也。能言距杨、墨者,圣人之徒也。"(《滕文公下》9)

此章在《孟子》中颇为出名。所以出名不仅是孟子解释了他为什么"好辩"的原因,而且还包括为我们描述了从尧开始到他所处时代的历史。这里,孟子所述内容是否信史实际并不重要,重要的是孟子提出了他的历史哲学——"天下之生久矣,一治一乱"。

古圣先哲不仅强调"究天人之际",同样重视"通古今之变",因为在他们看来,这两者是互相联系或交错的。孟子讲"五百年必有王者兴,其间必有名世者",这既可视为天道观,也可视为历史观。孟子考察历史后得出的结论是,中华文明的发展就是一部"治"和"乱"相互交替的历史。最初,"乱"之源主要是天灾,洪水为患,蛇龙横行,民无定所;尧、舜、禹这样的"圣人",治洪水,驱虫兽,人民得平土安居,由乱而治。尧舜之后,夏、商时代,"乱"之源主要是人祸,"暴君代作"(大概是指夏桀、商纣),暴君污吏把良田变作园囿,破坏了百姓赖以活命的根基,尤其是商纣王的暴政,使民不聊生,天下大乱。终致周公相武王而灭商,天下又由乱而治。到了春秋时代,"乱"源仍是人祸,"礼崩乐坏","王者之迹熄",弑君弑父,纲常沦丧,天下又陷入大乱。孔子虽然"成《春秋》而乱臣贼子惧"(《滕文公下》6),但治世没有再来,原因是"圣王不作",天下无"王","诸侯放恣"。百余年后到了孟子所处的战国时代,乱世依旧。社会贫富极度分化,"庖有肥肉,厩有肥马,民有饥色,野有饿莩,此率兽而食人也";统治者则"争地以战,杀人盈野;争城以战,杀人盈城;此所谓率土地而食人肉"(《离娄上》14)。更有甚者,乱世有愈演愈烈之势,因为还多出了"处士横议"之"祸","杨朱、墨翟之言盈天下","无父无君",使得"孔子之道不著","邪说诬民,充塞仁义"。所以孟子决心要做个"圣人之徒",出来拨乱反正,"正人心,息邪说,距诐行,放淫辞,以承三圣(禹、周公、孔子)"。

圣人之所以为圣人,孟子认为还在于他们的天性。

> 孟子曰:"形色,天性也;惟圣人然后可以践形。"(《尽心上》38)

孟子此章的意思不太好理解,历来注家也多语焉不详,唯朱熹的解释稍可取。

> 人之有形有色,无不各有自然之理,所谓天性也。践,如践言之践。盖众人有是形而不能尽其理,故无以践其形;惟圣人有是形而又能尽其理,然后可以践其形而无歉也。①

朱熹的意思大致是,人的形体容貌是先天赋予的本性,但人之所以为人还有做人的道理在里面,即做人要像个人样;一般人由于没能完全符合做人之理,所以无法完全"践其形",只有圣人能做到"有是形而又能尽其理",真正做到了"践形"。

> 孟子曰:"舜之居深山之中,与木石居,与鹿豕游,其所以异于深山之野人者几希。及其闻一善言,见一善行,若决江河,沛然莫之能御也。"(《尽心上》16)

此章讲舜之天性从善如流,也间接说明了"人性本善",圣人与常人在起点上并无什么差异。

> 孟子曰:"舜生于诸冯,迁于负夏,卒于鸣条,东夷之人也。文王生于岐周,卒于毕郢,西夷之人也。地之相去也千有余里,世之相后也千有余岁。得志行乎中国,若合符节,先圣后圣,其揆一也。"(《离娄下》1)

---

① (宋)朱熹:《四书章句集注》,中华书局1983年版,第360—361页。

> 禹、稷当平世,三过其门而不入,孔子贤之。颜子当乱世,居于陋巷,一箪食,一瓢饮,人不堪其忧,颜子不改其乐,孔子贤之。孟子曰:"禹、稷、颜回同道。禹思天下有溺者,由己溺之也;稷思天下有饥者,由己饥之也,是以如是其急也。禹、稷、颜子易地则皆然……"(《离娄下》29)

孟子指出,"圣贤"虽有地域、时代或地位、身份的不同,但他们所作所为却没有什么本质的差别,"若合符节"。那是因为他们是"同道",天性相同,所以会"易地则皆然"。

在前一章中孟子提到"符节",可稍稍了解一下。符、节这玩意在古代是表示印信之物,原料有玉、铜、角、竹等,形状有龙、虎、人之别,随用途而异。符、节一般是剖为两半,各执其一,相合无间,以代印信。孟子以"符节"来喻"先圣后圣"之"揆",很传神。

圣人之所以为圣人,当然还有其各自的过人之处。

> 孟子曰:"子路,人告之以有过则喜,禹闻善言则拜。大舜有大焉,善与人同,舍己从人,乐取于人以为善。自耕稼、陶、渔以至为帝,无非取于人者。取诸人以为善,是与人为善者也。故君子莫大乎与人为善。"(《公孙丑上》8)

此章讨论"为善"。孟子以先贤为例来说明"为善"的层次和境界:子路闻过则喜;大禹闻善则拜,这都是很好的。但大舜比他们更伟大,境界也更高,因为他乐取他人善行、能带动别人一起行善。他从种田、制陶、打鱼一直到被推举为领袖,无不如此。所以,与别人一同行善是最伟大的。

> 孟子曰:"禹恶旨酒而好善言。汤执中,立贤无方。文王视民如伤,望道而未之见。武王不泄迩,不忘远。周公思兼三王,以施四事,其有不合者,仰而思之,夜以继日,幸而得之,坐以待旦。"(《离娄下》20)

禹讨厌美酒却喜欢有益的话。汤坚持中道,起用贤人没有常规。周文王看待百姓如同他们受了伤害而加抚慰,已接近了道却仍像还没有看到一样继续努力追求。周武王不轻慢近臣,不遗忘远臣。周公兼学夏、商、周三代"圣王",实践禹、汤、文、武事业;如有不合,努力思索,不分昼夜;有幸想通了,便坐待天亮好立即去实行。此章是赞美夏、商、周三代"圣王"的德行。按赵岐的观点,本章重点在于强调周公能集前代圣王的大成;朱熹注引程颐的观点认为,这是孟子抽取各位圣王最突出的优点,并非说他们只有一个方面的优点。两说都有理,但似乎程、朱之说更佳。

在《孟子》一书讨论"圣人"时,与后来宋儒所立的"道统"有所不同。孟子是常把伯夷、伊尹、柳下惠也当作"圣人"来看待的,我们不妨来读读:

孟子曰:"圣人,百世之师也,伯夷、柳下惠是也。故闻伯夷之风者,顽夫廉,懦夫有立志;闻柳下惠之风者,薄夫敦,鄙夫宽。奋乎百世之上,百世之下闻者莫不兴起也,非圣人而能若是乎?而况于亲炙之者乎?"(《尽心下》15)

孟子曰:"居下位,不以贤事不肖者,伯夷也。五就汤、五就桀者,伊尹也。不恶污君,不辞小官者,柳下惠也。三子者不同道,其趋一也。一者何也?曰:仁也。君子亦仁而已矣,何必同?"(《告子下》6)

伊尹耕于有莘之野,而乐尧舜之道焉。非其义也,非其道也,禄之以天下,弗顾也;系马千驷,弗视也。非其义也,非其道也,一介不以与人,一介不以取诸人。汤使人以币聘之,嚣嚣然曰:"我何以汤之聘币为哉?我岂若处畎亩之中,由是以乐尧舜之道哉?"汤三使往而聘之,既而幡然改曰:"与我处畎亩之中,由是以乐尧舜之道,吾岂若使是君为尧舜之君哉?吾岂若使是民为尧舜之民哉?吾岂若于吾身亲见之哉?天之生此民也,使先知觉后知,使先觉觉后觉也。予,天民之先觉者也;予将以斯道觉斯民也。非予觉之,而谁也?"思天下之民匹夫匹妇有不被尧舜之泽者,若己推而内之沟中。其自任以天下之重如此,故就汤而说之以伐夏救民。吾未闻枉己而正人者也,况辱己以正天下者乎?圣人之行不同也,或远,或近,或去,或不去,归洁其身而已矣。(《万章上》7)

以上末段节选自《万章下》的第七章,万章据传说问伊尹以去切肉做菜来谋求汤的录用之事。历史上有关伊尹如何进身方面的传说颇多,且并不好听,如《墨子·尚贤》、《庄子·庚桑楚》、《史记·殷本纪》及《吕氏春秋·本味》等都有提及,尤以《本味》记述为详。孟子对这些传说予以了断然的否认。这实际不很重要,重要的是孟子在这里借伊尹之口提出了儒家的一个重要思想,即所谓"使先知觉后知,使先觉觉后觉也。予,天民之先觉者也;予将以斯

第四讲 圣贤气象

道觉斯民也。非予觉之,而谁也?"这种"舍我其谁"的担当精神,也就是儒家之所以会选择"入世"做事的一个基本的思想基础,后来宋儒张载有"为天地立心,为生民立命,为往圣继绝学,为万世开太平"的"横渠四句",其思想渊源应该说就来自《孟子》。

孟子虽把伯夷、伊尹、柳下惠当作"圣人",但他最崇拜的是孔子,所以就会有比较。

(公孙丑)曰:"伯夷、伊尹何如?"

(孟子)曰:"不同道。非其君不事,非其民不使;治则进,乱则退,伯夷也。何事非君,何使非民;治亦进,乱亦进,伊尹也。可以仕则仕,可以止则止,可以久则久,可以速则速,孔子也。皆古圣人也,吾未能有行焉。乃所愿,则学孔子也。"

"伯夷、伊尹于孔子,若是班乎?"

曰:"否。自有生民以来,未有孔子也。"

曰:"然则有同与?"

曰:"有。得百里之地而君之,皆能以朝诸侯、有天下;行一不义、杀一不辜而得天下,皆不为也。是则同。"

曰:"敢问其所以异。"

曰:"宰我、子贡、有若,智足以知圣人,污不至阿其所好。宰我曰:'以予观于夫子,贤于尧舜远矣。'子贡曰:'见其礼而知其政,闻其乐而知其德,由百世之后,等百世之王,莫之能违也。自生民以来,未有夫子也。'有若曰:'岂惟民哉?麒麟之于走兽,凤凰之于飞鸟,太山之于丘垤,河海之于行潦,类也。圣人之于民,亦类也。出于其类,拔乎其萃,自有生民以来,未有盛于孔子也。'"(《公孙丑上》2)

孟子曰:"伯夷目不视恶色,耳不听恶声,非其君不事,非其民不使,治则进,乱则退。横政之所出,横民之所止,不忍居也。思与乡人处,如以朝衣朝冠坐于涂炭也。当纣之时,居北海之滨,以待天下之清也。故闻伯夷之风者,顽夫廉,懦夫有立志。

"伊尹曰:'何事非君,何使非民?'治亦进,乱亦进,曰:'天之生斯民也,使先知觉后知,使先觉觉后觉也。予,天民之先觉者也;予将以此道觉此民也。'思天下之民匹夫匹妇有不与被尧舜之泽者,若己推而内之沟中。其自任以天下之重也。

"柳下惠不羞污君,不辞小官。进不隐贤,必以其道。遗佚而不怨,阨穷而不悯。与乡人处,由由然不忍去也。'尔为尔,我为我,虽袒裼裸裎于我侧,尔焉能浼我哉?'故闻柳下惠之风者,鄙夫宽,薄夫敦。

"孔子之去齐,接淅而行;去鲁,曰:'迟迟吾行也,去父母国之道也。'可以速而速,可以久而久,可以处而处,可以仕而仕,孔子也。"

孟子曰:"伯夷,圣之清者也;伊尹,圣之任者也;柳下惠,圣之和者也;孔子,圣之时者也。孔子之谓集大成。集大成也者,金声而玉振之也。金声也者,始条理也;玉振之也者,终条理也。始条理者,智之事也;终条理者,圣之事也。智,譬则巧也;圣,譬则力也。由射于百步之外,其至,尔力也;其中,非尔力也。"(《万章下》1)

在孟子眼里,伯夷、伊尹、柳下惠三位圣贤虽有长处,但也有不足。只有孔子真正是"出于其类,拔乎其萃",是"金声玉振"的"集大成"者。

二、"大人"与"君子"

圣贤是理想人格的极致,其次就应该是"大人"和"君子"了。先看孟子如何说"大人"。

孟子曰:"大人者,不失其赤子之心者也。"(《离娄下》12)

有大人者,正己而物正者也。(《尽心上》19)

惟大人为能格君心之非。君仁莫不仁,君义莫不义,君正莫不正。一正君而国定矣。(《离娄上》20)

孟子曰:"大人者,言不必信,行不必果,惟义所在。"(《离娄下》11)

在《孟子》一书中,"大人"的含义是多义的,需从文本的上下文才能判断出其所指。比如,"说大人则藐之"(《尽心下》34),这里的"大人"是指在高位者,说白了就是当官的,而且多是当大官的;"养其大者为大人",这里的"大

第四讲 圣贤气象

人"是指有德之人;"惟大人为能格君心之非"(见上引),这里的"大人"是指有德且有功业之人,可能也是当官的,孟子所谓"充实而有光辉之谓大"的"大",就有这层意思①。孟子谈理想人格中的"大人",当然是指其中的后两者。

在孟子看来,"大人"能保持一颗"赤子之心",赤子者,婴儿也,刚生下的小孩,皮肤是粉红色的,所以叫"赤子","赤子之心"就是真诚的"心";"大人"能自觉地反求诸己,"正己而物正",自身正了,外物因此也随之而正;"大人"能"格君心之非",纠正国君常有的不正确思想,从而能使"国定";"大人"的言行以"义"为标准,"义者宜也"(《中庸》),即合适的、正当的。

> 王子垫问曰:"士何事?"
> 孟子曰:"尚志。"
> 曰:"何谓尚志?"
> 曰:"仁义而已矣。杀一无罪,非仁也;非其有而取之,非义也。居恶在?仁是也;路恶在?义是也。居仁由义,大人之事备矣。"(《尽心上》33)

本章说"居仁由义,大人之事备矣"。这是专门对那些读书人即现在所谓的知识分子提出的要求——"尚志"。

在中国古代,士为"四民"(士农工商)之首,上面就是公卿大夫这些官或贵族了。无论上下,均有具体的事干。官要治理国家、处理政务,农民种地,工人做工,商人做买卖。唯独士除游学、读书外,没有什么具体的事务必须干。士读书的目的在于明理,明理了就可以去做官。这当然是理想状态,事实远非如此,但理想一定要定得高。所以,孟子提出,士主要从事的就是"尚志"。所谓"尚志",很简单,就是"高尚其志"的意思。而"志"的内容无非是仁和义,只要能"居仁由义",那就为以后出仕为官做好了必要的准备。

下面转而说"君子"。在古汉语中,"君子"一般是指有德之人,但有时也含有在位者的意思。如《诗经·魏风·伐檀》中"彼君子兮,不素餐兮",孔子所说的"君子之德风,小人之德草",都有在位者的含义。

---

① 按朱熹注此句曰:"和顺积中,而英华发外;美在其中,而畅于四支,发于事业,则德业至盛而不可加矣。"(《四书章句集注》,中华书局1983年版,第370页)

《孟子》精读

就先秦儒家而言，孔子讲"君子"讲得最多，且还常常与"小人"概念加以比较而对举。我们知道，孔子认定的理想人格有很多，如"圣人"、"贤人"、"仁人"、"志士"、"君子"等等。但在孔子看来，"圣人"只是凤毛麟角，"贤人"、"仁人"、"志士"也不可多得，得见君子就很不错了，所以他说："圣人吾不得而见之矣，得见君子，斯可矣。"（《论语·述而》）换言之，"君子"最靠谱，是最容易实现的理想人格。

孟子关于"君子"的论述，前面几讲实际已涉及不少，如"君子所性，仁义礼智根于心"；"君子所以异于人者，以其存心也"；"君子必自反也"；"君子深造之以道"等等。下面我们再来看看孟子其他的一些关于"君子"的说法。

夫君子所过者化，所存者神，上下与天地同流，岂曰小补之哉？（《尽心上》13）

这里讲的"君子"层次很高，能"所过者化，所存者神，上下与天地同流"，已近乎"圣"和"神"，所谓"大而化之之谓圣，圣而不可知之之谓神"。

言近而指远者，善言也；守约而施博者，善道也。君子之言也，不下带而道存焉；君子之守，修其身而天下平。（《尽心下》32）

"君子"就应该"善言"、"善道"，何为"善言"？语言平实而道理却在其中；何为"善道"？修饬自身而使天下太平。

君子有终身之忧，无一朝之患也。乃若所忧则有之：舜，人也；我，亦人也。舜为法于天下，可传于后世，我由未免为乡人也，是则可忧也。忧之如何？如舜而已矣。若夫君子所患则亡矣。非仁无为也，非礼无行也。如有一朝之患，则君子不患矣。（《离娄下》28）

君子站得直、行得正，就没有什么可患得患失的，唯一值得担忧的是，自己还没能达到圣贤那样的道德水准。担忧又怎么办呢？就要做到像圣贤一样。最后一句话比较难理解，为什么君子对突发的祸患不担心？孟子的意思大概是：那不是因为自己招来的，是"天命"，不必把它看作是令人难堪的事，如赵岐注云："如有一朝横来之患，非己愆也，故君子归天，不以为患也。"

孟子曰："君子不亮，恶乎执？"（《告子下》12）

第四讲　圣贤气象

君子是讲诚信的,那是君子的操守。这里的"亮"通"谅",信也。

　　君子之事君也,务引其君以当道,志于仁而已。(《告子下》8)

君子为官,就务必要引导其君主做事合于大道,有志于仁而已。

　　君子反经而已矣。经正,则庶民兴;庶民兴,斯无邪慝矣。(《尽心下》37)

君子是讲原则的,原则就是常道,常道不被歪曲,百姓们便积极奋发,社会就没有邪恶。这是孟子专门针对那些八面玲珑、到处讨好、圆滑媚俗、没有骨气、没有原则、似是而非、和稀泥、捣糨糊的"乡原"("好好先生")所作的批评。一个追求理想人格的人,就必须摒弃"乡原"的心态和情结。

　　君子可欺以其方,难罔以非其道。(《万章上》2)

君子相信道理,既使骗他也只能以合乎道理的方法来骗。孔子也说过类似的话:"君子可逝也,不可陷也;可欺也,不可罔也。"(《论语·雍也》)

　　孟子以上这句话选自《万章上》的第二章,这本是孟子给弟子万章讲的一个故事:从前有人送了条活鱼给郑国的相爷子产,子产叫管池沼的"校人"将鱼养到水池中去。可那人却把鱼煮着吃了,回来报告说:"鱼刚放下去,还有些不自然;过会儿便摇头摆尾地游起来了;一下子又游得无影无踪了"。子产听后高兴地说:"得其所哉,得其所哉",即鱼到了它该去的地方。"校人"编了个有声有色的故事,骗倒了世称聪明的子产,很是得意,出来对别人讲:谁说子产聪明?我把鱼都吃了,他还说鱼到了它该去的地方。孟子对此事的评价是:"君子可欺以其方,难罔以非其道"(君子可以用合乎情理的方法欺骗他,却不能用不合道理的诈骗愚弄他)。这个"校人"以合乎情理的说辞骗了聪明的子产,那也就算了,还洋洋得意,真有点小人无忌惮!此人很像《庄子·逍遥游》里的那只小山雀,又哪里知道大鹏的志向?不知也罢,嘲而笑之,可见小人终究不会有大心。什么叫大心?"大人"之心也。"不失其赤子之心"的"大人",能返璞归真,懂得上天至公的道理:鸟在天上飞,鱼在水里游,人在地上走,万物各得其所,是之谓"得其所哉"。

　　孟子曰:"君子之泽,五世而斩;小人之泽,五世而斩。予未得为孔子之徒,予私淑诸人也。"(《离娄下》22)

历史为什么会治乱相替？因为圣君贤相的德政、大人君子的流风，不会永远留存在那里的。说小一点，君子不是世袭的，小人亦然。所以，每个人都应该努力学做君子，不要以为有个"好爸爸"或"好爷爷"就可以万事大吉了。

三、"大丈夫"精神

在孟子一系列关于理想人格的论述中，我个人以为"大丈夫"精神和"舍生取义"的价值取向最为精彩，也最具感召力，读之令人血脉贲张，豪情勃发。

景春曰："公孙衍、张仪岂不诚大丈夫哉？一怒而诸侯惧，安居而天下熄。"

孟子曰："是焉得为大丈夫乎？子未尝学礼乎？丈夫之冠也，父命之；女子之嫁也，母命之，往送之门，戒之曰：'往之女家，必敬必戒，无违夫子！'以顺为正者，妾妇之道也。居天下之广居，立天下之正位，行天下之大道；得志，与民由之；不得志，独行其道。富贵不能淫，贫贱不能移，威武不能屈，此之谓大丈夫。"（《滕文公下》2）

本章说"大丈夫"精神。所谓"大丈夫"，并不仅仅就如有人所理解的那种身材伟岸、络腮胡子、胸口长着横七竖八胸毛、嗓门特大、大碗喝酒大口吃肉的"男子汉"；当然也不必排斥这一点。更不是那些有权有势、颐指气使的达官显贵。那个与孟子同时、习纵横术的景春，崇拜纵横家公孙衍、张仪，认为他们是大丈夫，因为他们一发怒诸侯们便害怕；他们安静下来，天下便太平无事。此说一出便遭到孟子的痛斥。尽管这两个魏国人在当时确实很有来头，他们都是著名的纵横家，前者曾为秦国大良造，又曾佩五国相印；后者与苏秦齐名，曾做过秦相和魏相。但在孟子看来，公孙衍、张仪之流，"以顺为正"，屈从贪得无厌的诸侯们，不讲原则，摇唇鼓舌，唯利是图，只能算是"妾妇之道"——小女人的把戏！

孟子认为：真正的大丈夫，站得直、行得正、坚定不移，富贵不淫、贫贱不移、威武不屈，为正义的理想目标而不懈奋斗；真正的大丈夫，是自强不息、才能卓越的"豪杰之士"；真正的大丈夫，无论在什么情况下都与大"道"相始终；

第四讲　圣贤气象

真正的大丈夫,富有"以斯道觉斯民"、"舍我其谁"的担当精神。这种"大丈夫"精神的原动力来自哪里呢?就来自他的"浩然之气"。

应该承认,孟子这里轻视妇女的思想实在没什么道理,但这是历史上儒家的传统,不能怪孟子,孔子也说"惟女子与小人为难养也,近之则不逊,远之则怨"(《论语·阳货》)。但若不论此点,那"大丈夫"还真是不错的,具有崇高的精神境界,代表了旧时代中国知识分子最高的人生理想,它曾激励过多少正直的士大夫以天下为己任,救邦国于危难,拯生民于涂炭,置生死利害于度外,也成为他们不畏强暴、坚持正义的座右铭。

> 孟子曰:"鱼,我所欲也,熊掌,亦我所欲也,二者不可得兼,舍鱼而取熊掌者也。生,亦我所欲也,义,亦我所欲也,二者不可得兼,舍生而取义者也。生亦我所欲,所欲有甚于生者,故不为苟得也;死亦我所恶,所恶有甚于死者,故患有所不辟也。如使人之所欲莫甚于生,则凡可以得生者,何不用也?使人之所恶莫甚于死者,则凡可以辟患者,何不为也?由是则生而有不用也,由是则可以辟患而有不为也,是故所欲有甚于生者,所恶有甚于死者。非独贤者有是心也,人皆有之,贤者能勿丧耳。一箪食,一豆羹,得之则生,弗得则死,嘑尔而与之,行道之人弗受,蹴尔而与之,乞人不屑也。万钟则不辨礼义而受之,万钟于我何加焉?为宫室之美,妻妾之奉,所识穷乏者得我与?乡为身死而不受,今为宫室之美为之;乡为身死而不受,今为妻妾之奉为之;乡为身死而不受,今为所识穷乏者得我而为之,是亦不可以已乎?此之谓失其本心。"(《告子上》10)

本章在《孟子》中很有名,是关于鱼与熊掌、生与义的抉择,孟子提出了"舍生取义"这一儒家所高扬的理想人格。

众所周知,人求生的欲望是极强的;由此,人厌恶死亡的心情也同样强烈,俗谚有所谓"好死不如赖活着"。但儒家强调,当个体的自然生存与道德原则发生冲突而又不能两全之时,应该是道德优先,即应该舍弃生命以维护理想中的道德原则。孟子所提倡的理想人格,其思想的基础就是人贵在"有义"这个价值观念。它使得人类固有的理想意向,即在追求真善美的过程中,特别突出了人的道德精神,和为理想而勇于牺牲的大无畏的精神境界。在孟子看来,人生的最高价值就在于实现自我的道德理想。他肯定了生命的可贵，但却强调道德更可贵；生命诚然非常重要，但人有其比生命更重要的东西，那就是"义"，就是道德。所以，人应该追求道德理想的实现，当生命与道德发生冲突而又非此即彼时，人不应该苟且偷生。这是一种道德优先，或者说价值优先的原则。

孟子的"舍生取义"，上承孔子"志士仁人，无求生以害仁，有杀身以成仁"（《论语·子罕》），下启荀子"人之所欲生甚矣，人之所恶死甚矣，然而人有从生成死者，非不欲生而欲死，不可以生而可以死也"（《荀子·正名》）。因此是先秦儒家所一致认同的价值观。这种价值观为培养中华民族的浩然正气和爱国主义的高尚情操，起到了非常积极的作用，也曾鼓舞、激励了中国历史上许许多多志士仁人为理想而献身。如民族英雄文天祥，在其临刑前自书"衣带赞"曰：

> 孔曰成仁，孟曰取义。
> 唯其义尽，所以仁至。
> 读圣贤书，所学何事？
> 而今而后，庶几无愧。①

读《孟子》，给人留下印象最深之一的是：孟子是下定决心要吃"熊掌"的。熊掌喻义，"舍生取义"，疾雷破山，飘风振海，于是有"浩然之气"。不啻如此，孟子觉得，他自己讲"义""气"还不够，更要推而广之，上至天子王侯，下到匹夫匹妇，概莫能外。此或不无天真迂阔之处，然气魄之大，取法之高，不能不令人肃然起敬。

当然，我们充分肯定孟子"舍生取义"的价值观，也不要忘记孟子还有"经权之辨"（详下讲中的"执中行权"）的思想。任何事都不可绝对化，更不可僵化。过犹不及，真理再往前多迈半步可能就变成谬误。

大家知道，"节"或"义"是可以有层次的，其代表的原则体系中间也有高下主次之别，一般说来，并不绝对要求人在生命欲望与每一道德原则相冲突时都选择后者。然而，从学理形式的纯粹性来说，只能强调原则本身，而不能强调其高下主次之分。如果强调原则的高下主次之分，确认某些"节"当舍

---

① （宋）文天祥：《文山先生全集》卷十《自赞》，世界书局1936年版，第251页。

第四讲 圣贤气象

生、某些"节"不当舍生,势必会造成有人找借口而不履行道德义务。宋儒发挥"舍生取义"思想,提出了"饿死事小,失节事大"的命题,这本来也没什么错,但后来明清的统治者过分强调这一点,就造成了"以理杀人"的结果。因为这种普遍原则如果突出强调学理形式上的纯粹性,就势必会隐含着否认原则有高下主次之分的危险,甚至还会把道德的最高标准与最低标准之间的区别性抹杀了,把本来作为理想形态的最高标准,当作人人必须遵循的最低标准来强迫要求每一个人。理学家主观上希望人人都能成为"圣贤",但许多人实际做不到或根本就不想做,于是就会出现大量的"假道学",嘴上一套,行为又是另一套,这是唯理论哲学所固有的一种缺陷。这一缺陷除了会给一般人造成较大的道德心理负担之外,更有可能被统治者所利用,把原本正常的道德规范,变成一种片面强调义务而不讲权利的压迫手段,正常道德规范由此而异化成为僵硬的教条。明清时期的统治者,确立程朱理学为官方哲学,这一隐含的危险就逐步化为了现实。

所以,对"舍生取义"命题我们需记住两点:首先,"义"是可以有层次之分的,其代表的原则体系中也有高下主次之别。一般说来,并不绝对要求人在生命欲望与每一个道德原则相冲突时都选择后者,更不能把重要的"生"与次要的"义"作对比而强迫选择后者。其次,事情并不总是非此即彼的,凡事当然以能两全为最好。能吃到熊掌,也同时能吃到鱼,何乐不为?能保持生,又不失义,何必硬要找死?

最后还要一提的是,孟子在本段话提出了"本心"这个概念,全书仅此一次,本心者,良心也。

> 孟子曰:"待文王而后兴者,凡民也。若夫豪杰之士,虽无文王犹兴。"(《尽心上》10)

本章是孟子在呼唤"豪杰之士",或则说是在勉励那些自强不息、才能卓越之人。当然,这实际也是孟子的夫子自道。

> 孟子曰:"天下有道,以道殉身;天下无道,以身殉道。未闻以道殉乎人者也。"(《尽心上》42)

本章讲君子无论在什么情况下都与大道相始终,甚至以死相从而不离,决不能放弃原则来迁就世人。孟子这里的"人",隐含有公爵王侯的意思,意即不能跟着长官的意志走,下面一章说得就更明白了。

> 孟子曰:"说大人则藐之,勿视其巍巍然。堂高数仞,榱题数尺,我得志,弗为也。食前方丈,侍妾数百人,我得志,弗为也。般乐饮酒,驱骋田猎,后车千乘,我得志,弗为也。在彼者,皆我所不为也;在我者,皆古之制也,吾何畏彼哉?"(《尽心下》34)

本章讲如何游说诸侯的方法,颇有点心理学的味道,或则可说颇有点精神胜利法的味道,正如赵岐所说:"心当有以轻藐之,勿敢视之魏魏富贵若此而不畏之,则心舒意展,言语得尽。"这是一种心理上的调节,能使自己进言时状态良好,该说的就说。老实讲,孟子的这种态度,在孔子那里是见不到的,孔子说过"君子有三畏",而"畏大人"就是其中之一(参见《论语·季氏》)。孟子确实有点豪气,孔子大概就没有了,所以后儒有谓:"孟子此章,以己之长,方人之短,犹有此等气象,在孔子则无此矣。"(朱熹《孟子集注》引杨氏语)如能换个视角看的话,那此章也就是孟子"富贵不能淫,贫贱不能移,威武不能屈"的"大丈夫"精神的另一种表述。

第五讲 人伦之道

中华古称"华夏"。从源头上讲,华夏文明起源于黄河、长江两大流域,特殊的土壤、气候、水利等自然条件为发达的农耕文明提供了物质基础,并促成了农业与手工业的结合体(家庭)在中国的很早形成。以家庭为单位直接与自然界打交道,靠经验吃饭、靠天吃饭,可以万事不求人,所以祖宗的一套生活和生产方式对子孙来说已足够应用,家族宗法观念由此得到强化,引出了对祖先的莫大崇拜,并直接影响到以人伦关系、以"孝道"为主导的儒家学说的形成和发展。

孔子创立儒家学派,提出了"仁学"。何为"仁"?《论语》中的解释莫衷一是,那是孔子因人施教的缘故。孟子解"仁"曰:"仁也者,人也;合而言之,道也。"(《尽心下》16)"仁"的意思就是"人",合起来讲就是"道",此解得体。《中庸》中也有"仁者人也"之说;《国语·周语下》又有"言仁必及人"。"仁"字从人、从二,本义是二人,引申为人与人的关系,人与人能发生关联至少须二人以上,否则无法建立关系。所以,孔子"仁学"的主旨就是合理地处理各种人与人之间的关系。这以后,对人伦关系的注重,一直是儒家学说的核心价值,延续了两千多年,成为中国传统文化的最基本的特征之一。

20世纪前期,梁漱溟先生曾把人类文化划分为西洋、印度和中国三种类型,断定中国是一个"职业分途"、"伦理本位"的社会。所谓"伦理本位",就是中国人的社会生活中是以"家族生活偏胜",这与西方人以"集团生活偏胜"有很大不同。西方人由于在集团生活中,所以容易养成遵守社会公德、关心集体、国家等习惯;但他们在家族生活中则义务感和责任感就要淡薄许多。反之,中国人重家族生活,所以对家族的承担精神就强,对身家以外的事则漠不关心;由此公共观念、法制精神、民主平等思想就缺乏,最典型的就是缺乏法制意识,即使有法也往往不依。再进一步说,"伦理本位"就是宗教精神淡薄。由于中国人的理性精神早已开启,所以中国人几乎是没有宗教的人生。中国人的伦理精神基本上取代了西方人的宗教精神。所以中国的"伦理本位"亦可称作"伦理教",因为伦理在中国成了人生的终极关怀,成了宗教的替代品,人们为了自己的伦理义务及关系而鞠躬尽瘁,死而后已[①]。梁先生大而化之的观点自可进一步深入讨论,但我个人以为其中确也有不少洞见,尤其是关于中国人长期以来以伦理为本位的思想传统。

所谓伦理,通俗地讲,就是如何去处理人与人之间各种关系的道理,也就是古人常说的"做人之道"。按儒家的观点,最重要的人伦关系有五种,称之为"五伦",即父子、君臣、夫妇、长幼(兄弟)、朋友。孟子以孔子的传人自许,对伦理问题的关注不啻是其思想的题中应有之义,且可说是极其重要的一个组成部分。就目前所知,最早对儒家"五伦"关系作出规定的就是孟子:

> 人之有道也,饱食、煖衣、逸居而无教,则近于禽兽。圣人有忧之,使契为司徒,教以人伦:父子有亲,君臣有义,夫妇有别,长幼有叙,朋友有信。(《滕文公上》4)

这段话是从孟子批评农家许行那一章中节取出来的。孟子提出:人有做人的规则,吃饱了、穿暖了、住得舒服了,要是不教育,那就跟禽兽也差不了多少。"圣人"(据《史记·五帝本纪》等所记当为舜)为此感到忧虑,便派契去管教育,要人们懂得做人的道理。这中间,父子、君臣、夫妇、长幼、朋友的关系最要紧,其原则就是有亲、有义、有别、有叙(序)、有信。

实际上,在前面四讲中我们已经涉及了孟子的一些伦理思想,如他讲"良知、良能"时,证明就是:"孩提之童,无不知爱其亲者,及其长也,无不知敬其兄也。亲亲,仁也;敬长,义也。无他,达之天下也。"现在我们把这个问题单独拿出来研读,因为这个问题对了解儒家思想太重要了。下面述"人伦之道"。

[①] 以上观点详可参看《梁漱溟全集》中的《东西文化及其哲学》、《中国文化要义》等,山东人民出版社1989年版。

第五讲　人伦之道

一、事亲为大

儒家认为,最重要的伦理就是血缘、亲情间的关系,即孔子弟子有若说的"孝弟(悌)也者其为仁之本与"(《论语·学而》),用孟子的话说就是"事亲为大"(见下引)。

一个人来到这个世界上,最先与之发生的无疑是血缘关系,即首先是与父母及兄弟姐妹之间的亲情。这种亲情关系儒家术语简称为"父子",其遵循的原则是"孝悌"。"孝悌"是对在下位者而言的,即子女对父母要"孝",弟妹对兄姐要"悌"。实际上既称关系,那总是双向的、对应的,《礼记·礼运》曰:"父慈子孝,兄良弟悌",父母对子女要"慈",兄姐对弟妹要"良"。因此,"孝"、"悌"是与"慈"、"良"对应的。所谓"父慈子孝,兄良弟悌",其主旨不外乎一个"爱"字,即孔子所说的"爱人"(《论语·颜渊》),孟子更明确为"仁者爱人"(《离娄下》28)。

血缘亲情关系是我们最先要处理、也是处理得最多的一种人伦关系,所以家庭伦理在诸多伦理关系中的地位最为凸显,而家庭伦理中父子关系又是重中之重。这里的"父子"当然只是个概括语,还应包括"母子",此外还有夫妻、兄弟姐妹等关系,只是"父子有亲"占首位而已。

> 孟子曰:"仁之实,事亲是也;义之实,从兄是也。智之实,知斯二者弗去是也;礼之实,节文斯二者是也;乐之实,乐斯二者,乐则生矣,生则恶可已也,恶可已,则不知足之蹈之手之舞之。"(《离娄上》27)

儒家讲求仁、义、礼、智、乐(后来才改为仁、义、礼、智、信),而在孟子看来,这五个德目中,"仁"和"义"两者是最为要紧的,而仁的实质就是孝顺父母,义的实质就是敬爱兄长。其余三者,不过是围绕仁、义而展开的,如"智"就是明白这两者的道理而执著地坚持;"礼"就是调节修饰这两者;"乐"就是从这两者中得到快乐。所以,它们都是依附于仁、义的。

> 孟子曰:"事孰为大?事亲为大;守孰为大?守身为大。不失其身而能事其亲者,吾闻之矣,失其身而能事其亲者,吾未之闻也。孰不为事?

> 事亲,事之本也;孰不为守?守身,守之本也。曾子养曾晳,必有酒肉;将彻,必请所与;问有余,必曰有。曾晳死,曾元养曾子,必有酒肉;将彻,不请所与;问有余,曰亡矣,将以复进也。此所谓养口体者也。若曾子,则可谓养志也。事亲若曾子者可也。"(《离娄上》19)

本章孟子从"事亲"及"守身"两个方面论述了孝道。现代人或许会想:为什么说"守身"也属于孝道?按儒家的观点来解释,"事亲"与"守身"两者是密切关联的。《孝经·开宗明义章》曰:

> 身体发肤,受之父母,不敢毁伤,孝之始也。立身行道,扬名于后世,以显父母,孝之终也。夫孝,始于事亲,中于事君,终于立身。

也就是说,如果一个人自己不能谨守节操,陷于不义之中,那就会连累父母,使他们蒙受痛苦和羞辱,这就是极大的不孝了。

本章中,孟子还强调了一点,即事奉父母不能仅仅满足于对他们的"口体"之养,更重要的是顺从父母的意愿——"养志"。为此他还讲了个故事:曾晳名点,他儿子名参(即曾子),父子俩都是孔子的学生;曾元则是曾参之子。曾子奉养他父亲,每餐一定有酒肉;将要撤除时,一定要请示余下的给谁;曾晳如问还有没有剩余,一定回答说有。曾晳死后,曾元奉养曾子,每餐也一定有酒肉;将要撤除时,便不请示余下的给谁了;曾子如问还有没有剩余,回答说没了。曾元之所以如此,为的是将剩余的饭菜再用于下次给曾子吃。在孟子看来,曾元的做法就叫做奉养父母的口和体;曾子的做法才是顺从父母意愿之养。奉事父母就应该做到像曾子那样。孟子的这个意思,孔子也已说过:

> 今之孝者,是谓能养。至于犬马,皆能有养;不敬,何以别乎!(《论语·为政》)

孔子的意思是说:现在人们讲孝道,就说能够养活父母就行了。你连狗啊、马啊不都在喂养吗?若你没有恭敬顺从父母之心,那与养条狗、养匹马又有什么两样!这话听了让人震惊,又或有点惭愧。确实,负起赡养父母的义务,尽可能使他们衣食无忧,这没错,但只能算是最最起码的事。但扪心自问,我是否想到过"养志"?我是否做到了"养志"?

第五讲　人伦之道

> 孟子曰:"君子有三乐,而王天下不与存焉。父母俱存,兄弟无故,一乐也;仰不愧于天,俯不怍于人,二乐也;得天下英才而教育之,三乐也。君子有三乐,而王天下不与存焉!"(《尽心上》20)

孟子所说的君子"三乐",在中国历史上很有名,其中首列的就是亲情关系。其实,师生也是一种近乎父子的伦理关系,这在中国古代比较强调。所以古人虽讲"男儿膝下有黄金",但"天、地、君、亲、师"还是要跪拜的;至于朋友,哪怕是最亲密的朋友,也就是相互作揖而已。就孟子这里所说言之,"三乐"之中,第一种是属于天意,第二种在于自身的修养,第三种则只能在乎他人了。

> 徐行后长者谓之弟,疾行先长者谓之不弟。夫徐行者,岂人所不能哉?所不为也。尧舜之道,孝弟而已矣。(《告子下》2)

这段话节选自孟子与曹交①谈"人皆可以为尧舜"的问题。主要是让大家了解何为"悌",即"长幼有叙(序)"的问题。在孟子看来,"悌"的只是你想不想做的事,不是你做得到做不到的事。此节的关键,实际在于强调:"尧舜之道"只不过就是"孝"和"悌"而已。

讲完"孝悌",我们再来看看孟子是怎么讲"不孝"的。

> 公都子曰:"匡章,通国皆称不孝焉。夫子与之游,又从而礼貌之,敢问何也?"
>
> 孟子曰:"世俗所谓不孝者五:惰其四支,不顾父母之养,一不孝也;博弈好饮酒,不顾父母之养,二不孝也;好货财、私妻子,不顾父母之养,三不孝也;从耳目之欲,以为父母戮,四不孝也;好勇斗狠以危父母,五不孝也。章子有一是乎?夫章子,子父责善而不相遇也。责善,朋友之道也;父子责善,贼恩之大者。夫章子,岂不欲有夫妻子母之属哉?为得罪于父,不得近,出妻屏子,终身不养焉。其设心以为不若是,是则罪之大者,是则章子已矣。"(《离娄下》30)

这里提到的匡章,是齐国的大将。据历史记载,在齐威王时,匡章曾大败秦兵,齐宣王时又曾率兵取燕。但匡章在国内的名声很不好,国人都说他"不

---

① 曹交,赵岐认为是曹君的弟弟,名交。但孟子的时代曹国已亡,所以也不确切。

孝"。当时,孟子正在齐国当客卿,但他同情匡章的处境,不顾俗议,与之交朋友,且还关系不错。至于匡章"子父责善"的原委,据《战国策·齐策一》记载:匡章的母亲触犯了他父亲,父亲一怒之下杀了母亲,埋在马栈下面,匡章可能有所不满,所以父子关系因此就弄僵了。齐威王时,匡章奉命率军抗秦,凯旋后,齐威王替他安葬了母亲。所以,孟子指出匡章所谓的"不孝"有其理由,他不在乎别人的非议。这里,我们可特别注意的是孟子提到的当时关于"不孝"的五种具体表现:"惰其四支"、"博弈好饮酒"、"好货财、私妻子"、"从耳目之欲,以为父母戮"、"好勇斗狠以危父母",而这些都是与"父母"有关联的。

本章还说到了父子之间不能责善。因为责善是朋友之道,父子之间如责善会伤及感情。所以,孟子还提出了"易子而教"的观点:

> 公孙丑曰:"君子之不教子,何也?"
> 孟子曰:"势不行也。教者必以正;以正不行,继之以怒;继之以怒,则反夷矣。'夫子教我以正,夫子未出于正也。'则是父子相夷也。父子相夷,则恶矣。古者易子而教之,父子之间不责善。责善则离,离则不祥莫大焉。"(《离娄上》18)

"易子而教",这是一种权变、一种回避。儒家一般都不主张亲自教育自己的子女,为的是尽可能避免因教育带来的副作用。朱熹《集注》云:"易子而教,所以全父子之恩,而亦不失其为教。"[①]所以朱熹就把自己的儿子交给了当时另一个大儒吕祖谦去教育,这种例子在古人中很多。

除了上面说的"五不孝"之外,还有所谓的"三不孝":

> 孟子曰:"不孝有三,无后为大。舜不告而娶,为无后也,君子以为犹告也。"(《离娄上》26)

"不孝有三,无后为大",这句话太有名了,而其出处就是《孟子》。据说舜取尧的二女为妻时,没有事先禀告其父母。当时舜的父母对舜实在不好(详下),如果事先禀告了舜的父母,舜就娶不成妻子。这样,舜就有可能"无后",成为最大的"不孝"了。因此他没有先禀告父母就娶了尧的女儿。在孟子看来,舜的做法是可以理解的,这属于一种"经"、"权"之间的变通办法(后面会具体谈

[①] (宋)朱熹:《四书章句集注》,中华书局1983年版,第284页。

到)。至于究竟何为"三不孝",就让东汉的赵岐来解释吧:

> 阿意曲从,陷亲不义,一不孝也;家贫亲老,不为禄仕,二不孝也;不娶无子,绝先祖祀,三不孝也。

二、慎终追远

在处理亲情伦理时,儒家还突出了对丧礼的关注,称之为"慎终",而"慎终"的目的则在于"追远",即对逝去的父母之感恩及追思。慎终追远的具体表现,首先就是要尽自己所能实行"厚葬",其次是守丧三年。这是儒家的主张,先秦诸子中墨家是反对这一点的,他们主张"节葬",丧期不过三个月。

> 孟子曰:"养生者不足以当大事,惟送死可以当大事。"(《离娄下》13)

本章不难理解,就是强调孝道重丧,养生虽然很重要,但还不如送死那么重要,这以后成了礼制。

> 孟子自齐葬于鲁,反于齐,止于嬴。
> 充虞请曰:"前日不知虞之不肖,使虞敦匠事。严,虞不敢请。今愿窃有请也:木若以美然。"
> 曰:"古者棺椁无度,中古棺七寸,椁称之。自天子达于庶人,非直为观美也,然后尽于人心。不得,不可以为悦;无财,不可以为悦。得之为有财,古之人皆用之,吾何为独不然?且比化者无使土亲肤,于人心独无恔乎?吾闻之也,君子不以天下俭其亲。"(《公孙丑下》7)

孔子说过"生,事之以礼;死,葬之以礼,祭之以礼"(《论语·为政》。后来孟子提到时认为是曾子说的,也应有所本)。这体现"慎终追远"的葬礼,历来受到儒家的重视。

本章讲孟子葬母。孟子曾因葬母事而遭鲁国宦官臧仓的攻击,说他"后丧逾前丧"。臧仓之说当然不可能完全是空穴来风,此章就是证明。孟子在齐国做客卿,母亲去世,归葬于鲁。事毕后返齐,在齐国南部一个名叫嬴的地方停留。负责督办孟母棺木的弟子充虞,就因为棺木过于华美而问孟子。孟子不同意这种说法,认为丧葬是否得当主要看两点:一是规格合不合于礼制,二是自己有没有能力(如财力)。只要条件允许,就应尽力办好,这才算尽了人子的孝心。古人都这么做,他为什么不可以呢?

儒家提倡"厚葬",遭到墨家的反对,孟子如何应对?请看下一章。

  墨者夷之因徐辟而求见孟子。孟子曰:"吾固愿见,今吾尚病,病愈。我且往见。"夷子不来。

  他日,又求见孟子。孟子曰:"吾今则可以见矣。不直,则道不见,我且直之。吾闻夷子墨者,墨之治丧也,以薄为其道也。夷子思以易天下,岂以为非是而不贵也?然而夷子葬其亲厚,则是以所贱事亲也。"

  徐子以告夷子。

  夷子曰:"儒者之道,古之人若保赤子,此言何谓也?之则以为爱无差等,施由亲始。"

  孟子曰:"夫夷子信以为人之亲其兄之子若亲其邻之赤子乎?彼有取尔也:赤子匍匐将入井,非赤子之罪也。且天之生物也,使之一本,而夷子二本故也。盖上世尝有不葬其亲者,其亲死,则举而委之于壑。他日过之,狐狸食之,蝇蚋姑嘬之。其颡有泚,睨而不视。夫泚也,非为人泚,中心达于面目,盖归反虆梩而掩之。掩之诚是也,则孝子仁人之掩其亲,亦必有道矣。"

  徐子以告夷子。夷子怃然,为间,曰:"命之矣。"(《滕文公上》5)

本章记孟子与墨家学者夷之的辩论。但由于一些内容的用语过于简单浑沦,所以不太好理解,如"彼有取尔也"、"一本"、"二本"等。朱熹在其《孟子集注》中有一番诠释,不失为有理据的一家之言。朱熹认为,夷之所用的都是"遁辞":他引《尚书·康诰》"若保赤子",这是"援儒而入于墨",以证明墨家"爱无差等"之说不误,因为儒家经典中也有认可;又说"爱无差等,施由亲始",这是"推墨而附于儒",以证明他自己厚葬父母也没错,并没有违背墨家原则。孟子的反驳是:一般说来,人们爱其侄儿与爱邻人之子还是有差等的;"若保赤子"之说只是打比方,其意为老百姓因无知而犯法,如婴儿无知而向井里爬去,这当然不能归罪于婴儿。又:人之出生一定是本于父母这一源,这是自然之理,是"一本",所以"爱"由这个源头而起,以后再推己及人,所以爱是有差等的;如果按墨家所言"爱无差等",那是把自己的父母视为陌生人("路人")一样;反过来说,陌生人也就等于是自己的父母了,这就泯灭了人与人之间的亲疏之别,成"二本"了。但朱熹认为,夷之还算是一个"本心之明"的明理之人,所以他最终还能接受孟子的教育①。

此章所记孟子与墨家学者夷之辩论的内容牵涉的是当时儒家与墨家两种不同的观点:一是"厚葬"还是"节葬"?一是"爱人"有没有"差等"?

关于"厚葬"还是"节葬",孟子的观点我们已经知道,再来看看墨家的观点:

> 故古圣王制为葬埋之法,曰:"棺三寸,足以朽体;衣衾三领,足以覆恶。以及其葬也,下毋及泉,上毋通臭,垄若参耕之亩,则止矣。"死则既以葬矣,生者必无久哭,而疾而从事,人为其所能,以交相利也。此圣王之法也。②

墨家"节葬"的观点,是以其"兼相爱,交相利"之说即"兼爱"思想为基础的。

前面讲到,儒家认为父母与子女的血缘关系是人与人关系的基础、起点,孔子学生有若说的:"君子务本,本立而道生。孝弟也者,其为仁之本与"(《论语·学而》),孟子说"事亲,事之本",这个"本",不仅是根本,更是出发点。因为人会长大,要进入社会,于是逐渐地又会生出君臣、夫妇、长幼、朋友及更一般的人与人之间的关系。处理"五伦"关系的原则,孟子已经告诉了我们。那又如何来处理与"五伦"之外其他人的关系呢?按儒家的说法,处理这些关系的原则就是把"孝悌"这种爱人精神向外"推"。所谓"推",用孔子的话说叫做"能近取譬",意为能够就近拿自己与别人作比方,再通俗点讲就是将心比心,譬如"己所不欲,勿施于人"(《论语·卫灵公》),"己欲立而立人,己欲达而达人"(《论语·雍也》)。孔子把这种精神、这种态度又称之为"恕",是与"孝"、"忠"一样属于"仁"的一种具体表现形态。到孟子那里,说得更明白、也更远:"老吾老以及人之老,幼吾幼以及人之幼"(《梁惠王上》7);"亲亲而仁民,仁民而爱物"(《尽心上》45)。从爱戴自己长辈的体会中推广出也应该爱戴别人的长辈,从呵护自己孩子的体会中推广出也应该呵护别人的孩子;从爱自己的

---

① 以上诠释参见(宋)朱熹:《四书章句集注》,中华书局1983年版,第262—263页。
② 《墨子·节葬下》,王焕镳:《墨子校释》,浙江文艺出版社1984年版,第200页。

双亲中推广出爱所有的人,从爱所有的人中推广出爱自然界的万物。孟子把这种精神、这种态度又称之为"推恩"。孔子、孟子的以上思想,所反映的还是儒家"仁者爱人"这个基本主题。只是就"爱人"的程度而言是有差别的,其实质是一种由近及远、推己及人、有差等的爱,而这种差等之爱的基础就是所谓的"人之常情"。

当时与儒家同称"显学"的墨家提出不同的观点——"爱无差等"。墨子反孔子而起,创"兼爱"之说,并从中引申出"非攻"、"节葬"、"非乐"、"非儒"等思想。所谓"兼爱",墨子是这么说的:

> 兼相爱交相利之法将奈何哉?子墨子言:"视人之国若视其国,视人之家若视其家,视人之身若视其身。"是故诸侯相爱则不野战,家主相爱则不相篡,人与人相爱则不相贼,君臣相爱则惠忠,父子相爱则慈孝,兄弟相爱则和调。天下之人皆相爱,强不执弱,众不劫寡,富不侮贫,贵不敖贱,诈不欺愚。凡天下祸篡怨恨可使毋起者,以相爱生也,是以仁者誉之。①

对墨家的"兼爱"之说,孟子展开了激烈的批判。在孟子看来,墨家的"兼爱"问题很大,它泯灭了人与人之间的亲疏之别,将人父等同于己父,那就等于没有己父。杨朱"为己"是"无君",墨翟"兼爱"是"无父",上纲上线的话就是大逆不道,所以他说:"无父无君,是禽兽也。"(《滕文公下》9)孟子骂人骂得很凶,似乎有失谦谦君子的风度和雅量。但在"百家争鸣"的那个年代里,思想交锋此起彼伏、尖锐异常,大概除了淡泊自守的道家者流之外,诸子中鲜有不骂人的。儒家中不仅孟子,包括后来的荀子,骂人也是够厉害、够水准的。

如果就思想本身而言,儒家的"爱有差等"和墨家的"爱无差等"都有其言之成理的、可取的一面。但就影响而言,由于前者是从人之常情中推论出来的,比后者更符合人性的一般特征,所以也更容易为人们所接受。

> 滕定公薨,世子谓然友曰:"昔者孟子尝与我言于宋,于心终不忘。今也不幸至于大故,吾欲使子问于孟子,然后行事。"
>
> 然友之邹问于孟子。

---

① 《墨子·兼爱中》,王焕镳:《墨子校释》,浙江文艺出版社1984年版,第109页。

第五讲 人伦之道

孟子曰:"不亦善乎!亲丧,固所自尽也。曾子曰:'生,事之以礼;死,葬之以礼,祭之以礼,可谓孝矣。'诸侯之礼,吾未之学也。虽然,吾尝闻之矣:三年之丧,齐疏之服,飦粥之食,自天子达于庶人,三代共之。"

然友反命,定为三年之丧。父兄百官皆不欲,曰:"吾宗国鲁先君莫之行,吾先君亦莫之行也,至于子之身而反之,不可。且《志》曰:'丧祭从先祖。'曰吾有所受之也。"

谓然友曰:"吾他日未尝学问,好驰马试剑。今也父兄百官不我足也,恐其不能尽于大事,子为我问孟子。"

然友复之邹问于孟子。

孟子曰:"然,不可以他求者也。孔子曰:'君薨,听于冢宰。歠粥,面深墨,即位而哭,百官有司莫敢不哀,先之也。'上有好者,下必有甚焉者矣。君子之德,风也;小人之德,草也。草尚之风,必偃。是在世子。"

然友反命。

世子曰:"然,是诚在我。"

五月居庐,未有命戒。百官族人可,谓曰知。及至葬,四方来观之,颜色之戚,哭泣之哀,吊者大悦。(《滕文公上》2)

本章讲滕定公去世,滕世子(即后来的滕文公)想根据儒家说的丧礼而行"三年之丧",结果遭到了父老百官反对,阻力很大。经过孟子的启发,他认识到做事情首先要看自己做得怎样。这中间,本人的信心、意志起很大作用。结果他把丧事办得很好。

本章牵涉到一些中国古代文化中丧礼的具体内容,这里简单介绍一下"三年之丧"和"齐疏之服"。

按儒家的观点,"三年之丧"乃是指子女为父母、妻妾为夫、诸侯为天子,臣为君、学生为老师的守丧期。"三年之丧"始于何时?有人把之追溯得很早,如《孟子》本章中认为在夏、商、周三代已然。现在可知的上古文献最早记载"三年之丧"的是《左传》,《左传》记鲁昭公十一年时,叔向曾对鲁昭公不行"三年之丧"大加非议。但征诸史实,"三年之丧"至少在孟子时代还很不普遍,否则滕国的父兄百官不会这么反对滕世子,而反对的理由之一是儒风最盛的鲁国也从来不实行"三年之丧"。从现有的资料来看,我们只能说,"三年之丧"在周代或有实行,但并不普遍,只是儒家学者非常强调。除孟子以外,如孔子说,"子生三年,然后免于父母之怀。夫三年之丧,天下之通丧也"(《论语·阳货》);荀子在其《礼论》中对"三年之丧"有详细的论述,且还提出了"三年之丧"实际是"二十五月而毕"。秦始皇统一后,曾规定"臣为君服斩衰三年"(见《晋书·礼志中》)。汉代起,"三年之丧"逐渐流行起来。王莽改制,"三年之丧"开始大行。进入东汉后,"三年之丧"在民间也开始流行起来①。

"齐疏之服"牵涉的是"丧服"制度。丧服又称"凶服",与"吉服"相对,是中国古代服饰制度中最复杂的一个部分。丧服是根据生者与死者的亲疏关系而定的,分为"五服八等",简称"五服"。其规则与吉服相反,与死者关系越亲,丧服就越粗糙简陋,以表示生者的哀痛程度。丧服的衣料都用麻布,这一上古的遗风一直持续了几千年。麻布又分"生"、"熟",前者未经加工,后者是加工过的。丧服的"五服"是:斩衰、齐衰、大功、小功、缌麻②。前二者用生麻布,后三者用熟麻布。

三、大孝典范

> 孟子曰:"君子之于物也,爱之而弗仁;于民也,仁之而弗亲。亲亲而仁民,仁民而爱物。"(《尽心上》45)

此章颇为重要,是讲儒家由近及远、推己及人、推人及物的"仁爱"原则。孟子认为,"君子"对万物,爱惜而不待以仁德;对百姓,待以仁德而不亲爱。"君子"爱自己的双亲,推而以仁德待百姓;以仁德待百姓,推而爱惜万物。注意这里的"亲亲",那是起点;而这里的"君子",已近乎"圣王"的同义词。

儒家不仅崇尚"事亲为大"的孝道,还坚持认为"圣人"是常人表率。孟子说:"圣人,人伦之至也"(《离娄上》2),"尧舜之道,孝弟而已矣"(《告子下》2)。所以,孟子还树立了一个"大孝"的典范,那就是作为"圣王"的舜,《孟子》书中对此有较多的描述。

---

① 详可参看杨志刚:《中国礼仪制度研究》,华东师范大学出版社2001年版。
② 按:这里的"衰"音 cuī(崔),"齐"音 zī(资)。

第五讲 人伦之道

万章问曰:"舜往于田,号泣于旻天,何为其号泣也?"

孟子曰:"怨慕也。"

万章曰:"'父母爱之,喜而不忘;父母恶之,劳而不怨。'然则舜怨乎?"曰:"长息问于公明高曰:'舜往于田,则吾既得闻命矣。号泣于旻天,于父母,则吾不知也。'公明高曰:'是非尔所知也。'夫公明高以孝子之心,为不若是恝:我竭力耕田,共为子职而已矣,父母之不我爱,于我何哉?帝使其子九男二女,百官牛羊仓廪备,以事舜于畎亩之中,天下之士多就之者,帝将胥天下而迁之焉。为不顺于父母,如穷人无所归。天下之士悦之,人之所悦也,而不足以解忧;好色,人之所欲,妻帝之二女,而不足以解忧;富,人之所欲,富有天下,而不足以解忧;贵,人之所欲,贵为天子,而不足以解忧。人悦之、好色、富贵,无足以解忧者,惟顺父母可以解忧。人少,则慕父母;知好色,则慕少艾;有妻子,则慕妻子;仕则慕君,不得于君则热中。大孝终身慕父母,五十而慕者,予于大舜见之矣。"

(《万章上》1)

孟子将舜作为"大孝"的楷模,因为他对父母的孝始终如一,不为任何其他事物所动,"为不顺于父母,如穷人无所归",到五十岁还怀恋其父母。

孟子之所以特别强调这一点,原因在于舜的父母一直对舜不好。舜生活、成长于一个"问题家庭",据《尚书·尧典》、《史记·五帝本纪》中记,舜"父顽,母嚚,象傲",不唯其父母偏宠其弟,且其父其弟几同无赖,曾数次阴谋害死舜。《孟子·万章上》的第二章中对此情形有所描述,但不及《史记·五帝本纪》说得详细,兹录《史记》文如下:

舜父瞽叟盲,而舜母死,瞽叟更娶妻而生象,象傲。瞽叟爱后妻子,常欲杀舜,舜避逃;及有小过,则受罪。顺事父及后母与弟,日以笃谨,匪有解。

舜,冀州之人也。舜耕历山,渔雷泽,陶河滨,作什器于寿丘,就时于负夏。舜父瞽叟顽,母嚚,弟象傲,皆欲杀舜。舜顺适不失子道,兄弟孝慈。欲杀,不可得,即求,尝在侧。

舜年二十以孝闻。三十而帝尧问可用者,四岳咸荐虞舜,曰可。于是尧乃以二女妻舜以观其内,使九男与处以观其外。舜居妫汭,内行弥

> 谨。尧二女不敢以贵骄事舜亲戚,甚有妇道。尧九男皆益笃。舜耕历山,历山之人皆让畔;渔雷泽,雷泽上人皆让居;陶河滨,河滨器皆不苦窳。一年而所居成聚,二年成邑,三年成都。尧乃赐舜绨衣,与琴,为筑仓廪,予牛羊。瞽叟尚复欲杀之,使舜上涂廪,瞽叟从下纵火焚廪。舜乃以两笠自扞而下,去,得不死。后瞽叟又使舜穿井,舜穿井为匿空旁出。舜既入深,瞽叟与象共下土实井,舜从匿空出,去。瞽叟、象喜,以舜为已死。象曰"本谋者象。"象与其父母分,于是曰:"舜妻尧二女,与琴,象取之。牛羊仓廪予父母。"象乃止舜宫居,鼓其琴。舜往见之。象鄂不怿,曰:"我思舜正郁陶!"舜曰:"然,尔其庶矣!"舜复事瞽叟,爱弟弥谨。于是尧乃试舜五典百官,皆治。

唯其如此,舜的品格才堪称难能,成为儒家的"大孝"楷模。

> 孟子曰:"天下大悦而将归己,视天下悦而归己,犹草芥也,惟舜为然。不得乎亲,不可以为人;不顺乎亲,不可以为子。舜尽事亲之道而瞽瞍厎豫,瞽瞍厎豫而天下化;瞽瞍厎豫而天下之为父子者定,此之谓大孝。"(《离娄上》28)

本章与上一章可互为参看。孟子认为,孝道的关键还在于使父母心情愉悦。请注意其中"不得乎亲,不可以为人;不顺乎亲,不可以为子"那段话。

以上三节讲儒家的"孝道"。末尾还应指出的是,孔孟提倡"亲亲"之爱,乃是发之于人的本性。但后世有一些矫揉造作的陋儒,把这种亲情加以异化,提出了不少极其荒谬的所谓"孝行",典型的如什么"郭巨埋儿"、"吴猛饱蚊"、"黔娄尝粪"之类,这与孔孟以"亲亲"为本的仁爱精神是背道而驰的。这一点我们要有认识,明白孔孟原儒与后儒之间的区别。

四、君 臣 有 义

君臣关系,在现代找不到其十分确切的对应词。如果广义一点、不太严格地作一下引申的解释,大概相当于我们现在的上下级关系吧。儒家向来有"求忠臣于孝子之门"一说,即认为"忠臣"是"孝子"的延伸,是否如此当然可以讨论,如法家就不同意此说。

"君臣有义",这里的"臣"字是狭义的,专指卿大夫等朝廷命官,也包括候补官员的"士"。实际上,在古汉语中"臣"还有更广义的解释,即包括前者在内的"人民",如孟子引《诗经·小雅·北山》中"普天之下,莫非王土;率土之滨,莫非王臣",这个"臣"字就当作广义解。

对君臣关系,孟子给出的处理原则就是本小节的标题——"君臣有义"。我们来看看具体的论述。

> 孟子曰:"古之贤王好善而忘势;古之贤士何独不然?乐其道而忘人之势,故王公不致敬尽礼,则不得亟见之。见且由不得亟,而况得而臣之乎?"(《尽心上》8)

本章孟子是以古喻今,认为君主应该礼尊贤士,不要自恃权位;而士人应该乐于大道,不为权势所屈。这就是孟子所谓的"义"。当然,这也可以认为是孟子的"夫子自道",他对梁惠王、齐宣王的态度颇为特别,答案就可以从这里去找。

> 孟子曰:"规矩,方员之至也;圣人,人伦之至也。欲为君,尽君道;欲为臣,尽臣道。二者皆法尧、舜而已矣。不以舜之所以事尧事君,不敬其君者;不以尧之所以治民治民,贼其民者也。孔子曰:'道二,仁与不仁而已矣。'暴其民,甚者身弑国亡,不甚则身危国削。名之曰幽、厉,虽孝子慈孙,百世不能改也。《诗》云:'殷鉴不远,在夏后之世。'此之谓也。"(《离娄上》2)

本章强调君臣各有其道,所以应该各尽其道。这个"道"就是"圣人之道",代表人物就是尧舜,核心价值就是"仁",反之就是"不仁"了,所以主张君臣都当效法尧舜。最后孟子以历史事实来证明他说的道理。

> 孟子告齐宣王曰:"君之视臣如手足,则臣视君如腹心;君之视臣如犬马,则臣视君如国人;君之视臣如土芥,则臣视君如寇仇。"
>
> 王曰:"礼,为旧君有服,何如斯可为服矣?"
>
> 曰:"谏行言听,膏泽下于民;有故而去,则君使人导之出疆,又先于其所往;去三年不反,然后收其田里。此之谓三有礼焉。如此,则为之

服。今也为臣,谏则不行,言则不听;膏泽不下于民;有故而去,则君搏执之,又极之于其所往;去之日,遂收其田里。此之谓寇仇。寇仇,何服之有?"(《离娄下》3)

孟子曰:"无罪而杀士,则大夫可以去;无罪而戮民,则士可以徙。"(《离娄下》4)

这两章在原著中本就连着,我们可以放在一起来读。孟子在君臣关系上经常说重话,弄得招待他的君王很尴尬,往往只能"王顾左右而言他"(《梁惠王下》6)。

在第一章中,孟子十分强调君臣之间的对等性,这比孔子进步,在孔子那里,君臣关系主要表现为主次性。齐宣王听了孟子的这番话当然很不舒服,所以故意提出臣下为君上服丧这个问题来为难孟子。孟子不客气地答以"三有礼",并不点名地批评了当时君上对臣下的态度多属"寇仇"之类,所以不服丧也没什么不对。

第二章与上一章有关联。孟子的意思是,当君上无道、残杀无辜时,可以离开这个国君甚至这个国家。这一方面是表示抗议,另一方面也是自我保护,不必作无畏牺牲。这倒与孔子所谓"无道则隐"(《论语·泰伯》)的思想是一致的。

齐宣王问曰:"汤放桀,武王伐纣,有诸?"
孟子对曰:"于《传》有之。"
曰:"臣弑其君,可乎?"
曰:"贼仁者谓之'贼',贼义者谓之'残'。残贼之人谓之'一夫'。闻诛一夫纣矣,未闻弑君也。"(《梁惠王下》8)

这一章很出名,是齐宣王与孟子讨论历史上的"汤武革命"问题。所谓"汤武革命",这既是一种特殊的君臣关系,也可看作是一种政治观。齐宣王认为儒家既然强调等级秩序,就不能允许以下犯上,也就没有理由赞成"汤武革命",所以他的提问带有挑衅性。但孟子大义凛然,回答只听说过周武王诛杀了"独夫民贼"殷纣,没有听说过他是以臣弑君。注意这里齐宣王与孟子的用字,前者用的是"弑",后者用的是"诛",这里含有"褒贬大义",在儒家经典《春秋》学的"笔法"中就叫做"一字褒贬"。

第五讲 人伦之道

说到儒家的政治观，孔子在政治上是主张君主集权的，但他反对个人独裁和大臣专政，更反对绝对专制主义，他主张谏君，可以批评当政者，因此与法家和墨家有很大不同。孔子强调：首先是君要有君的样子，要"身正"，"其身正，不令而行"（《论语·子路》）；其次，君在使用臣的时候要符合规则，要合"礼"、待臣以"礼"，"君使臣以礼，臣事君以忠"（《论语·八佾》）。在这样的前提下，臣为君做事要"忠"，即忠于职守，尽心尽力。易言之，假如君使臣不以"礼"，那臣事君也可以不"忠"。所以，这个"忠"，并不是后世陋儒所谓"君要臣死，臣不得不死"的"愚忠"。在这点上，孟子的态度比孔子鲜明多了。

关于"汤武革命"的话题历来引人注目。这一思想不是从孟子才开始有的，《易·革·彖辞》中也讲："汤武革命，顺乎天而应乎人，革之时大矣哉！"这个话题在孟子以后也有人问津，最出名的大概要算西汉景帝时《齐诗》博士辕固生与道家学者黄生的那场辩论了。作为儒家学者的辕固生，当然赞同孟子的观点，认为汤武"受命"乃天下归心。黄生则像齐宣王一样，认为"汤武非受命，乃弑也"，即以下犯上。他还振振有词地说：帽子虽破还得戴在头上，鞋子再新也只能穿在脚下，原因就在于上下是不能颠倒的（"冠虽敝，必加于首；履虽新，必关于足。何者，上下之分也"）；桀、纣虽无道，还是"君上"，汤、武虽圣，还是"臣下"。这话很绝，且符合逻辑常识，似乎很难驳他。没想到辕固生更绝，把话题一下子转到汉高祖刘邦代秦的合法性上去了，"必若所云，是高帝代秦即天子之位非邪？"汉景帝本来是偏向黄生的，但他又不能说辕固生错了，否则就等于承认自己的皇位也是不合法的。所以他只好出面制止，说了一句水平很高的"捣糨糊"话，曰："食肉不食马肝，不为不知味，言学者无言汤武受命，不为愚。"吃肉没吃过马肝（马肝有毒不能吃），不能说不知道肉的味道；讨论学术不谈"汤武革命"，不能说没有学问。于是争论就此不了了之[①]。

老实说，孟子的观点齐宣王不愿听，汉景帝不愿听，中国历史上没有哪个皇帝愿意听。但反应最强烈的，还要数明代那个杀人如麻的开国皇帝、独裁暴君朱元璋了。他看到孟子说的这些话（当然还有如"土芥"、"寇仇"之类的），大为震怒地说："使此老在今日，宁得免耶！"这是史书上经过文人修饰过的文言，所以文绉绉的，一不留神还以为他很尊敬孟子。我们知道，小和尚出

[①] 事见《史记·儒林列传》。

身、后来当强盗、最后当皇帝的朱元璋,大字也识不了几个,根据《明实录》中的许多记载,他临朝问政用的都是大白话,私下里就更不消说了。所以,我试着把他对孟子咬牙切齿的话倒译成白话:"这老家伙要是在今天,看他还能活吗!"朱元璋下令删除《孟子》书中"激进"的话,出版《孟子节文》,其原因就在于孟子头上有"反骨",说了那么多不利于"君主"的话,简直有点像在鼓吹人民有"革命"的权利。

> 齐宣王问卿。孟子曰:"王何卿之问也?"
> 王曰:"卿不同乎?"
> 曰:"不同。有贵戚之卿,有异姓之卿。"
> 王曰:"请问贵戚之卿?"
> 曰:"君有大过则谏,反覆之而不听则易位。"
> 王勃然变乎色。
> 曰:"王勿异也。王问臣,臣不敢不以正对。"
> 王色定,然后请问异姓之卿。
> 曰:"君有过则谏,反覆之而不听则去。"(《万章下》9)

本章是孟子与齐宣王讨论为臣(主要指大臣)之道。孟子认为虽然同是公卿,也有亲疏之别。与国君有血缘关系的公卿,因与祖宗基业有关,所以不能"去",但在极端情况他们有另立新君的权力。这话又令齐宣王很不爽,一度还"勃然变乎色"。朱熹《集注》云:"贵戚之卿,小过非不谏也,但必大过而不听,乃可易位。异姓之卿,大过非不谏也,虽小过而不听,已可去矣。"①

> 陈子曰:"古之君子何如则仕?"
> 孟子曰:"所就三,所去三。迎之致敬以有礼;言,将行其言也,则就之。礼貌未衰,言弗行也,则去之。其次,虽未行其言也,迎之致敬以有礼,则就之。礼貌衰,则去之。其下,朝不食,夕不食,饥饿不能出门户,君闻之,曰:'吾大者不能行其道,又不能从其言也,使饥饿于我土地,吾耻之。'周之,亦可受也,免死而已矣。"(《告子下》14)

本章孟子提出君子出仕的三条原则,最上者是"听言",即君能听从自己的治

---

① (宋)朱熹:《四书章句集注》,中华书局1983年版,第324页。

国主张;次是"礼貌",即君对臣的在形式上的尊重程度如何,能够做到尊重就行了;最下者仅为了吃饭,这里的"可受"是"可就"的意思,即仅为免死而就之。按东汉赵岐的说法,等免除饥饿后,还是要走人的,这似乎有点过度诠释了。

> 孟子曰:"今之事君者皆曰:'我能为君辟土地,充府库。'今之所谓良臣,古之所谓民贼也。君不乡道,不志于仁,而求富之,是富桀也。'我能为君约与国,战必克。'今之所谓良臣,古之所谓民贼也。君不乡道,不志于仁,而求为之强战,是辅桀也。由今之道,无变今之俗,虽与之天下,不能一朝居也。"(《告子下》9)

本章是孟子借古喻今,批评现在的为臣者,屈服于君主的淫威,助其君鱼肉人民、穷兵黩武,而不敢劝君向道、志仁,所以说"今之所谓良臣,古之所谓民贼也"。

> 孟子将朝王,王使人来曰:"寡人如就见者也,有寒疾,不可以风;朝将视朝,不识可使寡人得见乎?"
>
> 对曰:"不幸而有疾,不能造朝。"
>
> 明日,出吊于东郭氏。公孙丑曰:"昔者辞以疾,今日吊,或者不可乎?"
>
> 曰:"昔者疾,今日愈,如之何不吊?"
>
> 王使人问疾,医来。孟仲子对曰:"昔者有王命,有采薪之忧,不能造朝。今病小愈,趋造于朝,我不识能至否乎?"使数人要于路,曰:"请必无归,而造于朝。"
>
> 不得已而之景丑氏宿焉。景子曰:"内则父子,外则君臣,人之大伦也。父子主恩,君臣主敬。丑见王之敬子也,未见所以敬王也。"
>
> 曰:"恶!是何言也!齐人无以仁义与王言者,岂以仁义为不美也?其心曰:'是何足与言仁义也'云尔,则不敬莫大乎是。我非尧舜之道不敢陈于王前,故齐人莫如我敬王也。"
>
> 景子曰:"否,非此之谓也。《礼》曰:'父召,无诺;君命召,不俟驾。'固将朝也,闻王命而遂不果,宜与夫礼若不相似然。"
>
> 曰:"岂谓是与?曾子曰:'晋、楚之富,不可及也。彼以其富,我以吾仁;彼以其爵,我以吾义,吾何慊乎哉!'夫岂不义而曾子言之?是或一道

也。天下有达尊三：爵一，齿一，德一。朝廷莫如爵，乡党莫如齿，辅世长民莫如德。恶得有其一以慢其二哉！故将大有为之君，必有所不召之臣，欲有谋焉则就之。其尊德乐道，不如是，不足与有为也。故汤之于伊尹，学焉而后臣之，故不劳而王；桓公之于管仲，学焉而后臣之，故不劳而霸。今天下地丑德齐，莫能相尚。无他，好臣其所教，而不好臣其所受教。汤之于伊尹，桓公之于管仲，则不敢召。管仲且犹不可召，而况不为管仲者乎！"（《公孙丑下》2）

本章说"不召之臣"。孟子因齐王对有德之士的态度不合礼，所以故意不去谒见。这在常人看来似乎过分，认为是对君上不尊。可以说这也不合孔子的思想。因为"君命召，不俟驾行矣"是孔子所认可的古"礼"（参见《论语·乡党》），而孟子并没有盲目遵从孔子。这一方面说明，到了孟子时代，所谓的古礼确实已不合潮流；另一方面也说明，在政治思想上孟子确有超越孔子之处。

孟子认为，读书人应该有人格尊严，对君上的尊重，主要不是表现在趋奉应命之上，而是表现在敢于批评时政和陈说大道之上。这里孟子提出了儒家的一个重要政治理想——"以德抗位"。在孟子看来，作为"天下达尊"的"爵"、"齿"、"德"三者，代表了不同类型的价值标准：在政权系统里，以权力的大小和爵位的高低为标准，"爵"就是代表；在社会生活和家庭生活中，以年龄的大小和辈分的高低为标准，"齿"就是代表；但在理国治民这一层面上，就应以德行的高下为标准，即应该以"德"为本。而"德"与"爵"相比，前者更重要。在《告子上》第十六章中，孟子还提出了"天爵"与"人爵"之别，"天爵"指仁义道德，"人爵"指权势地位，前者高于后者。这是孟子对孔子思想的突破。"以德抗位"思想，后来在荀子发展为"从道不从君"（《荀子·子道》），汉儒发展为"屈君以伸天"，宋儒发展为"以理抗势"，这是一脉相承的，而其基本的价值取向也是一致的。

当然，无论是"以德抗位"、"从道不从君"，还是"屈君以伸天"、"以理抗势"，这些闪光的思想在中国专制统治的漫长时期中，其亮度实在微乎其微，并没有起到什么作用。而敢于真正实践这些思想的极少数人，其结局往往都是悲剧性的，这一现象越往后越明显，到君主专制独裁恶性膨胀的明清时代达到了极致。所以，问题的关键是，儒家的先哲们虽然对君臣关系如何相处有比较清楚的认识,但他们却始终未能设计出一套有效而完善的制度来落实他们的道理。当然,我们判断某一思想的价值,不能以功利和成效来计。反之,正因为这一思想在实践上的艰难,恰恰反映出了它的价值。

五、执中行权

儒家有一种"经权之辨"的思想,强调的是要懂"权变"。即认为,在通常情况下应该坚持原则,但不排斥在特殊情况下、在条件允许的范围内,作出适当的调整或变通。这叫做"执中行权"、"反经行权"。坚持原则就是"执中"、"反经";适当的调整或变通就是"行权"。"经"与"中"指基本原则,也是是非判断;"权"则是在原则和是非判断基础上所做出的权衡与选择。"经权之辨",不仅是儒家的一个重要思想,也是中国式智慧的一种具体表现,它既有助于我们避免绝对主义,也有助于我们避免相对主义。

孟子"嫂溺援手"之说,可谓儒家论"经""权"关系的经典之一。

淳于髡曰:"男女授受不亲,礼与?"

孟子曰:"礼也。"

曰:"嫂溺,则援之以手乎?"

曰:"嫂溺不援,是豺狼也。男女授受不亲,礼也;嫂溺,援之以手者,权也。"

曰:"今天下溺矣,夫子不援,何也?"

曰:"天下溺,援之以道;嫂溺,援之以手。子欲手援天下乎?"(《离娄上》17)

淳于髡是齐国出名的辩士,当时也在齐国的"稷下学宫"。他身"长不满七尺",生性"滑稽多辩",所以《史记》把他列入《滑稽列传》。司马迁还说他"博闻强记,学无所主。其谏说,慕晏婴之为人也,然而承意观色为务。"(《史记·孟子荀卿列传》)善于"承意观色"的滑稽大师淳于髡,显然对孟子坚持自己政治原则的做法很不满,认为他迂腐而不知变通,所以存心要给孟子出难题,于是便就有了这一章的有趣辩论。

《孟子》精读

淳于髡不愧是个辩士,他熟悉儒家重视并尊行的关于"男女授受不亲"的古礼,因此一上来就抛出一个两难的话题,想扣住孟子。针对淳于髡的这个伦理难题,孟子答以守原则与行变通之间的常理。淳于髡实际想要的也就是这么个答案。所以他话锋一转,马上点出主题:现在天下正在急难之中,你孟大人怎么就不伸手援助呢?这一问厉害!以子之予,攻子之盾,你既然这样明理,就不应该死抱原则而不求变通。

孟子的回答很巧妙!他先把伦理问题与政治问题的界限分清楚,指出对这两者援救的方法途径是完全不同的,前者援之以"手",后者只能援之以"道";然后顺着淳于髡转换话题的做法,反唇相讥,反问他难道"欲手援天下"?把难题扔回给了对方,因为"援天下"只能以"道"而不能以"手",这同样也是常识。至于"援天下"的"道"是什么"道"呢?孟子这里虽然没有明说,但根据孟子的一贯主张却是很清楚的,那就是"先王之道"、"王道"之"道"。

在这里,我们又一次领略了孟子的辩论技巧。

万章问曰:"《诗》云:'娶妻如之何?必告父母。'信斯言也,宜莫如舜。舜之不告而娶,何也?"

孟子曰:"告则不得娶。男女居室,人之大伦也。如告则废人之大伦,以怼父母,是以不告也。"

万章曰:"舜之不告而娶,则吾既得闻命矣。帝之妻舜而不告,何也?"

曰:"帝亦知告焉则不得妻也。"(《万章上》2)

这段文字节选自《万章上》第二章。前面我们讲舜恐"无后"而"不告而娶",因为"不孝有三,无后为大"。这里说得更明白。当然,这里我想突出的是舜和尧的权变的思想。

任人有问屋庐子曰:"礼与食孰重?"

曰:"礼重。"

"色与礼孰重?"

曰:"礼重。"

曰:"以礼食,则饥而死;不以礼食,则得食,必以礼乎?亲迎,则不得妻;不亲迎,则得妻,必亲迎乎?"

屋庐子不能对,明日之邹,以告孟子。

第五讲 人伦之道

　　孟子曰:"於答是也何有? 不揣其本,而齐其末,方寸之木可使高于岑楼。金重于羽者,岂谓一钩金与一舆羽之谓哉? 取食之重者,与礼之轻者而比之,奚翅食重? 取色之重者与礼之轻者而比之,奚翅色重? 往应之曰:'绐兄之臂而夺食之,则得食;不绐则不得食,则将绐之乎? 逾东墙而搂其处子,则得妻;不搂,则不得妻,则将搂之乎?'"(《告子下》1)

本章说具体情况应具体分析及区别对待的重要性。就一般原则而言,礼仪固然要高于、重于饮食和性欲。但事物都是有高下、主次、轻重之分的,因此不能把关涉人之存亡、人之种族延续这样重要的饮食、性欲问题与礼仪之细节这样微不足道的问题相提并论。

　　孟子曰:"知者无不知也,当务之为急;仁者无不爱也,急亲贤之为务。尧舜之知而不遍物,急先务也;尧舜之仁不遍爱人,急亲贤也。不能三年之丧而缌、小功之察,放饭、流歠而问无齿决,是之谓不知务。"(《尽心上》46)

本章是讲处理事情要注意高下、主次、轻重、缓急之分,这还是一种权变。所以识大体的人,一定首先关心当务之急的事;不知当务之急,也就成了不识大体的人。如不能行三年的丧礼,却苛察缌麻、小功这样轻的丧礼;与长辈同席,没有礼貌地大口吃饭、喝汤,却讲究不能用牙齿咬断干肉,这属于不识大体的人。

在处理伦理关系时,往往会碰到一些两难的问题。有的仅关涉伦理私事,这通过权变还可处理,如"嫂溺援手"之类。但还有一些关涉国法公事,所以在选择和处理上要困难得多。这里选《孟子》书中两则至今仍争议很大的例子来看看。

　　桃应问曰:"舜为天子,皋陶为士,瞽瞍杀人,则如之何?"
　　孟子曰:"执之而已矣。"
　　"然则舜不禁与?"
　　曰:"夫舜恶得而禁之? 夫有所受之也。"
　　"然则舜如之何?"
　　曰:"舜视弃天下犹弃敝蹝也。窃负而逃,遵海滨而处,终身䜣然,乐而忘天下。"(《尽心上》35)

《孟子》精读

本章就是个两难问题。孟子认为，首先不能因父子之情而徇私枉法，但又不能因公法而废了父子私情，怎么办？孟子设想的办法就是抛弃王位、带父出逃，逃到政令难达的海边隐居，享受天伦之乐。

> 万章问曰："象日以杀舜为事，立为天子则放之，何也？"
>
> 孟子曰："封之也。或曰放焉。"
>
> 万章曰："舜流共工于幽州，放驩兜于崇山，杀三苗于三危，殛鲧于羽山，四罪而天下咸服，诛不仁也。象至不仁，封之有庳。有庳之人奚罪焉？仁人固如是乎：在他人则诛之，在弟则封之？"
>
> 曰："仁人之于弟也，不藏怒焉，不宿怨焉，亲爱之而已矣。亲之，欲其贵也；爱之，欲其富也。封之有庳，富贵之也。身为天子，弟为匹夫，可谓亲爱之乎？"
>
> "敢问或曰放者，何谓也？"
>
> 曰："象不得有为于其国，天子使吏治其国而纳其贡税焉，故谓之放。岂得暴彼民哉？虽然，欲常常而见之，故源源而来，'不及贡，以政接于有庳。'此之谓也。"（《万章上》3）

本章讨论舜成为天子之后，一方面仍然顾及到兄弟的情分，让一直想谋害自己的弟弟象，有一个体面的身份；另一方面则又能坚持原则，不让这个不仁的弟弟有危害民众的可能。这在某种意义上讲，也是"经"与"权"的平衡。

孟子的这一思想，实际是对孔子思想的继承和发挥。《论语·子路》中有这么一段文字：

> 叶公语孔子曰："吾党有直躬者，其父攘羊而子证之。"孔子曰："吾党之直者异于是：父为子隐，子为父隐，直在其中矣。"

孟子关于"封之有庳"的解释和"窃负而逃"的假设，及孔子"父为子隐，子为父隐"的思想，对不太理解中国历史和儒家思想的现代人而言，恐怕不容易接受，所以就会引起争议①。我们还是就事论事。"封之有庳"之例较为简

---

① 近年来，中国哲学界正在为这个问题打笔仗。武汉大学郭齐勇教授把此次的论战文字和一些中外学者与之相关的文章辑成一书，由湖北教育出版社于 2004 年出版，取名为《儒家伦理争鸣集——"亲亲互隐"为中心》。但争论并未结束，一直持续到笔者撰写此教材的 2008 年仍在进行。

第五讲 人伦之道

单,且究竟是"分封"还是"流放"向有不同理解,孟子也只是一说。所以我们选"窃负而逃"一例来略作分析,看看孟子的良苦用心之所在:

舜生活、成长的家庭大家已经了解了,唯其如此,舜的品格才堪称难能,成为儒家"大孝"的楷模。孟子的学生桃应是个很聪明的人,他似乎有意要为难好辩的老师,所以设问凸显了情与法、法与德之间的张力。他设计出了个很绝的问题:假如舜父瞽瞍犯了杀人罪,法官皋陶将如何处置?孟子首先从法律角度回答:抓起来就是了。桃应马上追问:贵为天子的舜难道不阻止?孟子答以法官这样做有"王法"依据,舜怎能阻止?桃应继续追问:那人称"大孝"的舜又该怎么办?孟子这才从伦理角度来回答:舜把抛弃王位看作如同扔掉双破鞋一般,他偷偷地背起父亲出逃,逃到王法政令难达的海边隐居起来,一辈子享受天伦之乐,高兴得把曾做过天子的事都忘了。

事虽假设,但不能不发人深思。就孟子的想法而言:首先,在法律层面上,作为天子的舜并不拥有比平常人更多的特权,他不能阻止皋陶逮捕瞽瞍并绳之以法,因为法官这样做是有根据的;如果舜因为是自己父亲杀人就阻止法官执法,那他将国家法令又置于何地?更何况这种做法一旦上行下效,天下岂不就会大乱?但在伦理层面上,舜是出了名的孝子,偏偏他又是天子,是天下人的双重楷模,假如他积极支持皋陶逮捕并法办瞽瞍,那人们不禁会想:一个能将自己的父亲都送上断头台的天子,他对天下的老百姓又将会怎样?老百姓还能对他抱什么奢望呢?更进一步,如果天下人也都上行下效,那父子、母子、兄弟、姐妹、夫妇等各种血缘亲属间的相互告发、相互残害,不也就普遍化了?这不也会导致天下大乱吗?所以孟子设计的办法是舜唯有背起他那瞎眼老爸开溜,逃出国家法律管辖的范围。乍看起来这似乎是不负责任,实际上却是负起了更大的责任。舜既不愿看到自己父亲受罚,更不愿看到因自己家人的问题而损害到社会伦理,引起整个社会秩序的坍塌。对出逃后的舜,虽然孟子用轻松的语言描述道:"遵海滨而处,终身䜣然,乐而忘天下。"但我们应该能感受到它背后的那份沉重——舜是以自我流放、自绝于社会的方式来替父"埋单"!由于他不愿放弃父子亲情,所以就必须放弃人间尊位、远离社会、离群索居。这就是代价,但他愿意!因为天子之位是外在的,可以放弃;而父子亲情是内在的、无法改变的,所谓"无所逃于天地之间"也;放弃了天子之位仍可以做个人,放弃了父子亲情则不成其为人了。这其实是在哲学——本体论或曰存在论——高度上的一种理解,不能做泛泛之解。

　　一个人,不仅生活在法制的世界,更生活在人伦的世界。对一个人来说,究竟哪个世界更重要,更根本?这就成为他的道德与法律之两难。当然,对大多数人说来实际上是不存在这种困惑的。孟子的设想,虽然是他那个时代、他那派思想家的理想,但它在我们现代社会难道就毫无意义、毫无价值了吗?我不敢贸然断言。但我十分清楚地知道(因为我在场),在那史无前例的"无产阶级文化大革命"中,人伦亲情完全被所谓的"阶级斗争"取而代之了,在震天价响的"年年讲,月月讲,天天讲"口号下,父子、兄弟、夫妇、师生、朋友间,人人自危,相互"揭发"、"批斗"、"打倒",再"踩上一只脚,让你永世不得翻身",非置人于死地而后快。而那恰恰正是整个中国社会政治、社会伦理和家庭伦理出现大问题、大危机的时代,称之为"十年动乱"一点没错。

　　最后顺便提一下,一些既不知中国又不懂西方的人,以为中国人只会讲伦理亲情,不懂法也不讲法;还是西方人好,他们有法制,不会出现孟子假设的这种状况。那我可以明确告诉你:无论是在古代希腊罗马时代、中世纪基督教传统,还是近代以来的西方资本主义制度,乃至某些现代社会主义国家法律,孔孟所说的亲情"容隐"都也是被认可的。游叙弗伦告发父亲杀人,就遭到苏格拉底的谴责(参看柏拉图的《游叙弗伦篇》),这反映了古希腊社会亲属隐罪的观念;古罗马法中关于亲属容隐的规定很多;近代如《法国刑法典》、《德国刑法典》、《意大利刑法》,现代如前《波兰刑法》、《罗马尼亚刑法》等,对此都有相应的法规明文规定①。

---

① 有兴趣者可参看范忠信:《中西法文化的暗合与差异》,中国政法大学出版社2001年版。

第六讲　经世思想

在第一讲开始时我提到过,先秦儒家学说的最终落脚点,是在注重人的社会政治实践和教化,注重国计民生及治国安邦的"经世"这一层面上的,其最终关心的还是伦理、社会和政治问题。作为先秦儒家重要代表人物之一的孟子,其思想自不例外。众所周知,在儒家学者中,孟子重心性是出了名的,但这并不表明他轻视社会政治。孟子所以要大谈人心、人性问题,恰恰是与他的政治理想、政治目标紧紧结合一起的,恰恰是为了论证他的政治理念,恰恰是为他的社会政治理论服务的。所以,只有充分了解孟子的社会政治思想,方能更好地把握他的心性之学,否则容易进入理解的误区,把孟子思想理解为与"万法唯心"差不多的思想,那就错了。所以,最后二讲我们要来研读《孟子》这方面的内容。先看其"经世思想"。

一、义 利 之 辨

孔子讲过,"君子喻以义,小人喻以利"(《论语·里仁》),他把"义利之辨"作为判定"君子"还是"小人"的一杆秤、一把尺,提出要"见利思义"而不能"见利忘义"。孟子除了继承孔子的说法之外,还有很大的发展,他讲"义利之辨"可分为好几个层面的问题。如前面已讲过的"舍生取义",涉及的是道德层面的"义利之辨"。再如孟子说过:"鸡鸣而起,孳孳为善者,舜之徒也;鸡鸣而起,孳孳为利者,跖之徒也。欲知舜与跖之分,无他,利与善之间也。"(《尽心上》25)这属于人格层面的"义利之辨"。以上内容都很精彩,而在我看来,孟

《孟子》精读

子把"义利之辨"思想扩展到社会政治层面,认为经世治国也需讲"义利之辨"这一点,在其"义利之辨"思想中最为凸显也最有特色。

> 孟子见梁惠王。王曰:"叟,不远千里而来,亦将有以利吾国乎?"
>
> 孟子对曰:"王何必曰利?亦有仁义而已矣。王曰'何以利吾国',大夫曰'何以利吾家',士、庶人曰'何以利吾身',上下交征利而国危矣。万乘之国,弑其君者,必千乘之家;千乘之国,弑其君者,必百乘之家。万取千焉,千取百焉,不为不多矣。苟为后义而先利,不夺不餍。未有仁而遗其亲者也,未有义而后其君者也。王亦曰仁义而已矣,何必曰利?"(《梁惠王上》1)

这里的梁惠王即魏惠王,名䓨,谥惠,在位时为避秦国威胁,从安邑(今山西夏县)迁都大梁(今河南开封),所以又称"梁惠王"。本章在《孟子》一书中位列首章,说明作者自己对它非常看重。由此,此章也向来为历代学者所重视。如司马迁在《史记》中说:"余读孟子书,至梁惠王问'何以利吾国',未尝不废书而叹也!"(《史记·孟子荀卿列传》)他在《魏世家》中着重引此章来描述当时魏国的窘境(文字略有出入,但意思未变);而在《六国年表》中又把此事表出,尽管在年代上司马迁可能搞错了①。

不难发现,梁惠王当时的心情不好,所以对孟子的称呼很随便,开门见山就急着问如何能使他的国家获利。惠王所问之"利",不是一般如财富之类的利益,而是指富国强兵、征战夺地等治国之术。他所以这么急,是因为当时魏国的处境确实不妙。魏国本是春秋末年从"三家分晋"而来的,惠王之祖魏文侯、父魏武侯,在文治武功方面都颇有建树,使魏国成为当时的主要强国,即所谓的"战国七雄"之一。惠王即位后,开始干得还不错:曾打败过韩、赵、宋诸国;曾迫使鲁、宋、卫、韩诸国来朝拜;曾与秦国达成短暂的和平;又在诸侯中第一个自称为"王";还率领诸侯"逢泽之会"朝见周天子等。但到了他统治的中后期,形势却每下愈况:

> 及寡人之身,东败于齐,长子死焉;西丧地于秦七百里;南辱于楚。寡人耻之,愿比死者一洒之。(《梁惠王上》5)

---

① 按:《史记》的《魏世家》、《六国年表》都把此事系于魏惠王三十五年(公元前335年),据清代学者崔述考订有误。详可参看崔述《孟子事实录》,收在《崔东壁遗书》,上海古籍出版社1983年版。

第六讲 经世思想

他与东面的齐国交战惨败,太子和大将被杀;与西面的秦国交战屡败,被割去了不少土地;与南面的楚国交战又败,土地亦被割去。你说惠王心里能不着急吗?他急于想使自己国家重振雄风、强大起来;急于想雪耻,急于想报仇。因此,见到以贤、智闻名的孟子,他劈头就问如何能使国家强盛起来的问题。但在孟子看来,富国强兵、征战夺地这种急功近利,不是治国的上策,反而是引起动乱的根源;要想使国家强盛起来,最好的办法就是讲求仁义,积极推行王道,实施仁政。

此章一向被认为是孟子讲"义利之辨"最重要的一章。但对此章的内容,过去常有误解。误解的原因大致有三:一是古文太过简洁,二是语句理解的歧义,三是后儒的过度诠释。

如对梁惠王问"利"的误解:惠王所问之"利",并不是一般狭义所说的利益,而是国家的大利。惠王之举,旧时常给读书人骂,说他是一个急功近利的"小人"。但如果能够了解当时魏国的实情,设身处地,平心而论的话,应该说这只不过是人之常情,也无可厚非,尽管他是急功近利了一点。

再如对孟子答以"义",那误解就更大了,简直就以为孟子是一个只讲"义"而不讲"利"的人。如董仲舒所谓"正其谊(义)不谋其利",再到后来就变成了儒家只许讲"义"不许讲"利"。实际上,孟子在回答中从未否定过"利"。孟子甚至连"好勇"、"好货"、"好色"都没有完全否定(详后),又岂会完全否定"利"?先秦的儒家并不反对追求"利",如孔子说过:"富而可求,虽执鞭之士,吾亦为之。如不可求,从吾所好。"(《论语·述而》)孔子只是强调在求"利"时要符合原则,这个原则就是"义"。承认不承认这一点,是区别"君子"与"小人"的"试金石"。这才是原儒意义上的"义利之辨"。所以,孟子的回答不是要否定"利",他只是告诉梁惠王,富国强兵、征战夺地仅是政治上的小利,而且有很大的副作用;只有积极讲求仁义,才是政治上没有副作用的大利、根本之利。至少在孟子看来,"仁义"这个大利已经包含了富国强兵等小利,所以讲了大利,小利就自然在其中了,不必多说。这一点北宋的程颐倒是看出来了,他说:"君子未尝不欲利,但专以利为心则有害,唯仁义则不求利而未尝不利也。"[①]在后面的篇章中,我们会看到孟子是

---

① 见(宋)朱熹:《四书章句集注》,中华书局1983年版,第202页引。

《孟子》精读

一贯坚持这一立场的。

> 宋牼将之楚,孟子遇于石丘,曰:"先生将何之?"
>
> 曰:"吾闻秦楚构兵,我将见楚王说而罢之。楚王不悦,我将见秦王说而罢之。二王我将有所遇焉。"
>
> 曰:"轲也请无问其详,愿闻其指。说之将何如?"
>
> 曰:"我将言其不利也。"
>
> 曰:"先生之志则大矣,先生之号则不可。先生以利说秦楚之王,秦楚之王悦于利,以罢三军之师,是三军之士乐罢而悦于利也。为人臣者怀利以事其君,为人子者怀利以事其父,为人弟者怀利以事其兄,是君臣、父子、兄弟终去仁义,怀利以相接,然而不亡者,未之有也。先生以仁义说秦楚之王,秦楚之王悦于仁义,而罢三军之师,是三军之士乐罢而悦于仁义也。为人臣者怀仁义以事其君,为人子者怀仁义以事其父,为人弟者怀仁义以事其兄,是君臣、父子、兄弟去利,怀仁义以相接也,然而不王者,未之有也。何必曰利?"(《告子下》4)

本章是孟子与宋牼的一段对话。宋牼与孟子同时,也是齐国"稷下学宫"的学者。当时秦楚两个大国正在交战,宋牼想去劝两国罢兵。孟子对其用心表示赞赏,问他将如何去劝。宋牼答以双方交兵的不利来劝。孟子认为这不好,会造成秦楚君民重利轻义之弊。所以应劝以义,何必曰利。这一段与孟子见梁惠王时说的内容是相通的,至于衍生出来的意义是:同样的实际效果,可能有不同的出发点。因此动机问题也是君子所应重视的。

从以上两章对政治层面"义利之辨"的论述,孟子想告诉人们的道理是什么呢?我想,孟子要突出的就是"人心"问题。人心不可小觑,因为人心关乎世道。当我们面临具体的困难或危机时,许多人往往机械地就困难危机说困难危机,而忽视了困难危机后面或许还存在更深一层的"人心"问题。就事论事,往往会把事情搞砸了。实际上,具体问题和"人心"问题两者都不能偏废,仅偏重一点都会出事的。

下面我们再来看孟子自己面临"义"与"利"抉择时的态度和立场:

第六讲 经世思想

  孟子致为臣而归。王就见孟子,曰:"前日愿见而不可得,得侍同朝,甚喜。今又弃寡人而归,不识可以继此而得见乎?"

  对曰:"不敢请耳,固所愿也。"

  他日,王谓时子曰:"我欲中国而授孟子室,养弟子以万钟,使诸大夫国人皆有所矜式,子盍为我言之!"

  时子因陈子而以告孟子,陈子以时子之言告孟子。

  孟子曰:"然。夫时子恶知其不可也?如使予欲富,辞十万而受万,是为欲富乎?季孙曰:'异哉子叔疑!使己为政,不用,则亦已矣,又使其子弟为卿。人亦孰不欲富贵,而独于富贵之中有私龙断焉。'古之为市也,以其所有易其所无者,有司者治之耳。有贱丈夫焉,必求龙断而登之,以左右望,而罔市利。人皆以为贱,故从而征之。征商自此贱丈夫始矣。"(《公孙丑下》10)

  孟子在齐国客居的时间最长,他对齐宣王循循善诱,很有耐心地顺着宣王的话题,说了许多关于"王道"、"仁政"的道理,但宣王仍然我行我素,不为所动,尽管表面上他对孟子很客气、很尊重。孟子在齐国待得已经没有味道了,又碰上齐国攻占燕国的事件爆发。在"止君取燕"失败之后,孟子在齐国推行其政治理想的希望彻底破灭了,他决心"去齐"。齐宣王亲自登门去见孟子,想以财利来留住孟子,结果遭到孟子断然拒绝。宣王的这种做法,也不能说一无是处,至少可认为他对孟子还很看重,希望他能成为国人效法的榜样。但他并不真正了解孟子,孟子对是否出仕的态度,不是以利益多寡来衡量的,而是取决于自己的政治主张能否施行。

  本章最后部分的内容颇为有趣,孟子说:古代的集市贸易,人们都是把自己有的东西,去交换自己没有的东西,有关部门对此仅加以管理罢了。有个低贱的男人,一定要找个唯一突出的高丘登上去,以便四面张望,把集市上贸易的赢利都网罗过来。人们都觉得此人卑鄙下贱,因此便对他征税。向商人征税,就是从这个卑鄙低贱的男人开始的。中国古代起征商业税的原因是否就如孟子说得那样,现在当然已无从考证。但孟子的话喻义深长,其中隐含着对齐宣王的严厉批评,即批评他垄断了国家的财利,却没有施行"仁政"的勇气和决心,这种做法是很低贱的。

二、制民之产与使民以时

孔子早就说过:"吾岂匏瓜也哉?焉能系而不食?"(《论语·阳货》)儒家从来就反对"不食人间烟火",上到孔子、孟子,下到朱熹、王阳明,他们无不关心国计民生问题。孟子对民生问题就有许多深入细致的思考。

> 无恒产而有恒心者,惟士为能。若民,则无恒产,因无恒心。苟无恒心,放辟邪侈,无不为已。及陷于罪,然后从而刑之,是罔民也。焉有仁人在位,罔民而可为也?是故明君制民之产,必使仰足以事父母,俯足以畜妻子,乐岁终身饱,凶年免于死亡。然后驱而之善,故民之从之也轻。今也制民之产,仰不足以事父母,俯不足以畜妻子,乐岁终身苦,凶年不免于死亡。此惟救死而恐不赡,奚暇治礼义哉?王欲行之,则盍反其本矣:五亩之宅,树之以桑,五十者可以衣帛矣。鸡豚狗彘之畜,无失其时,七十者可以食肉矣。百亩之田,勿夺其时,八口之家,可以无饥矣。谨庠序之教,申之以孝悌之义,颁白者不负戴于道路矣。老者衣帛食肉,黎民不饥不寒,然而不王者,未之有也。(《梁惠王上》7)

所选《梁惠王上》第七章中的这一节,是讲"制民之产"的。所谓"制民之产",也就是必须保证老百姓拥有最起码的生产资料和生活资料——一份固定的产业。

孟子认为,没有固定的产业,而能坚持向善之心的,只有读书明理的人才能做到。至于一般老百姓,如果没有固定的产业,就不会有一贯向善的心思。假如没有一贯向善的心思,那歪门邪道,不守法纪,胡作非为,什么都干得出来。等到他们犯了罪,然后施加刑罚,这等于设下网罗陷害人民。哪有仁爱之君在位,可以干出陷害人民的事呢?所以贤明的国君规定民众的产业,一定要使他们上足以赡养父母、下足以养活妻儿;遇上好年成能够温饱,即使凶年饥岁也不至于饿死;然后引导他们走向善的正道,民众也就容易听从了。现在规定民众的产业,上不足以赡养父母,下不足以养活妻儿;即使年成好也一年到头困苦,遇上凶年饥岁更免不了要饿死。像这样,连救性命都来不及,

第六讲 经世思想

哪还有闲工夫去讲究礼义道德？所以，想称王天下，就应该回到根本上去：在五亩的宅田上，种植桑树，上五十岁的人就能穿丝织品衣服了；鸡和猪狗之类家畜，不失时节地繁殖饲养，上七十岁的人就能经常吃肉了。每户所种的百亩田地能不耽误耕种时节，八口之家就不会饿肚子。认真做好乡校教育，反复讲明孝敬长辈的道理，须发花白的老人就不会肩挑背负地出现在路上。年老的人穿丝绸、吃肉食，老百姓不少食缺衣，做到了这样还不能得到人民拥戴而成为王者，那还从来没有过。

"制民之产"，首先是这个"产"的底线，孟子定出了一个可以行得通的、不太高的标准。有了这样的基本条件，才有可能引导老百姓讲道德。这里特别值得我们重视的是孟子强调的一个观点，即首先必须满足老百姓自然生命的需要，然后再重视教育，否则的话，连救人活命都来不及了，哪还有什么闲工夫去讲究礼义道德？孟子的这一思想，一方面可以说是对孔子先"富之"再"教之"思想的发挥；另一方面，也可以说是对《管子》"仓廪实则知礼节，衣食足则知荣辱"思想的阐发。可以这么认为，孟子的这种主张，实际是中国人的一个普遍认同的传统想法，并不一定就是儒家所独有的。再进一步说，这一思想，即使在今天仍有其重大意义。因为不管哪个时代，吃饱穿暖总是人的第一需要，有了这个起点，才能继续谈其他的什么发展，否则一切都会成为空话。

最后要指出的一点是，在此节中，孟子论述"恒产与恒心"时，特别强调了"士"的作用。孟子对读书明理的"士"要求很高，认为只有他们才能够做到"无恒产而有恒心"。这与孔子所说"士志于道"（《论语·里仁》），"君子固穷，小人穷斯滥矣"（《论语·卫灵公》）的思想是一脉相承的。孔子、孟子对读书人的要求高，自有他们的理由。因为在中国古代，有"学而优则仕"的传统和制度，读书人就是国家官员的预备队，将来他们是要做官的。所以，必须对他们有严格的要求，让他们能真正成为老百姓的表率。所谓"君子之德风，小人之德草。草上之风，必偃"（《论语·颜渊》）。这当然是一种理想化了的要求，在现实中未必就能完全做到，可要求必须是严格的，"法乎其上"还"仅得其中"。这是读书人应该努力去做的方向，至少是"虽不能至，心向往之"。但反过来，我们还应明白，孟子对读书人或曰知识分子的要求，只是作为特殊情况和相比较而言的；反之，他说的老百姓"无恒产则无恒心"，却只是从一般情况来说的。这一点必需要加以分清,否则容易引起误解。因为,有些知识分子也有可能是"无恒产则无恒心"的,而有些老百姓也有可能做到"无恒产而有恒心",这都是相对而言的,不能一概而论,更不能绝对化。

> 孟子曰:"伯夷辟纣,居北海之滨,闻文王作,兴曰:'盍归乎来!吾闻西伯善养老者。'太公辟纣,居东海之滨,闻文王作,兴曰:'盍归乎来!吾闻西伯善养老者。'天下善养老,则仁人以为己归矣。五亩之宅,树墙下以桑,匹妇蚕之,则老者足以衣帛矣。五母鸡,二母彘,无失其时,老者足以无失肉矣。百亩之田,匹夫耕之,八口之家足以无饥矣。所谓西伯善养老者,制其田里,教之树畜,导其妻子使养其老。五十非帛不煖,七十非肉不饱。不煖不饱,谓之冻馁。文王之民无冻馁之老者,此之谓也。"

此章讲的是周文王的"仁政",亦即孟子的政治理想。其中关于"制民之产"的内容,与前节参照着读,意思基本一致,只是在一些具体的细节上略有差别。

讲完"制民之产",再来看"使民以时"。

可以发现,在《孟子》一书中,"时"的问题受到孟子的关注,他反复强调"勿夺其时"、"以时入"、"食之以时"、"使民以时"等。所谓"使民以时",就是说政府动用民力时不能乱来,要顾及季节,不能耽误时节。

> 梁惠王曰:"寡人之于国也,尽心焉耳矣。河内凶,则移其民于河东,移其粟于河内;河东凶亦然。察邻国之政,无如寡人之用心者。邻国之民不加少,寡人之民不加多,何也?"
>
> 孟子对曰:"王好战,请以战喻。填然鼓之,兵刃既接,弃甲曳兵而走,或百步而后止,或五十步而后止,以五十步笑百步,则何如?"
>
> 曰:"不可。直不百步耳,是亦走也。"
>
> 曰:"王如知此,则无望民之多于邻国也。不违农时,谷不可胜食也;数罟不入洿池,鱼鳖不可胜食也;斧斤以时入山林,材木不可胜用也。谷与鱼鳖不可胜食,材木不可胜用,是使民养生丧死无憾也。养生丧死无憾,王道之始也。"(《梁惠王上》3)

本章前半部分的梁惠王与孟子的对话,让我们再次领略到了孟子的语言技巧。从对话中不难发现,在孟子影响下,梁惠王的态度开始发生变化,他开始考虑孟子提出的"王道"、"仁政"问题。但他自以为自己做得已经很不错

第六讲 经世思想

了,至少比邻国的那些国君在关心民众疾苦方面做得要好。所以,他无法理解为什么天下的民众不归心于他,魏国百姓的人数不见增多,邻国百姓的人数也不见减少。孟子确实很高明,他先不急于作答,而是先提问,让惠王去判断"五十步笑百步"的是非。这实际是下个套,为他后面的论述埋下伏笔。在孟子看来,惠王自认为做得不错的事,只是头痛医头、脚痛医脚的救急之法。那些事情虽然不能说错,但并没有解决根本问题,所以即使他做得要比邻国国君稍微好一点,实在也好不到那里去,那是典型的"五十步笑百步"。然后孟子话锋一转,顺着惠王关心的民众归顺与否问题,进一步来讲他的政治构想。老百姓最关心什么?孟子很明白,无非就是民生问题!百姓现实生活中养生送死这些民生问题如果没什么遗憾了,那"王道"、"仁政"也可说是开始了。

从孟子反复强调"勿夺其时"、"以时入"、"食之以时"中,我们可以读出点有关生态平衡、环境保护、可持续发展的意思来。孟子的"使民以时",在当时主要是从"勿夺其时"入手,来讲养民、保民的"仁政",这是其政治思想的体现。众所周知,农业最讲时节性,一旦错过节气,那收成一定不好。实际上,非唯农业,林、牧、副、渔业也都讲求季节性。但在孟子所处的战国时代,连年征战不息。统治者为打仗频繁征用民力,这肯定就会耽误农时,对经济生产造成很大影响,进而影响到民生。所以孟子必须把此点强调出来。今天,由于时代背景的不同,人们知识结构的不同,所需解决问题的不同,经典的意义不断地被阅读者所发掘、重建和阐扬。作为原创性精神体现的文本,经典的意义并不仅限于了解过去,经典的意义具有开放性,存在着广阔的不确定域。从"使民以时"中读出生态平衡、环境保护、可持续发展,尽管或不合孟子的原意,但"不违农时,谷不可胜食也;数罟不入洿池,鱼鳖不可胜食也;斧斤以时入山林,材木不可胜用也"的话中,确实也含有这几层意思。这就叫做"题中应有之义"。

孟子曰:"易其田畴,薄其税敛,民可使富也。食之以时,用之以礼,财不可胜用也。民非水火不生活,昏暮叩人之门户求水火,无弗与者,至足矣。圣人治天下,使有菽粟如水火。菽粟如水火,而民焉有不仁者乎?"(《尽心上》23)

《孟子》精读

此章既讲"制民之产"——"使富也",又讲"使民以时"——"食之以时"。其主旨不外乎儒家的"富之"然后"教之"的思想。可注意其中的"易其田畴,薄其税敛"两句,这也是孟子"仁政"的核心内容之一,下节"取民有制"会具体讲。

三、取民有制与井田理想

滕文公问为国。

孟子曰:"民事不可缓也。《诗》云:'昼尔于茅,宵尔索绹,亟其乘屋,其始播百谷。'民之为道也,有恒产者有恒心,无恒产者无恒心。苟无恒心,放辟邪侈,无不为已。及陷于罪,然后从而刑之,是罔民也。焉有仁人在位,罔民而可为也?是故贤君必恭俭礼下,取于民有制。阳虎曰:'为富不仁矣,为仁不富矣。'夏后氏五十而贡,殷人七十而助,周人百亩而彻,其实皆什一也。彻者,彻也;助者,藉也。龙子曰:'治地莫善于助,莫不善于贡。'贡者,校数岁之中以为常。乐岁,粒米狼戾,多取之而不为虐,则寡取之;凶年,粪其田而不足,则必取盈焉。为民父母,使民盻盻然,将终岁勤动,不得以养其父母,又称贷而益之,使老稚转乎沟壑,恶在其为民父母也?夫世禄,滕固行之矣。《诗》云:'雨我公田,遂及我私。'惟助为有公田。由此观之,虽周亦助也。设为庠序学校以教之。庠者,养也;校者,教也;序者,射也。夏曰校,殷曰序,周曰庠,学则三代共之,皆所以明人伦也。人伦明于上,小民亲于下。有王者起,必来取法,是为王者师也。《诗》云:'周虽旧邦,其命惟新',文王之谓也。子力行之,亦以新子之国!"

使毕战问井地。

孟子曰:"子之君将行仁政,选择而使子,子必勉之!夫仁政必自经界始。经界不正,井地不均,谷禄不平。是故暴君污吏必慢其经界。经界既正,分田制禄可坐而定也。夫滕,壤地褊小,将为君子焉,将为野人焉;无君子,莫治野人;无野人,莫养君子。请野九一而助,国中什一使自赋。卿以下必有圭田,圭田五十亩,余夫二十五亩。死徙无出乡,乡田同井,出入相友,守望相助,疾病相扶持,则百姓亲睦。方里而井,井九百亩,其中为公田。八家皆私百亩,同养公田。公事毕,然后敢治私事,所以别野人也。此其大略也。若夫润泽之,则在君与子矣。"(《滕文公上》3)

本章分两段,前一段是滕文公问治国的事情,后一段是滕文公让大臣毕战问土地制度即"井田制"问题。概括孟子的回答,大致有三点:一是统治者必须"取于民有制"——向百姓征收赋税要有定制,不能乱来,这是让民众生活能安定、有保障;二是在民众生活得到保障后,实行"明人伦"的道德教育,让他们懂得做人的道理;三是提供了一个理想的土地制度蓝图,在这种制度下,无论是统治者还是被统治者都能各得其所,进而形成"死徙无出乡,乡田同井,出入相友,守望相助,疾病相扶持,则百姓亲睦"的、和谐安定的社会氛围。

从此章中可引出中国上古时代的一些制度问题,值得注意的至少如:夏、商、周"三代"的赋税制度问题;夏、商、周"三代"的教育制度问题;上古时代的土地制度问题。但这些问题由于文献已不足征,所以学术界历来有不同的看法,至今尚无统一的意见。

比如说,孟子说的"井田制"问题就很大。一般认为,我国上古实行过井田制度,但井田制究竟是怎样的?学术界至今尚无定论。孟子的这段话,可说是关于土地制度的现存最详细、最重要的先秦文献资料了。任何研究中国上古土地制度、税赋制度者,少不了都会引用孟子本章的言论。按孟子的说法,井田制的主要内容是把土地划成方块,井田之中有"公田"也有"私田",分得私田的"野人",要无偿地耕种公田,以养活作为土地所有者的"君子",如此等等。但孟子言之凿凿的这一套类似劳役地租的古制,其真实性究竟如何大可怀疑。孟子所依据的史料基本是《诗经》中的"风"和"雅",这些史料本身就带有某些理想的色彩,是西周后期到东周初期周人对其先王关心农业生产的美好回忆或赞美。实际上,我们知道,夏、商两朝的制度暂且不论,就是有关周朝的制度,孔子就已经在那里慨叹"文献不足征"了,到孟子的时代就更可想而知。所以,孟子最后也承认他的说法只是理想或曰构想——"此其大略也。若夫润泽之,则在君与子矣。"孟子的理想是让当时因战争频繁、土地兼并加剧而造成到处流徙的人民，能够生活安定下来。如何安定呢？他认为就应该实行"仁政"。"仁政"又从哪里开始呢？他认为"仁政必自经界始"，即从划分并理清田界开始。因为田界如果划分理清了，他的"制民之产"的设计也就可以展开了。但很可惜，这只能是孟子的一厢情愿的美好理想。

　　孟子曰："有布缕之征，粟米之征，力役之征。君子用其一，缓其二。用其二而民有殍，用其三而父子离。"（《尽心下》27）

本章讲国家应该如何征收赋税。孟子对"取于民有制"这一点是比较强调的。因为国家如果赋税无度，横征暴敛，老百姓就活不下去了，甚者连国家也因此会分崩离析。

　　白圭曰："吾欲二十而取一，何如？"
　　孟子曰："子之道，貉道也。万室之国，一人陶，则可乎？"
　　曰："不可。器不足用也。"
　　曰："夫貉，五谷不生，惟黍生之。无城郭、宫室、宗庙、祭祀之礼，无诸侯币帛饔飧，无百官有司，故二十取一而足也。今居中国，去人伦，无君子，如之何其可也？陶以寡，且不可以为国，况无君子乎？欲轻之于尧舜之道者，大貉小貉也。欲重尧舜之道者，大桀小桀也。"

本章是孟子与白圭讨论国家赋税制度问题。传说尧舜和夏商周"三代"之时是"什一而税"，即税率为十分取一。孟子认为这是理想的税率，过高则会损及百姓的利益，过低则无法维持一个国家必要的开支。白圭则提出了一个激进想法，要"二十而取一"，看上去很为老百姓着想，但实质是根本行不通的"乌托邦"。所以这一想法遭到了孟子的批评。孟子认为，白圭的想法是"貉道"。貉是当时北方的一个少数民族，社会发展比较落后，大致还处在原始社会后期阶段。那里没有城墙、房舍、祖庙及祭祀礼仪，没有诸侯间互送礼物和宴饮，没有官吏、衙门；而且社会生产水平也很低，五谷不生，只有黍才能成活。在这种地方，税收二十抽一也够了。但你现在是在中原地区，社会发展水平要比貉国高出许多，"貉道"是肯定行不通的。孟子的说法无疑是正确的，这一说法与他的社会分工理论是密切相关的，此点我们下一节再论。

　　戴盈之曰："什一，去关市之征，今兹未能，请轻之，以待来年，然后已,何如?"

　　孟子曰:"今有人日攘其邻之鸡者,或告之曰:'是非君子之道。'曰:'请损之,月攘一鸡,以待来年,然后已。'如知其非义,斯速已矣,何待来年?"(《滕文公下》8)

在《孟子》的《滕文公下》中,有几章是关于孟子在宋国游历时与其学生及宋国大臣的对话。本章是孟子与宋国大夫戴盈之的一段关于赋税的对话。宋国想"行王政",大概孟子又把他的那套"仁政"理论——如"什一"税、"去关市之征"等——告诉了宋国的君臣,于是就有了戴盈之的这一番解释。戴盈之知道他们以前的做法不对,但又下不了决心马上改正。孟子就以偷鸡的故事作比喻,告诉宋臣应该知错就改,不要推三阻四,找借口。孟子的说法自然是正确的,但难免给人有操之过急的迫切感觉,因为改革税制事关国家大政方针,不是能一蹴而就的。实际上,孟子之所以这么说,那是另有缘由的。即在他看来,宋国的君臣根本就不想真正"行王政",只是嘴上说说而已,一旦要动真格时就推三阻四了,所以他要用严厉的话堵住他们的借口。正因为孟子有这种感觉,因此他在宋国待的时间很短,所以在《孟子》一书中,我们找不到他与宋王本人对话的记录。

四、劳力与劳心

　　有为神农之言者许行,自楚之滕,踵门而告文公曰:"远方之人闻君行仁政,愿受一廛而为氓。"

　　文公与之处。其徒数十人,皆衣褐,捆屦、织席以为食。

　　陈良之徒陈相与其弟辛,负耒耜而自宋之滕,曰:"闻君行圣人之政,是亦圣人也,愿为圣人氓。"

　　陈相见许行而大悦,尽弃其学而学焉。

　　陈相见孟子,道许行之言曰:"滕君则诚贤君也。虽然,未闻道也。贤者与民并耕而食,饔飧而治。今也滕有仓廪府库,则是厉民而以自养也,恶得贤?"

孟子曰:"许子必种粟而后食乎?"

曰:"然。"

"许子必织布而后衣乎?"

曰:"否。许子衣褐。"

"许子冠乎?"

曰:"冠。"

曰:"奚冠?"

曰:"冠素。"

曰:"自织之与?"

曰:"否。以粟易之。"

曰:"许子奚为不自织?"

曰:"害于耕。"

曰:"许子以釜甑爨、以铁耕乎?"

曰:"然。"

"自为之与?"

曰:"否。以粟易之。"

"以粟易械器者,不为厉陶冶。陶冶亦以其械器易粟者,岂为厉农夫哉?且许子何不为陶冶,舍皆取其宫中而用之?何为纷纷然与百工交易?何许子之不惮烦?"

曰:"百工之事固不可耕且为也。"

"然则治天下独可耕且为与?有大人之事,有小人之事。且一人之身,而百工之所为备,如必自为而后用之,是率天下而路也。故曰:或劳心,或劳力。劳心者治人,劳力者治于人;治于人者食人,治人者食于人,天下之通义也。……放勋曰:'劳之来之,匡之直之,辅之翼之,使自得之,又从而振德之。'圣人之忧民如此,而暇耕乎?尧以不得舜为己忧,舜以不得禹、皋陶为己忧。夫以百亩之不易为己忧者,农夫也。分人以财谓之惠,教人以善谓之忠,为天下得人者谓之仁。是故以天下与人易,为天下得人难。……尧舜之治天下,岂无所用其心哉?亦不用于耕耳。吾闻用夏变夷者,未闻变于夷者也。陈良,楚产也,悦周公、仲尼之道,北学于中国。北方之学者,未能或之先也。彼所谓豪杰之士也。子之兄弟事

第六讲 经世思想

之数十年,师死而遂倍之。……今也南蛮䴗舌之人,非先王之道,子倍子之师而学之,亦异于曾子矣。吾闻出于幽谷迁于乔木者,未闻下乔木而入于幽谷者。《鲁颂》曰:'戎狄是膺,荆舒是惩。'周公且方膺之,子是之学,亦为不善变矣。"

"从许子之道,则市贾不贰,国中无伪,虽使五尺之童适市,莫之或欺。布帛长短同,则贾相若;麻缕丝絮轻重同,则贾相若;五谷多寡同,则贾相若;屦大小同,则贾相若。"

曰:"夫物之不齐,物之情也。或相倍蓰,或相什伯,或相千万。子比而同之,是乱天下也。巨屦小屦同贾,人岂为之哉?从许子之道,相率而为伪者也,恶能治国家?"(《滕文公上》4)

本章记述了孟子与农家学者的一场辩论。战国诸子百家中有农家,但因各种原因(如秦始皇"焚书"),农家没有著作流传下来,我们对农家的情况知之甚少。因此,《孟子》一书中保存的这些片断资料弥足珍贵。这里提到的"神农之言",属于农家内部的一个流派,《汉书·艺文志》著录有《神农》二十篇,或以为就是此派的典籍。

许行是"神农之言"一派的思想代表。陈相、陈辛原先是儒家学者陈良的弟子,因服膺许行思想,"尽弃其学而学焉"。他们认为,"贤者与民并耕而食,饔飧而治",即人人必须劳动,自食其力,虽国君也不能例外。孟子与陈相展开了激烈的辩论。孟子以所谓中原"正统"自居,语气中不无傲慢之处,而"南蛮䴗舌之人"的指称,更有人身攻击之嫌。

但是,孟子对许行思想的批判应该说是正确而有力的。他通过指出许行理论的内在矛盾,强调了随社会生产发展而产生的不同生产者之间产品交换的必要性,进而论证了社会分工的必要性和重要性。我们知道,社会分工是人类社会历史发展的必然趋势,是社会生产力发展的必然结果。原始人类社会的第一次社会分工是农业与畜牧业的分离,以后又出现了农业与手工业的分工、脑力劳动与体力劳动的分工、统治者与被统治者的分工等。而每一次的社会分工实际上是促进了社会生产力的发展以及社会的进步。尽管这种发展和进步是要付出代价的,其中不乏血与泪、贪婪与欲望等肮脏的东西。但人类在进入文明社会之后,统治者的贪欲往往就是历史发展的动力,而社

会矛盾也就越来越多,就如恩格斯曾指出的:

> 在黑格尔那里,恶是历史的动力借以表现出来的形式。这里有双重的意思,一方面,每一种新的进步都必然表现为对某神圣事物的亵渎,表现为对陈旧的、日渐衰亡的、但为习惯所崇奉的秩序的叛逆,另一方面,自从阶级对立产生以来,正是人的恶劣的情欲——贪欲和权势成了历史发展的杠杆。①

许行对这种社会状况或有省察。实际上,春秋时期道家的老子早就看到了这一点,老子尝言:

> 故失道而后德,失德而后仁,失仁而后义,失义而后礼。夫礼者,忠信之薄而乱之首。(《老子·第三十八章》)

> 大道废,有仁义;慧智出,有大伪;六亲不和,有孝慈;国家昏乱,有忠臣。(《老子·十八章》)

> 天下多忌讳而民弥贫;民多利器,国家滋昏;人多伎巧,奇物滋起;法令滋彰,盗贼多有。(《老子·第五十七章》)

按老子的说法,人类历史是一个从"公天下"到"私天下"的蜕变过程。在此过程中,由于人们普遍信仰和具有原始宗教意味的"道"的旁落,而后才需要强调人之内在的"德";内在德性的削弱,才勉力保留起码的怜悯心、同情心与推己及人之"仁";总体的道德原则——"仁"的沦丧,才需要强调部分的道德原则和合宜、适宜的行为——"义";义行的丧失,则只有靠外在秩序、规范的礼乐制度来约束人的行为并维系社会,包括使财产与权力的分配秩序化。信念、信仰和内在自觉、自愿、自律、自我命令一旦变为外在的习惯、规范、等级秩序的约束,正是令老子备感沮丧的倒退。在他看来,仁义是"大道"消失后圣人所规定的道德规范。但既是人为规定,也就可以为人所假造,可以把不重要的德目视为重要的,可以用小仁小义、假仁假义、不仁不义冒充"仁义",束缚天性。正是在这个意义上,老子批评了文明进步所引起的"道—德—

---

① 恩格斯:《路德维希·费尔巴哈和德国古典哲学的终结》,《马克思恩格斯选集》第四卷,人民出版社1972年版,第233页。

第六讲　经世思想

"仁—义—礼"的蜕化,尤其指出,"礼"的强调,恰恰证明了忠信的不足,也预示、内蕴着大乱的爆发。

老子和许行的这些思想,应该说也不无见地。但他们提出治疗社会病的"药方"却是有问题的。如许行,他只承认农业与手工业之间需要分工,反对国家管理者脱离直接生产,反对脑力劳动与体力劳动的分工。这种主张貌似平等,但却是违背人类历史发展规律的、反文明的思想,实际就是想退回到原始的社会状态中去。所以很明显,孟子的理论较许行的思想要合理得多,代表了一种社会进步的思想。

孟子在本章中的有关论述,是中国历史上第一个比较全面地从生产发展和产品交换来论证社会分工必要性、合理性的理论,因此具有很高的思想史的意义。老实说,孟子关于社会分工的理论,即使在今天仍不失其重要意义。

> 彭更问曰:"后车数十乘,从者数百人,以传食于诸侯,不以泰乎?"
> 孟子曰:"非其道,则一箪食不可受于人;如其道,则舜受尧之天下,不以为泰。子以为泰乎?"
> 曰:"否。士无事而食,不可也。"
> 曰:"子不通功易事,以羡补不足,则农有余粟,女有余布;子如通之,则梓、匠、轮、舆皆得食于子。于此有人焉,入则孝,出则悌,守先王之道,以待后之学者,而不得食于子;子何尊梓、匠、轮、舆而轻为仁义者哉?"
> 曰:"梓、匠、轮、舆,其志将以求食也;君子之为道也,其志亦将以求食与?"
> 曰:"子何以其志为哉?其有功于子,可食而食之矣。且子食志乎?食功乎?"
> 曰:"食志。"
> 曰:"有人于此,毁瓦画墁,其志将以求食,则子食之乎?"
> 曰:"否。"
> 曰:"然则子非食志也,食功也。"(《滕文公下》4)

> 公孙丑曰:"《诗》曰:'不素餐兮!'君子之不耕而食,何也?"
> 孟子曰:"君子居是国也,其君用之,则安富尊荣;其子弟从之,则孝

悌忠信。'不素餐兮',孰大于是?"(《尽心上》32)

　　孟子关于社会分工的思想固然正确,但在当时,要明白这是一种社会进步的思想并不容易,连孟子的学生彭更、公孙丑都有疑惑,别人更可想而知。我们以彭更为例来看看:孟子弟子彭更,看到自己的老师带着一大帮弟子,周游于诸侯之间,"无事而食",认为有点过分,所以提出疑问。问题的关键实际上还在于社会分工这一点上。孟子认为,读书人以行道服务于社会,所以他们的"得食",与农民种地、妇女织布、工匠制器而"得食"一样合理,这仅仅是脑力劳动与体力劳动的分工不同罢了。换言之,读书人是以其"精神产品"来"求食"的。彭更的后一个问题,是抓住儒家强调"士志于道"、"君子谋道不谋食"的立场,提出:君子学习和施行道义,动机难道也是为了解决吃饭吗?("君子之为道也,其志亦将以求食与?")这实际有偷换概念之嫌,即把"志"与"谋"混淆在一起了,因此遭到孟子的批评。君子固然应该"谋道不谋食",但社会在给予报酬时,却不能因为君子"志""不谋食"而不给或少给,而应该根据他们对社会做出的实际贡献——即孟子所说的"功"——来衡量并酬付。

　　孟子所说的道理本来是很浅显的,但在中国历史上,有类似许行、彭更、公孙丑这样想法的人却一直不少。即使在不远的过去,还上演过强迫知识分子都到工厂、农村去"参加劳动"、去接受"改造"或"再教育"的闹剧,充分说明了这种思想源远流长、根深蒂固,值得大家警惕。

第七讲　王道仁政

孟子生活的战国中期,是中国社会形态的一个大转型的时期,政治、经济、社会及文化等各方面都发生了空前的剧变。就政治而言,周天子名存实亡,诸侯之间征战不休,正如西汉的刘向在《战国策书录》中所说的那样:

> 田氏取齐,六卿分晋,道德大废,上下失序。至秦孝公,捐礼让而贵战争,弃礼义而用诈谲,苟以取强而已矣。夫篡盗之人,列为侯王;诈谲之国,兴立为强。是以传相放效,后生师之,遂相吞灭,并大兼小,暴师经岁,流血满野,父子不相亲,兄弟不相安,夫妇离散,莫保其命,湣然道德绝矣。晚世益甚,万乘之国七,千乘之国五,敌侔争权,盖为战国。贪饕无耻,竞进无厌;国异政教,各自制断;上无天子,下无方伯;力功争强,胜者为右;兵革不休,诈伪并起。当此之时,虽有道德,不得施谋;有设之强,负阻而恃固;连与交质,重约结誓,以守其国。①

孟子认为,他所处的那个动乱的时代,唯有"仁政"才能把人民从困苦危急的"倒悬"中解救出来,因此他提出:

> 尧舜之道,不以仁政,不能平治天下。今有仁心仁闻,而民不被其泽,不可法于后世者,不行先王之道也。(《离娄上》1)

从这段话中,我们可以引出在孟子政治思想中的两个核心的概念:一个是"王道",一个是"仁政"。这两者,"王道"是旧有的名词,"仁政"这个词是孟子发明的。

---

① (西汉)刘向集录:《战国策》,上海古籍出版社1985年版,第1196页。

儒家一贯崇尚"王道"政治,《尚书》中早就有"无偏无党,王道荡荡;无党无偏,王道平平;无反无侧,王道正直"之说。儒家所谓的"王道",通俗简洁地讲,就是以仁义来治理天下。按儒家的说法,尧、舜、禹、汤、文、武这些古代的"圣王",是以仁义治天下的典范。所以,"王道"也就是"先王之道"的简称。

而孟子提出的"仁政",与"王道"实际上可谓是异名而同实,在内涵上两者是完全相通的,"仁政"就是"王道"的体现、就是"王道"的标志。孟子之所以会标新立异名之曰"仁政",我猜想大概主要是为了凸显出这个"仁"字来。因为在孟子看来,他那个时代"不仁"已甚,就如上面刘向所概括的,因此必须救之以"仁"。这也就是他一生努力想实现的政治理想。下面述"王道仁政"。

一、先 王 之 道

孟子以尧、舜、禹、汤、文、武、周公、孔子的继承人自居,以拨乱反正、平治天下为己任。他有强烈的从政意识,并认为"不以仁政,不能平治天下"。

孟子曰:"离娄之明,公输子之巧,不以规矩,不能成方员;师旷之聪,不以六律,不能正五音;尧舜之道,不以仁政,不能平治天下。今有仁心仁闻,而民不被其泽,不可法于后世者,不行先王之道也。故曰:徒善不足以为政,徒法不能以自行。《诗》云:'不愆不忘,率由旧章。'遵先王之法而过者,未之有也。圣人既竭目力焉,继之以规矩准绳,以为方员平直,不可胜用也;既竭耳力焉,继之以六律正五音,不可胜用也;既竭心思焉,继之以不忍人之政,而仁覆天下矣。故曰:为高必因丘陵,为下必因川泽,为政不因先王之道,可谓智乎?是以惟仁者宜在高位。不仁而在高位,是播其恶于众也。上无道揆也,下无法守也,朝不信道,工不信度,君子犯义,小人犯刑,国之所存者幸也。故曰:城郭不完,兵甲不多,非国之灾也;田野不辟,货财不聚,非国之害也。上无礼,下无学,贼民兴,丧无日矣。《诗》曰:'天之方蹶,无然泄泄!'泄泄,犹沓沓也。事君无义,进退无礼,言则非先王之道者,犹沓沓也。故曰:责难于君谓之恭,陈善闭邪谓之敬,吾君不能谓之贼。"(《离娄上》1)

第七讲　王道仁政

本章论治国之道,主旨在于强调"行先王之道","遵先王之法"。孟子在这里具体提出了五点看法:(1)治理国家必须效法尧舜这样的"先王圣君",他们的治国方法如同规矩之于工匠、音律之于乐师,是不可或缺的;(2)光有善心,光能明白什么是"先王之道"是不够的,还必须认真地去施行;(3)要保证"先王之道"的施行,就必须任用贤者,让仁人在位;(4)军事、经济的强大与否对一个国家而言不是最关键的,最关键的是礼义、教化和"先王之道";(5)人臣之道在于能劝君王知难而上行善政,向君王陈说仁义而批判邪说,不做这种努力的臣下就等于在"贼害"自己的国君。

"行仁政",这个"行"字至关重要,你即使懂得前代圣王治国的具体措施,也有仁爱的心思和声望,倘若不"行",还是不行。如齐宣王并非不懂先王之道;也并非毫无"仁心仁闻",他看到一条牛被拉去杀了祭钟时吓得发抖,还会生出怜悯之心,下令换只羊算了。但他就是不肯"行"仁政,所以孟子说他想称王天下就只能如同爬到树上去抓鱼——"缘木求鱼"。

孟子强调"先王之道",而何为"先王之道"?《孟子》一书有不少论述。我们在前面诸讲已涉及,如讲儒家的"孝悌",孟子就说过,"尧舜之道,孝弟而已矣"(《告子下》2);讲君臣关系,孟子说:"规矩,方员之至也;圣人,人伦之至也。欲为君,尽君道;欲为臣,尽臣道。二者皆法尧、舜而已矣。"(《离娄上》2)这里所谓的"道",都可谓是"先王之道"。下面我们再从其他方面来看看孟子论"先王之道"。

论"先王"创造华夏物质文明和精神文明之功:

> 当尧之时,天下犹未平,洪水横流,泛滥于天下,草木畅茂,禽兽繁殖,五谷不登,禽兽偪人,兽蹄鸟迹之道交于中国。尧独忧之,举舜而敷治焉。舜使益掌火,益烈山泽而焚之,禽兽逃匿。禹疏九河,瀹济、漯而注诸海,决汝、汉,排淮、泗而注之江,然后中国可得食也……后稷教民稼穑,树艺五谷,五谷熟而民人育。人之有道也,饱食、煖衣、逸居而无教,则近于禽兽。圣人有忧之,使契为司徒,教以人伦:父子有亲,君臣有义,夫妇有别,长幼有序,朋友有信。(《滕文公上》4)

据孟子的说法,当尧在位时,先民的生存条件是极其艰苦的,洪水泛滥,禽兽危害人们。尧作为一个"先知先觉"者"独忧之",提拔舜出来代他治理天下。

舜让益、禹、后稷协助他,经过艰苦的奋斗,终于使人民过上了温饱的生活。接着,舜派契做掌管教育的司徒,教育人们懂得人与人之间相处的道理。这样,先民从物质到精神开始全面走向文明。

孟子所说的内容,属于华夏文明的传说时代,其依据如何已很难考证,基本上可认为这是儒家思想中一个"托古改制"的传统,为他们的政治理想提供历史的根据。我们知道,华夏文明大多是从炎帝、黄帝开始说起的。但儒家讲华夏文明史与之稍异,都是从尧开始的,其原因按司马迁的说法是:"学者多称五帝,尚矣。然《尚书》独载尧以来;而百家言黄帝,其文不雅驯,荐(缙)绅先生难言之。"(《史记·五帝本纪》)即儒者一般认为尧以前的传说"其文不雅驯",不太可靠。

论"先王"勤政:

> 天子适诸侯曰巡狩;巡狩者,巡所守也。诸侯朝于天子曰述职;述职者,述所职也。无非事者。春省耕而补不足,秋省敛而助不给。夏谚曰:吾王不游,吾何以休?吾王不豫,吾何以助?一游一豫,为诸侯度。……从流下而忘反谓之流,从流上而忘反谓之连,从兽无厌谓之荒,乐酒无厌谓之亡。先王无流连之乐,荒亡之行。(《梁惠王下》4)

这段话节选自《梁惠王下》第四章,孟子借晏婴与齐景公关于"巡游"(观)的对话,来讲"先王"勤于政事。孟子认为,"先王"勤政,即使外出活动也是结合着政事进行的。春天视察耕种,借此补助贫困的农户;秋天视察收割,借此补助缺粮的农户。他们从没有"流连"、"荒亡"的行为,因此得到民谚的歌颂。

论"先王"爱民、恤民、养民:

> 王曰:"王政可得闻与?"
>
> 对曰:"昔者文王之治岐也,耕者九一,仕者世禄,关市讥而不征,泽梁无禁,罪人不孥。老而无妻曰鳏,老而无夫曰寡,老而无子曰独,幼而无父曰孤。此四者,天下之穷民而无告者。文王发政施仁,必先斯四者。《诗》云:'哿矣富人,哀此茕独!'"(《梁惠王下》5)
>
> 孟子曰:"伯夷辟纣,居北海之滨,闻文王作,兴曰:'盍归乎来!吾闻西伯善养老者。'太公辟纣,居东海之滨,闻文王作,兴曰:'盍归乎来!吾闻西伯善养老者。'二老者,天下之大老也,而归之,是天下之父归之也。

第七讲 王道仁政

天下之父归之,其子焉往?诸侯有行文王之政者,七年之内,必为政于天下矣。"(《离娄上》13)

这两段都是讲"文王之政"的。前者讲文王行"仁政"的具体措施,并指出鳏、寡、独、孤是社会中最贫困而又无依靠的人,文王行"仁政"最先考虑和照顾这四种人。后者讲文王重养老,天下归心,并认为诸侯中如有实行文王之政的,七年之内就一定能统一天下了。

论"先王"对外交和战争的态度:

齐宣王问曰:"交邻国有道乎?"

孟子对曰:"有。惟仁者为能以大事小,是故汤事葛,文王事混夷。惟智者为能以小事大,故大王事獯鬻,勾践事吴。以大事小者,乐天者也;以小事大,畏天者也。乐天者保天下,畏天者保其国。《诗》云:'畏天之威,于是保之。'"

王曰:"大哉言矣!寡人有疾,寡人好勇。"

对曰:"王请无好小勇。夫抚剑疾视曰:'彼恶敢当我哉!'此匹夫之勇,敌一人者也。王请大之!《诗》云:'王赫斯怒,爰整其旅,以遏徂莒,以笃周祜,以对于天下。'此文王之勇也。文王一怒而安天下之民。《书》曰:'天降下民,作之君,作之师,惟曰其助上帝宠之。四方有罪无罪惟我在,天下曷敢有越厥志?'一人衡行于天下,武王耻之。此武王之勇也。而武王亦一怒而安天下之民。今王亦一怒而安天下之民,民惟恐王之不好勇也。"(《梁惠王下》3)

汤居亳,以葛为邻,葛伯放而不祀。汤使人问之曰:"何为不祀?"曰:"无以供牺牲也。"汤使遗之牛羊,葛伯食之,又不以祀。汤又使人问之曰:"何为不祀?"曰:"无以供粢盛也。"汤使亳众往为之耕。老弱馈食。葛伯率其民,要其有酒食黍稻者夺之,不授者杀之。有童子以黍肉饷,杀而夺之。《书》曰:"葛伯仇饷。"此之谓也。为其杀是童子而征之,四海之内皆曰:"非富天下也,为匹夫匹妇复仇也。""汤始征,自葛载",十一征而无敌于天下。东面而征西夷怨,南面而征北狄怨,曰:"奚为后我?"民之望之,若大旱之望雨也,归市者弗止,芸者不变。诛其君,吊其民,如时雨降。民大悦。《书》曰:"徯我后,后来其无罚。""有攸不惟臣,东征,绥厥士女。篚厥玄黄,绍我周王见休,惟臣附于大邑周。"其君子实玄黄于篚,以迎其君子;其小人箪食壶浆,以迎其小人。救民于水火之中,取其残而已矣。《太誓》曰:"我武惟扬,侵于之疆,则取于残,杀伐用张,于汤有光。"(《滕文公下》)

以上两节都是讲"先王"如何处理外交与战争事宜的。孟子始终坚信,强弱之势不是一成不变的,关键还在于是否行仁政、得民心。孟子所根据的都是《尚书》和《诗经》的资料,认为"先王"在外交上既能"以小事大",也能"以大事小"。"先王"基于民心而发动战争,他以"汤伐葛伯"、"武王伐纣"为例,说明"先王"发动战争是诛杀残暴之君而安抚那里的民众。所以,尽管是战争,就像下及时雨一样,军队所到之处,赶集的不停止买卖,种田的照常下田,老百姓十分高兴。也正因为如此,孟子会说:"尽信《书》,则不如无《书》。吾于《武成》,取二三策而已矣。"(《尽心下》)3)

论"先王"的"禅让":

> 万章曰:"尧以天下与舜,有诸?"
>
> 孟子曰:"否。天子不能以天下与人。"
>
> "然则舜有天下也,孰与之?"
>
> 曰:"天与之。"
>
> "天与之者,谆谆然命之乎?"
>
> 曰:"否。天不言,以行与事示之而已矣。"
>
> 曰:"以行与事示之者,如之何?"
>
> 曰:"天子能荐人于天,不能使天与之天下;诸侯能荐人于天子,不能使天子与之诸侯;大夫能荐人于诸侯,不能使诸侯与之大夫。昔者,尧荐舜于天,而天受之;暴之于民,而民受之。故曰:天不言,以行与事示之而已矣。"
>
> 曰:"敢问荐之于天,而天受之;暴之于民,而民受之,如何?"
>
> 曰:"使之主祭而百神享之,是天受之;使之主事而事治,百姓安之,是民受之也。天与之,人与之,故曰:天子不能以天下与人。舜相尧二十有八载,非人之所能也,天也。尧崩,三年之丧毕,舜避尧之子于南河之南,天下诸侯朝觐者,不之尧之子而之舜;讼狱者,不之尧之子而之舜;

第七讲 王道仁政

讴歌者,不讴歌尧之子而讴歌舜。故曰:天也。夫然后之中国,践天子位焉。而居尧之官,逼尧之子,是篡也,非天与也。《太誓》曰:'天视自我民视,天听自我民听。'此之谓也。"(《万章上》5)

万章问曰:"人有言,'至于禹而德衰,不传于贤而传于子。'有诸?"

孟子曰:"否,不然也。天与贤则与贤,天与子则与子。昔者,舜荐禹于天,十有七年。舜崩,三年之丧毕,禹避舜之子于阳城,天下之民从之,若尧崩之后不从尧之子而从舜也。禹荐益于天,七年,禹崩,三年之丧毕,益避禹之子于箕山之阴。朝觐、讼狱者不之益而之启,曰:'吾君之子也。'讴歌者不讴歌益而讴歌启,曰:'吾君之子也。'丹朱之不肖,舜之子亦不肖。舜之相尧、禹之相舜也,历年多,施泽与民久。启贤,能敬承继禹之道。益之相禹也,历年少,施泽与民未久。舜、禹、益相去久远,其子之贤不肖,皆天也,非人之所能为也。莫之为而为者,天也;莫之致而至者,命也。匹夫而有天下者,德必若舜、禹,而又有天子荐之者,故仲尼不有天下。继世以有天下,天之所废,必若桀、纣者也。故益、伊尹、周公不有天下。伊尹相汤以王于天下,汤崩,太丁未立,外丙二年,仲壬四年,太甲颠覆汤之典刑,伊尹放之于桐。三年,太甲悔过,自怨自艾,于桐处仁迁义;三年,以听伊尹之训己也,复归于亳。周公之不有天下,犹益之于夏,伊尹之于殷也。孔子曰:'唐、虞禅,夏后、殷、周继,其义一也。'"(《万章上》6)

这两章孟子讲了中国上古历史上王位继承的两种重要制度,一是"禅让制",一是"世袭制"。相传尧为部落联盟首领时,"四岳"推举舜为继承人,尧对舜考察了三年,接着让他帮助办理政事,尧死后,舜继位。舜又以同样的方式,经过治水的考验,以禹为继承人。禹继位后,又举皋陶为继承人,皋陶早死,又以伯益为继承人。这就是所谓的"禅让制"。但禹死后,禹子启破坏了"禅让制",自己继位而杀了伯益,从此开始了"家天下"的"世袭制"。"世袭制"在其初期,有"父死子继"的形式,也有"兄终弟及"的形式,发展到后世则以"父死子继"为主了。

儒家认为,统治天下的资格来自"天意",是"天命"所决定的;而"天命"往往又是"民意"的集中体现,孟子所引《尚书·太誓》语:"天视自我民视,天听自我民听",极为传神,这是儒家比较一贯的"重民"思想。孟子讲"禅让",其实质就是"让贤",这是"禅让"的根本目的,而尧禅舜,舜禅禹,舜、禹都是贤能之人。这种"禅让"说也许并不符合历史事实,但其中包含了原始民主思想的遗留,孟子是通过对这一历史的理想化描述来表达自己的观点的,表明了他对君主世袭制在某种意义上是持否定态度的。

需要指出,在以上两章中,孟子的一些解释颇有"为尊者讳"之嫌。如万章提到的"人有言"三句,在《韩非子·外储说》、《新序·节士》等古籍中亦有提及,说明当时持这种观点的人还是不少的。又孟子称道启的为人"贤",恐也未必尽然。

二、仁　政

前面孟子讲到,圣人"既竭心思焉,继之以不忍人之政,而仁覆天下矣"。这个"不忍人之政"就是"先王之道",而其根源则来自人人皆有的"不忍人之心"——仁。

> 人皆有不忍人之心。先王有不忍人之心,斯有不忍人之政矣。以不忍人之心,行不忍人之政,治天下可运之掌上。(《公孙丑上》6)

> 孟子曰:"三代之得天下以仁,其失天下也以不仁。国之所以废兴存亡者亦然。天子不仁,不保四海;诸侯不仁,不保社稷;卿大夫不仁,不保宗庙;士、庶人不仁,不保四体。今恶死亡而乐不仁,是犹恶醉而强酒。"(《离娄上》3)

> 不行王政云尔。苟行王政,四海之内,皆举首而望之,欲以为君,齐、楚虽大,何畏焉?(《滕文公下》6)

第一节讲"仁政"就源自先王的"不忍人之心",这是"仁政"之所以能够成立的根据。本章下面就是讨论"孺子将入于井"时的心态分析了。这充分证明了我在开头说的,孟子讲心性,目的还在于政治,心态分析只是为"先王有不忍人之心,斯有不忍人之政"做铺垫的。

第二节孟子强调,无论在上位者还是在下位者都必须遵循"仁",否则不

第七讲　王道仁政

仅不能保自己事业,恐怕连自身也难保了,"三代"盛衰的历史就是证明。所以,仁政、仁政,关键即在这个"仁"字上。

第三节孟子把话题引到了当下,这才是他最关心的事。当下,当然还是得行"先王之政"。在孟子看来,当下如能实行王道仁政,天下的人都抬头企望着,想拥戴他为君主;齐国和楚国尽管很强大,又有什么可怕的呢?不过,这是理想。事实是否就是如此呢?恐怕未必。但孟子又不能违背自己的信念,所以他只能这样说,这实际也是很无奈的。在我们的经验世界中,经常会碰到这样的情况:许多在理论上说得通的、说得对的事情,实际上却不一定行得通,因为前者是理想,而后者却是现实。理想与现实之间会存在相当大的距离甚至会发生很大的矛盾,许多"照理说"、"应该是"的事情,在现实的生活世界中,却往往就"不照理"、"不必是"如此的。但思想家、哲学家并不能因为经验现象而否定"理"和"应该"的存在,他们只能根据"理"和"应该"去立论,所以经常会给人以一种"迂腐"的印象,孟子也不例外,这大概也就是思想家、哲学家与常人的区别吧?

齐宣王问曰:"齐桓、晋文之事,可得闻乎?"

孟子对曰:"仲尼之徒,无道桓、文之事者,是以后世无传焉,臣未之闻也。无以,则王乎?"

曰:"德何如则可以王矣?"

曰:"保民而王,莫之能御也。"

曰:"若寡人者,可以保民乎哉?"

曰:"可。"

曰:"何由知吾可也?"

曰:"臣闻之胡龁曰,王坐于堂上,有牵牛而过堂下者,王见之,曰:'牛何之?'对曰:'将以衅钟。'王曰:'舍之!吾不忍其觳觫,若无罪而就死地。'对曰:'然则废衅钟与?'曰:'何可废也?以羊易之。'不识有诸?"

曰:"有之。"

曰:"是心足以王矣。百姓皆以王为爱也,臣固知王之不忍也。"

王曰:"然!诚有百姓者,齐国虽褊小,吾何爱一牛?即不忍其觳觫,若无罪而就死地,故以羊易之也。"

曰："王无异于百姓之以王为爱也。以小易大，彼恶知之？王若隐其无罪而就死地，则牛羊何择焉？"

王笑曰："是诚何心哉？我非爱其财而易之以羊也，宜乎百姓之谓我爱也。"

曰："无伤也，是乃仁术也，见牛未见羊也。君子之于禽兽也，见其生，不忍见其死；闻其声，不忍食其肉。是以君子远庖厨也。"

王说曰："《诗》云：'他人有心，予忖度之。'夫子之谓也。夫我乃行之，反而求之，不得吾心。夫子言之，于我心有戚戚焉。此心之所以合于王者，何也？"

曰："有复于王者曰：'吾力足以举百钧，而不足以举一羽；明足以察秋毫之末，而不见舆薪。'则王许之乎？"

曰："否。"

"今恩足以及禽兽，而功不至于百姓者，独何与？然则一羽之不举，为不用力焉；舆薪之不见，为不用明焉；百姓之不见保，为不用恩焉。故王之不王，不为也，非不能也。"

曰："不为者与不能者之形，何以异？"

曰："挟太山以超北海，语人曰：'我不能'，是诚不能也。为长者折枝，语人曰：'我不能'，是不为也，非不能也。故王之不王，非挟太山以超北海之类也；王之不王，是折枝之类也。老吾老，以及人之老；幼吾幼，以及人之幼，天下可运于掌。《诗》云：'刑于寡妻，至于兄弟，以御于家邦。'言举斯心加诸彼而已。故推恩足以保四海，不推恩无以保妻子。古之人所以大过人者，无他焉，善推其所为而已矣。今恩足以及禽兽，而功不至于百姓者，独何与？权，然后知轻重；度，然后知长短。物皆然，心为甚。王请度之。抑王兴甲兵，危士臣，构怨于诸侯，然后快于心与？"

王曰："否，吾何快于是？将以求吾所大欲也。"

曰："王之所大欲，可得闻与？"

王笑而不言。

曰："为肥甘不足于口与？轻暖不足于体与？抑为采色不足视于目与？声音不足听于耳与？便嬖不足使令于前与？王之诸臣，皆足以供之，而王岂为是哉？"

第七讲 王道仁政

曰:"否,吾不为是也。"

曰:"然则王之所大欲可知已,欲辟土地,朝秦楚,莅中国而抚四夷也。以若所为,求若所欲,犹缘木而求鱼也。"

王曰:"若是其甚与?"

曰:"殆有甚焉!缘木求鱼,虽不得鱼,无后灾。以若所为,求若所欲,尽心力而为之,后必有灾。"(《梁惠王上》7)

此段文字节选自《孟子》全书中篇幅最长的一章,涉及孟子政治思想中的"保民而王"、"不忍之心"、"不能与不为"等内容。

孟子提出君王施行"仁政"的进路问题。即以"不忍之心"这一人人皆有"恻隐之心"为出发点。接下去就是简单易行的"推恩"方法,即把这种"不忍之心",由禽兽推及人、由自己亲人推及他人,进而再推及天下。这么一来,行"仁政"便成为每个君王都有条件和有力量做到的事,剩下的只是肯不肯做的问题,而不是能不能做的问题。这就消除了那些想不行"仁政"的君王的任何理由或借口。

从选文中,我们又一次领略到孟子的语言技巧。如开首齐宣王问齐桓公、晋文公的霸业,孟子由于不愿意与宣王谈"霸道"政治,所以他干脆回绝,说孔门"无道桓、文之事",这明显是在回避。实际上不仅孔门,就是孔子本人谈桓、文之事也不少,不妨看看《论语·宪问》,其中就有多条,如:"子曰:'晋文公谲而不正,齐桓公正而不谲'";"桓公九合诸侯,不以兵车";"管仲相桓公,霸诸侯,一匡天下,民到于今受其赐",等等。正因为如此,孟子的回答也颇让历史上的那些注家们为难。赵岐、朱熹只能强解"无道"的"道"是"称颂"之意,"无道"即不称道,显然这未必符合孟子本意。实际很简单,孟子就是不愿意谈"霸道",所以话锋一转就把话题转到"王道"上去了。再如宣王谈到自己的"大欲"时,不愿明讲。孟子很清楚宣王的"大欲"何在,但还是绕了个圈子,先从物质、声色等最常见的人的享受欲望说起,让宣王自己否定它们,然后再去挑明他真正的心思。这应该说是一种比较高明的进言或劝说的技巧,因为孟子不想让宣王感到太难堪,所以不一下子就点穿,而是用排他法,排除了通常的人的欲望后再进入要说的主题,这样说下去就显得很顺,宣王也难以再否认什么了。至于选文中孟子所用的那许多精妙的比喻,如"力举百钧"、"明察秋毫"、"挟太山以超北海"、"缘木求鱼"等等,早已成为中国人耳熟能详的著名成语。

  仁则荣,不仁则辱。今恶辱而居不仁,是犹恶湿而居下也。如恶之,莫如贵德而尊士,贤者在位,能者在职。国家闲暇,及是时,明其政刑,虽大国,必畏之矣。(《公孙丑上》4)

  孟子曰:"尊贤使能,俊杰在位,则天下之士皆悦,而愿立于其朝矣。市,廛而不征,法而不廛,则天下之商皆悦,而愿藏于其市矣。关,讥而不征,则天下之旅皆悦,而愿出于其路矣。耕者,助而不税,则天下之农皆悦,而愿耕于其野矣。廛,无夫里之布,则天下之民皆悦,而愿为之氓矣。信能行此五者,则邻国之民,仰之若父母矣。率其子弟,攻其父母,自有生民以来,未有能济者也。如此,则无敌于天下。无敌于天下者,天吏也。然而不王者,未之有也。"(《公孙丑上》5)

  如何行"仁政"?除了要"制民之产",让老百姓有饭吃、有衣穿、有房住之外,用人也是很关键的一个方面。以上两段孟子都是在强调让"贤者在位"、"能者在职","尊贤使能,俊杰在位"。

  从后面一章中,可以发现,孟子对如何搞活一个国家的经济很有点想法。如果以今天的眼光来解读:在市场上,对商人收取场地费而不征货税,如商品滞销,国家按法治理而减免场地费,那么天下商人都会高兴,愿意到你这里来做生意;关卡上,只稽查而不征税,那么天下的旅客都会高兴,愿意到这样的国家来旅游和消费;种田的人,只需帮着耕种公田而不必另交租税,那么天下的农民都会高兴,愿意留在田里来耕种;居民不必交纳额外的赋税、服额外的徭役,那么天下民众都会高兴,愿意到这样的地方来居住。这中间除最后一点不合现在的情况之外,其余几点,简直不就是对外开放、招商引资、政策优惠、发展第三产业(旅游业等)、重视"三农"问题、全面搞活国家经济的"古代版"吗?

  孟子是有经济头脑的,他在批驳农家许行反对社会分工时,不仅充分肯定了商业活动的合理性和必要性,更明确点出贸易交换的价格规律,不能乱来,费料费时的大鞋子与省料省时小鞋子一样价钱,谁都愿意去做小鞋,那大鞋岂不没人做了?又如他骂的那个"贱丈夫"商人,他不守规则、抢占高垄、左顾右盼,欲一网市利。孟子的话虽然另有所指,但就商言商,垄断不利于市场经济发展,孟子是看得很清楚的。

所以,我们完全有理由说,孔、孟决不是如后世一些陋儒所描述的那种只讲伦理道德、不讲民生经济、迂阔的"圣贤"。

孟子很有信心地认为,如果能行"仁政"的话,即使是一个地方百里的小国,即使武器装备都很差,也完全可以战胜像秦、楚这样的军事强国。他说:

> 地方百里而可以王。王如施仁政于民,省刑罚,薄税敛,深耕易耨;壮者以暇日修其孝弟忠信,入以事其父兄,出以事其长上,可使制梃以挞秦、楚之坚甲利兵矣。彼夺其民时,使不得耕耨以养其父母,父母冻饿,兄弟妻子离散。彼陷溺其民,王往而征之,夫谁与王敌?故曰仁者无敌。(《梁惠王上》5)

孟子"仁者无敌"的想法,不无天真乐观之嫌,这是理想主义者的通病,也是他们的可爱之处。

三、王 霸 之 辨

在坚持"王道"、"仁政"的前提下,孟子提出一个对立面——"霸道"政治,由此引出了孟子政治思想中的"王霸之辨"。

> 以力假仁者霸,霸必有大国;以德行仁者王,王不待大。汤以七十里,文王以百里。以力服人者,非心服也,力不赡也。以德服人者,中心悦而诚服也,如七十子之服孔子也。《诗》云:"自西自东,自南自北,无思不服。"此之谓也。(《公孙丑上》3)

> 霸者之民,驩虞如也;王者之民,皞皞如也。杀之而不怨,利之而不庸,民日迁善而不知为之者。(《尽心上》13)

在孟子看来,"王道"与"霸道"也就是"德治"与"力治"的关系。因此,"王霸之辨"实质上又是"德力之辨"。选择"德"抑或选择"力",就会导致两种截然不同的政治目标——"王"与"霸"。并且,"用武力征服"还是"用道德感化"，在庶民那里，也会产生两种根本不同的态度。对孟子来说，理想的选择当然是"王"和"德"。孟子的"王霸之辨"，在当时而言主要是针对法家的。德指德行、品德；力指强力、实力。儒家肯定德行的价值，而不着重力；法家赞扬力的重要，而否认道德的作用。儒家心目中的"王道"意味着以德服人，实行德治；法家推行的是"霸道"，崇拜政治实践中的强制和暴力。了解孟子"王霸之辨"的思想，我们就很容易理解孟子为什么不愿意与齐宣王讨论"桓、文之事"了，因为孟子的立场是"尊王贱霸"。

  孟子曰："五霸者，三王之罪人也。今之诸侯，五霸之罪人也。今之大夫，今之诸侯之罪人也。天子适诸侯曰巡狩，诸侯朝于天子曰述职。春省耕而补不足，秋省敛而助不给。入其疆，土地辟，田野治，养老尊贤，俊杰在位，则有庆；庆以地。入其疆，土地荒芜，遗老失贤，掊克在位，则有让。一不朝，则贬其爵；再不朝，则削其地；三不朝，则六师移之。是故天子讨而不伐，诸侯伐而不讨。五霸者，搂诸侯以伐诸侯者也。故曰：五霸者，三王之罪人也。五霸，桓公为盛。葵丘之会，诸侯束牲载书而不歃血。初命曰，诛不孝，无易树子，无以妾为妻。再命曰，尊贤育才，以彰有德。三命曰，敬老慈幼，无忘宾旅。四命曰，士无世官，官事无摄，取士必得，无专杀大夫。五命曰，无曲防，无遏籴，无有封而不告。曰：凡我同盟之人，既盟之后，言归于好。今之诸侯皆犯此五禁，故曰：今之诸侯，五霸之罪人也。长君之恶其罪小，逢君之恶其罪大。今之大夫皆逢君之恶，故曰：今之大夫，今之诸侯之罪人也。"(《告子下》7)

在孟子的意识中，从"三王"到"五霸"，再到他所目睹的诸侯和大夫，这既是"力"和"霸"的膨胀过程，也是历史退化的象征："三王"时期，天子有德、行道，有功者赏，有罪者罚；对诸侯一次不朝降爵位，两次不朝削封地，三次不朝行讨伐。"五霸"则凭借武力，是强拉着一部分诸侯去攻伐另一部分诸侯，所以"五霸"是"三王"的罪人。"五霸"中齐桓公最强大，"葵丘之盟"还订出了五条盟约。现在的诸侯都违犯了这五条禁令，所以说，现在的诸侯是"五霸"的罪人。逢迎君主的恶行比助长君主的恶行罪更大，而现在的大夫都逢迎其君主的恶行，所以说，现在的大夫是现在诸侯的罪人。按孟子的解释，由于有了"五霸"对"三王"的背离，也就有"今之诸侯"对"五霸"的背离，以及"今之大

第七讲 王道仁政

夫"对"今之诸侯"的背离。为政之道的被破坏是自上而下的,所以孟子要坚持他尊"王道"黜"霸道"的观点,强调"仲尼之徒无道桓、文之事"。

孟子关于"王霸之辨"论说,在中国思想史上颇有意义。嵇文甫先生曾指出:

> 王与霸本来不是两种治法,两种主义,而只是地位上的区别。王即天子,霸即伯,指诸侯之长说。春秋时代,只讲霸诸侯,不讲王天下。孔子对于霸者并没有菲薄的意思,他也并没有标榜出与霸道对立的王道。到孟子就不然了。他一方面为当时大一统的趋势所刺激,而主张定于"一";故只讲王天下,不讲霸诸侯;只教人帝制自为,不教人当什么诸侯之长,这和孔子的思想已显有差异。另一方面他把王霸二字赋予一种新意义,不从地位上区别,而从性质上区别,王道霸道,判然两途,于是在中国政治思想史上占中心地位的王霸论遂出现了。①

但是,由于孟子所处的时代,周天子已经完全失去了用"王道"来统一天下的可能性,所以孟子不得不把推行"王道"的希望寄托在当时的某些诸侯身上。正因为如此,他对"霸道"的批评就不能不留有一点余地。如他说:

> 孟子曰:"尧舜,性之也;汤武,身之也;五霸,假之也。久假而不归,恶知其非有也。"(《尽心上》30)

孟子的这一章颇堪玩味:尧、舜行"仁政"是本性使然,商汤、周武王是身体力行;"五霸"是假借利用。借久了而不归还,怎么知道他们不是真有呢?意思是尧舜、汤武、"五霸"在功业上都有成就,但他们的出发点和行事方式却各有不同。尤其是春秋"五霸",他们是假借仁义之名而行的。这最后一句话,历来有不同的理解,有人认为是讲"五霸"虽行仁义但还是假的;也有人认为是讲"五霸"弄假成真了。这两种观点各具备言之有理的说辞,很难贸然判断。但有一点我们似可以断定,孟子无疑是希望那些实行"霸道"的诸侯能进而成为推行"王道"的明君。换言之,从"霸道"转变为"王道"还是有可能性的,这正是孟子在努力做的事情。谓予不信,请看孟子之言:

---

① 《嵇文甫文集》上,河南人民出版社1985年版,第182页。

《孟子》精读

公孙丑问曰:"夫子当路于齐,管仲、晏子之功,可复许乎?"

孟子曰:"子诚齐人也,知管仲、晏子而已矣。或问乎曾西曰:'吾子与子路孰贤?'曾西蹵然曰:'吾先子之所畏也。'曰:'然则吾子与管仲孰贤?'曾西艴然不悦,曰:'尔何曾比予于管仲!管仲得君,如彼其专也;行乎国政,如彼其久也;功烈,如彼其卑也。尔何曾比予于是!'"曰:"管仲,曾西之所不为也,而子为我愿之乎?"

曰:"管仲以其君霸,晏子以其君显。管仲、晏子,犹不足为与?"

曰:"以齐王,由反手也。"

曰:"若是,则弟子之惑滋甚。且以文王之德,百年而后崩,犹未洽于天下;武王、周公继之,然后大行。今言王若易然,则文王不足法与?"

曰:"文王何可当也!由汤至于武丁,贤圣之君六七作,天下归殷久矣,久则难变也。武丁朝诸侯,有天下,犹运之掌也。纣之去武丁未久也,其故家遗俗,流风善政,犹有存者;又有微子、微仲、王子比干、箕子、胶鬲,皆贤人也,相与辅相之,故久而后失之也。尺地莫非其有也,一民莫非其臣也。然而文王犹方百里起,是以难也。齐人有言曰:'虽有智慧,不如乘势;虽有镃基,不如待时。'今时则易然也。夏后、殷、周之盛,地未有过千里者也,而齐有其地矣;鸡鸣狗吠相闻,而达乎四境,而齐有其民矣。地不改辟矣,民不改聚矣,行仁政而王,莫之能御也。且王者之不作,未有疏于此时者也;民之憔悴于虐政,未有甚于此时者也。饥者易为食,渴者易为饮。孔子曰:'德之流行,速于置邮而传命。'当今之时,万乘之国行仁政,民之悦之,犹解倒悬也。故事半古之人,功必倍之,惟此时为然。"(《公孙丑上》1)

孟子尽管说过"王不待大,汤以七十里,文王以百里",即称王天下未必一定就是大国。但他还是认为,广博的国土和众多的人口,毕竟是称王天下的重要物质条件。他在总结为什么周文王还不能亲自完成"伐纣"大业时,除了指出当时殷商王朝"故家遗俗,流风善政。犹有存者",又有诸"贤人""相与辅相之",但更主要的还是"文王犹方百里起,是以难也"。所以,他还是寄希望于齐国这样的大国,"以齐王,由反手也",认为如齐国这样的大国来行"仁政",进而"王天下",则易如反掌。同时,他也很注意时机问题,认为在当时战乱不已之世,行"仁政"就可以收到事半功倍的效果和成就。当然,孟子的美好愿望最后还是落空了,但这不是孟子的责任。

四、保民而王

如何做才算"王道"、"仁政"？孟子的具体想法和措施前面已经提到了不少,下面再讲一条——"保民而王"。

"保民而王"一语出于孟子与齐宣王的一次对话。宣王一心想称霸天下,所以缠着孟子问"春秋五霸"中最出名的齐桓公、晋文公的霸业是如何成就的。但孟子不愿与宣王谈"霸道"政治,所以干脆回绝,推托说孔子的门徒是不谈齐桓和晋文事业的,所以后世没有流传下来,孟子的语言技巧很高,话锋一转就把话题转到"王道"上去,讲"保民而王,莫之能御也",由此引出了"保民而王"这个话题。

孟子所谓的"保民",狭义的理解是保有和安抚民众,这是古代中国十分重要一个政治思想,一些真正有作为的政治家,都认为应该多多地争取劳动力,这是成为大国、富国、强国的重要国策。如果广义一点去理解孟子的"保民"思想,它还包括前面提到过的养民、教民等。

孟子曰:"民为贵,社稷次之,君为轻。是故得乎丘民而为天子,得乎天子为诸侯,得乎诸侯为大夫。诸侯危社稷,则变置。牺牲既成,粢盛既洁,祭祀以时,然而旱干水溢,则变置社稷。"(《尽心下》14)

孟子曰:"诸侯之宝三:土地,人民,政事。宝珠玉者,殃必及身。"(《尽心下》28)

孟子在政治上是主张"以民为本"的,"保民"也就是"以民为本"的表现。他苦口婆心地规劝当时的统治者,应该宝贵的绝不是金银财宝,老百姓才是最值得宝贵的。他指出,在一个社会中,国家政权要比国君重要,而老百姓又比国家政权重要,这就是著名"民贵君轻"思想。孟子还曾引用《尚书》中的话来论证自己的观点,说:"天视自我民视,天听自我民听",这可不得了啊！把"民"与至高无上的"天"等同了起来,那"重民"也就与"尊天"具有了同样重要的意义,这些话在两千多年前就说出来,确实很了不起。今天有人在那里不知轻重地说:儒家的"民本"不是"民主"、不如"民主";即便你说得可能确实不算大错,但至少可以说是犯了不懂历史、以今律古的毛病。儒家的"民本"思想再怎么样,总比法家对老百姓——没事替我拼命干活,危难时替我去送死("有难则用其死,安平则尽其力"《韩非子·六反》)——要好过不知多少。再进一步说,难道"民主"就真的是十全十美的政治形式了吗?西方社会实行"民主"几百年了,问题不照样还是不少吗?

正因为孟子强调"以民为本"、强调"保民",所以很自然地会引申出他对专制暴君的有力针砭,主张人民有革命的权力。更可贵的是,基于"以民为本"、"保民"思想之上,孟子对当时诸侯的骄奢淫逸和穷兵黩武、官吏的不负责任和鱼肉人民等现实社会的黑暗,进行了无情的揭露和严厉的挞伐。这些文字至今读来仍铿锵有力、掷地有声,试举几例:

> 狗彘食人食而不知检,涂有饿莩而不知发。人死,则曰:"非我也,岁也。"是何异于刺人而杀之,曰:"非我也,兵也。"王无罪岁,斯天下之民至焉。(《梁惠王上》3)

> 梁惠王曰:"寡人愿安承教。"
> 孟子对曰:"杀人以梃与刃,有以异乎?"
> 曰:"无以异也。"
> "以刃与政,有以异乎?"
> 曰:"无以异也。"
> "庖有肥肉,厩有肥马,民有饥色,野有饿莩,此率兽而食人也。兽相食,且人恶之;为民父母行政,不免于率兽而食人,恶在其为民父母也?仲尼曰:'始作俑者,其无后乎!'为其象人而用之也。如之何其使斯民饥而死也?"(《梁惠王上》4)

> 凶年饥岁,君之民老弱转乎沟壑,壮者散而之四方者,几千人矣;而君之仓廪实,府库充,有司莫以告,是上慢而残下也。(《梁惠王下》12)

> 争地以战,杀人盈野;争城以战,杀人盈城;此所谓率土地而食人肉,罪不容于死。(《离娄上》14)

第七讲 王道仁政

> 孟子谓齐宣王曰:"王之臣,有托其妻子于其友而之楚游者,比其反也,则冻馁其妻子,则如之何?"
>
> 王曰:"弃之。"
>
> 曰:"士师不能治士,则如之何?"
>
> 王曰:"已之。"
>
> 曰:"四境之内不治,则如之何?"
>
> 王顾左右而言他。(《梁惠王下》6)

类似的文字在《孟子》中随处可见。

要得民,实际是要得民心。"得民心者得天下",这是一条两千多年来的古训,差强与之匹配的大概也就是荀子的"水能载舟,亦能覆舟"一句了。如果说"得民心者得天下"这句话在中国历史上就数孟子叫得响、讲得多,我想"虽不中,亦不远矣"。

孟子在政治上主张行"王道"、"仁政",而"民心"的向背与否,则是"王道"、"仁政"的一个重要指标。孟子认为,称王天下的关键,就在于能否得到民心,能得民心者,就可以得到天下。非唯如此,一个政权的存亡、兴替,也全系于民心之上。

> 孟子曰:"桀纣之失天下也,失其民也;失其民者,失其心也。得天下有道:得其民,斯得天下矣。得其民有道:得其心,斯得民矣。得其心有道:所欲与之聚之,所恶勿施,尔也。民之归仁也,犹水之就下、兽之走圹也。故为渊驱鱼者,獭也;为丛驱爵者,鹯也;为汤武驱民者,桀与纣也。今天下之君有好仁者,则诸侯皆为之驱矣,虽欲无王,不可得也。今之欲王者,犹七年之病求三年之艾也。苟为不畜,终身不得。苟不志于仁,终身忧辱,以陷于死亡。《诗》云:'其何能淑,载胥及溺。'此之谓也。"(《离娄上》9)

本章讲的是得民心者得天下,失民心者失天下。在孟子看来,要想得民心不难,"所欲与之聚之,所恶勿施,尔也"。即必须与百姓忧乐与共,想百姓所想,恶百姓所恶,如此而已。而做到这一点的唯一正确途径,就在于能"行仁政"。孟子还进一步指出,要想得民心,决不是一蹴而就的,民心也是需要"培养"的,它有待于平时的不断积累、蓄存。就如同病人需要陈放多年的药草治病,如平时不知蓄藏,临时急着想要,那属于临渊羡鱼之类,还是无济于事。

孟子曰:"天时不如地利,地利不如人和。三里之城,七里之郭,环而攻之而不胜。夫环而攻之,必有得天时者矣;然而不胜者,是天时不如地利也。城非不高也,池非不深也,兵革非不坚利也,米粟非不多也;委而去之,是地利不如人和也。故曰:域民不以封疆之界,固国不以山谿之险,威天下不以兵革之利。得道者多助,失道者寡助。寡助之至,亲戚畔之;多助之至,天下顺之。以天下之所顺,攻亲戚之所畔,故君子有不战,战必胜矣。"(《公孙丑下》1)

"天时不如地利,地利不如人和",这是孟子说过的千古名言。人们往往喜欢从军事上来考量这句话的意义。确实,孟子此话表面上是从战争方面展开的,但其所论的意义决不仅限于军事。孟子所论,其实还是民心的向背问题。所以必然会引出另一句千古名言——"得道者多助,失道者寡助"。"得道多助,失道寡助",在理论上讲是通行于各种事务的,尽管在事实上未必都是如此。孟子在此强调"道"的"得"与"失",最后落脚点还在于"民"这个重点上,因为无论"天时"还是"地利",终究不及"人和"来得重要。而"人和"关键无非是"民","民"又无非是其"心"之向背。

孟子曰:"以善服人者,未有能服人者也;以善养人,然后能服天下。天下不心服而王者,未之有也。"(《离娄下》16)

孟子曰:"仁言不如仁声之入人深也,善政不如善教之得民也。善政民畏之,善教民爱之。善政得民财,善教得民心。"(《尽心上》14)

这二章可放在一起读。说到考察是否得到民心的指标,孟子提出了"服"的标准。这个"服"当然决不是用武力、用暴政等手段的"压服",否则就只能说是"口服"而不是"心服"。所以这个"服",一定是天下老百姓的"心服"——"中心悦而诚服"、"无思不服"。注意孟子在这里还提出了"善教"与"善政"之别、"善服人"与"善养人"之别。

国君进贤,如不得已,将使卑逾尊,疏逾戚,可不慎与?左右皆曰贤,未可也;诸大夫皆曰贤,未可也;国人皆曰贤,然后察之;见贤焉,然后用之。左右皆曰不可,勿听;诸大夫皆曰不可,勿听;国人皆曰不可,然后察之;见不可焉,然后去之。左右皆曰可杀,勿听;诸大夫皆曰可杀,勿听;国人皆曰可杀,然后察之;见可杀焉,然后杀之。故曰国人杀之也。如此,然后可以为民父母。(《梁惠王下》7)

孟子认为,要想得民心,统治者施政用人就得重视百姓的意见、听从民意。如他提出:国君左右亲信、各位大夫都说此人贤能,不足凭信;全国的人都说此人贤能,然后对他进行考察,发现他确实贤能,再起用他。左右亲信、各位大夫都说此人不行,也别听信;全国的人都说此人不行,然后对他进行调查,发现他确实不行,再罢免他。左右亲信、各位大夫都说此人可杀,更别听信;全国的人都说此人可杀,然后对他进行调查,发现他确实可杀,再杀掉他。这样才可以真正做百姓的父母。

五、与 民 同 乐

统治者如何能得民心?孟子认为,能"与民同忧乐"也算是很重要的一个方面。"与民同忧乐",简称"与民同乐",其原理按孟子的概括就是:"乐民之乐者,民亦乐其乐;忧民之忧者,民亦忧其忧。乐以天下,忧以天下。"为了劝说梁惠王尤其是齐宣王能与民同乐,推行"王道"、"仁政",孟子可说是用心良苦,很费了一番口舌。

孟子见梁惠王。王立于沼上,顾鸿雁麋鹿,曰:"贤者亦乐此乎?"

孟子对曰:"贤者而后乐此,不贤者虽有此不乐也。《诗》云:'经始灵台,经之营之,庶民攻之,不日成之。经始勿亟,庶民子来。王在灵囿,麀鹿攸伏。麀鹿濯濯,白鸟鹤鹤。王在灵沼,于牣鱼跃。'文王以民力为台为沼,而民欢乐之,谓其台曰'灵台',谓其沼曰'灵沼',乐其有麋鹿鱼鳖。古之人与民偕乐,故能乐也。《汤誓》曰:'时日害丧,予及女偕亡。'民欲与之偕亡,虽有台池鸟兽,岂能独乐哉?"(《梁惠王上》2)

孟子去见梁惠王。惠王站在水池边,眺望着鸿雁和麋鹿,以一种居高临下的口气问孟子:"贤德之人也喜欢享受这些东西吗?"其中隐含着轻视孟子的意味,意思是你们这种讲求仁义道德的人根本不懂得享乐。孟子不客气地回答说:"只有真正贤德的人,才能享受这些东西;不是贤德的人,有了这些东西也享受不了。"更进一步,孟子借这个话题,给惠王上了一堂严肃的"政治课"。他借文献的记载,通过历史上贤君周文王与暴君夏桀的鲜明对比,讲明了统治者应该"与民同乐"的道理:统治者必须与民众忧乐相通,体恤下民;百姓高兴了,统治者自然也可以高兴。这是"仁政"才能引出的上下和谐的政治局面。反之,把自己的享乐建筑在百姓痛苦之上,这种享乐不仅难以持久,而且即使具备了享乐的条件,也没有什么快乐可言。

庄暴见孟子,曰:"暴见于王,王语暴以好乐,暴未有以对也。"曰:"好乐何如?"

孟子曰:"王之好乐甚,则齐国庶几乎!"

他日,见于王曰:"王尝语庄子以好乐,有诸?"

王变乎色,曰:"寡人非能好先王之乐也,直好世俗之乐耳。"

曰:"王之好乐甚,则齐国庶几乎。今之乐,由古之乐也。"

曰:"可得闻与?"

曰:"独乐乐,与人乐乐,孰乐?"

曰:"不若与人。"

曰:"与少乐乐,与众乐乐,孰乐?"

曰:"不若与众。"

"臣请为王言乐。今王鼓乐于此,百姓闻王钟鼓之声,管籥之音,举疾首蹙頞而相告曰:'吾王之好鼓乐,夫何使我至于此极也,父子不相见,兄弟妻子离散?'今王田猎于此,百姓闻王车马之音,见羽旄之美,举疾首蹙頞而相告曰:'吾王之好田猎,夫何使我至于此极也,父子不相见,兄弟妻子离散?'此无他,不与民同乐也。今王鼓乐于此,百姓闻王钟鼓之声,管籥之音,举欣欣然有喜色而相告曰:'吾王庶几无疾病与,何以能鼓乐也?'今王田猎于此,百姓闻王车马之音,见羽旄之美,举欣欣然有喜色而相告曰:'吾王庶几无疾病与,何以能田猎也?'此无他,与民同乐也。今王与百姓同乐,则王矣。"(《梁惠王下》1)

本章讲"与民同乐"不只是简单地要求统治者应该与民众一起娱乐,而是

第七讲　王道仁政

强调统治者必须关心民众的疾苦。孟子这里用了对比的方式，展示了同一件事而引出的不同结果，以此来说明：问题的关键不在娱乐本身，因为同样是娱乐，施恩惠于百姓的君主还是能得到百姓的衷心拥戴；使百姓困苦的君主得到的却是百姓的反感乃至唾骂。由此引申开去，能"与民同乐"的君主，也就能称王天下。

本章中孟子提出了一个观点："今之乐，由古之乐也"，这可以简单地讲一讲。我们知道，儒家很重视"乐"，经常把"乐"与"礼"并称。按儒家的观点，"礼乐"绝不仅仅是一些等级仪式和音乐舞蹈，而是具有政治运作和伦理教化的功能，"移风易俗莫善于乐，安上治民莫善于礼"（《孝经·广要道章》），因此也就有了所谓的"礼教"和"乐教"。《礼记·乐记》云："乐者天地之和"，"乐和民声"，这是说"乐教"的核心就是"和"。"和"字本义就是讲音乐的，甲骨文作"龢"，属形声字，字形是人在吹管状类的乐器，即今"龠"字；"禾"是形声字的声部，这在金文中也如此。古文简化，"龢"省作从"口"，"禾"声。篆文整齐化后有从甲骨文、有从古文，隶变后的楷书分别写作"龢"与"咊"，俗又改写成今通行字"和"。就"和"字的本义言，《国语·周语下》："声音相保曰龢。"《说文解字·龠部》："龢，调也。"即表示声音协调，从而能进行歌唱或演奏。相对说来，礼偏重于秩序，乐偏重于和谐，二者是互补的。而乐的社会功能和政治功能，就在于"和"这一点上。因为，有了礼固然有秩序，但不一定就和谐。乐的作用，就在于培养和化育人的情感，使人不仅因为有外在规范的约束而不争不斗，而且还能做到保持内在心灵的平和无怨，从而使得社会不产生争斗与暴乱。按后来儒家的解释，这就叫做"礼外乐内"。孔子一生都很重视乐，且在音乐方面有很深的造诣，他花了不少时间搜集整理古乐，谓："吾自卫反鲁，然后乐正，《雅》、《颂》各得其所。"（《论语·子罕》）孔子重视的是古乐，并不是流行音乐，且对当时郑国的流行音乐很反感，主张"放郑声"，原因是"郑声淫"（见《论语·卫灵公》）。而孟子却说世俗音乐与古代雅乐差不多，与孔子明显不同。这是有原因的：一是战国时代礼乐制度早已崩坏，孟子不可能再像孔子那样强调以礼乐治国；更主要的是孟子用意不在音乐本身，正如朱熹在其《集注》中引范氏语曰："孟子切于救民，故因齐王之好乐开导其善心，深劝其与民同乐。而谓今乐犹古乐，其实今乐、古乐何可同也？但与民同乐之意，则无古今之异耳。若必欲以礼乐治天下，当如孔子之言，必用《韶》舞，必放郑声。盖孔子之言,为邦之正道;孟子之言,救时之急务,所以不同。"①

> 齐宣王问曰:"文王之囿,方七十里,有诸?"
> 孟子对曰:"于传有之。"
> 曰:"若是其大乎?"
> 曰:"民犹以为小也!"
> 曰:"寡人之囿,方四十里,民犹以为大,何也?"
> 曰:"文王之囿,方七十里,刍荛者往焉,雉兔者往焉,与民同之。民以为小,不亦宜乎?臣始至于境,问国之大禁,然后敢入。臣闻郊关之内,有囿方四十里,杀其麋鹿者,如杀人之罪,则是方四十里为阱于国中。民以为大,不亦宜乎?"(《梁惠王下》2)

本章与上一章同义。宣王说自己游猎的花园百姓嫌太大。孟子提出花园的大小不是问题的关键,文王的花园比你大近一倍,但百姓还嫌太小,因为文王能与百姓同享花园之利。

> 齐宣王见孟子于雪宫。王曰:"贤者亦有此乐乎?"
> 孟子对曰:"有。人不得,则非其上矣。不得而非其上者,非也;为民上而不与民同乐者,亦非也。乐民之乐者,民亦乐其乐;忧民之忧者,民亦忧其忧。乐以天下,忧以天下,然而不王者,未之有也。"(《梁惠王下》4)

与前面谈"与民同乐"稍有不同的是,在此章中孟子非常概括性地说出"与民同乐"的道理,而没有过多地纠缠于具体同什么乐、应该怎样同的问题。此外,孟子还把"与民同乐"这个命题的题中应有之义,即与之相对的"与民同忧"这一面,也点了出来。所以,"乐民之乐者,民亦乐其乐;忧民之忧者,民亦忧其忧。乐以天下,忧以天下,然而不王者,未之有也"这段话,可视为孟子"与民同乐"思想总结性的论述。

"乐以天下,忧以天下"是对国君说的,但这句话经北宋大儒、理学先驱范仲淹的引申发挥——"士当先天下之忧而忧,后天下之乐而乐"——后来成了读书人也应该追求的理想人格。当然,也有人对范仲淹的引申发挥很不满。

---

① (宋)朱熹:《四书章句集注》,中华书局1983年版,第214页。

第七讲 王道仁政

如清朝的那些皇帝们，包括电视剧里演得煞有介事的那个雍正，他治罪于笃信理学的吕留良、曾静的那场著名的"文字狱"，就明显含有此意。而他的儿子乾隆就更挑明了说：你们读书人讲"以天下为己任"，"先天下之忧而忧，后天下之乐而乐"，那我皇帝干啥去？那个号称"铁齿铜牙"的"大烟袋"纪晓岚（纪昀），因婉转地讲了江南百姓不堪忍受乾隆屡次"下江南"所摊派的重负，结果引来乾隆一顿臭骂：看你有点学问才给你个官做做，这就如同养个娼妓一样，你居然敢议论国家大事！要想让皇帝"与民同忧乐"，谈何容易！

  王曰："善哉言乎！"
  曰："王如善之，则何为不行？"
  王曰："寡人有疾，寡人好货。"
  对曰："昔者公刘好货，《诗》云：'乃积乃仓，乃裹糇粮，于橐于囊，思戢用光。弓矢斯张，干戈戚扬，爰方启行。'故居者有积仓，行者有裹囊，然后可以爰方启行。王如好货，与百姓同之，于王何有？"
  王曰："寡人有疾，寡人好色。"
  对曰："昔者太王好色，爱厥妃。《诗》云：'古公亶父，来朝走马，率西水浒，至于岐下。爰及姜女，聿来胥宇。'当是时也，内无怨女，外无旷夫。王如好色，与百姓同之，于王何有？"（《梁惠王下》5）

本章节选自《梁惠王下》第五章，很有趣。

  在阅读《孟子》时，我们可以发现，与梁惠王相比，齐宣王对孟子还算有足够的尊重。尽管对孟子的劝说他一样不愿听，但态度较好，也比较坦白。不过，宣王又是个滑头人物，很会打岔，转移话题。宣王一问政事，孟子就往"王道"、"仁政"上靠。宣王受不了了，经常一面给孟子戴高帽子说"这太好了"（所谓"大哉言矣！""善哉言乎！"等），一面赶紧打岔开溜说自己素质不够做不到——"寡人有疾"。一次不行二次，二次不行三次，一次比一次厉害，从"音乐"讲到"田猎"，从"苑囿"讲到"游观"。这些都不行，就说自己有"好勇"的毛病，孟子顺势就说周文王、周武王的"大勇"事迹来宣传"王道"、"仁政"。

  这次齐宣王更厉害了，祭出"好货"、"好色"这两个压箱底的"法宝"，看你这个自称"圣人之徒"的孟子究竟如何应对。但这也没难倒孟子，孟子先顺势就说周朝开创者公刘也爱钱财，但能"与民同之"，不失为"王道"、"仁政"。接着又照样举出周文王祖父古公亶父也喜欢自己的妃子,但能"与民同之",让其治下内没有找不到丈夫的老姑娘,外没有娶不到老婆的穷光棍("内无怨女,外无旷夫"),亦不失为"王道"、"仁政"。总之,孟子的态度是纵使你千变万化,我自有一定之规,先举个历史上的例子给你看看,然后借题发挥,运用"与民同乐"的原理,把话题引向他"王道"、"仁政"的主题上去。

对孟子的良苦用心,历来的注家或研究者的感受并不完全相同。如汉代的经学家赵岐在此章的《章指》中说:"夫子恂恂然善诱人,诱人以进于善也。齐王好货、好色,孟子推以公刘、太王,所谓'责难于君谓之恭'者也。"到了宋代的理学家朱熹那里,这变成讲"天理人欲"的问题了:"盖钟鼓、苑囿、游观之乐,与夫好勇、好货、好色之心,皆天理之所有,而人情之所不能无者。然天理、人欲,同行异情。循理而公于天下者,圣人之所以尽其性也;纵欲而私于一己者,众人之所以灭其天也。二者之间,不能以发,而其是非得失之归,相去远矣。故孟子因时君之问,而剖析于几微之际,皆所以遏人欲而存天理。"在现代研究者的眼里,对此的看法也有大相径庭的。如南怀瑾在其《孟子旁通》中认为,孟子注重教化,但绝不是一个迂腐的人。他比喻说:齐宣王善打太极推手,把不喜欢听的东西马上推开;而孟子则以"打蛇贴棍上"之法,顺着你来,即使你齐宣王再有其他借口,孟子照样可以对付。可反过来也有学者对孟子的做法不以为然的。如陈大齐在其《孟子名理思想及其辩说实况》中认为,孟子染上了当时纵横家游说好辩的风习,其用意固在顺其所好以导其为善,其形迹则有似于"阿附以取容"。以上诸人之说,自是一家之言,大家不妨思考一下,但未必要盲从。

必须承认,包括"仁政"在内的孟子许多思想,在道理上说都是对的,但在现实中却很难行得通,真所谓"理有固然,势无必至"。真正的儒家思想家都是理想主义者,只愿根据自己认定的信念去言、去行。许多时候他们很无奈,但无奈还得坚持,因为他们富有"知其不可为而为之"的情怀和意志。

孟子是理想主义者,他对当时的社会现实不可能不清楚,但他还是要这么说、这么做。所以,这只能认为是孟子在坚持自己的一贯信念。如他认为:

天下有道,小德役大德,小贤役大贤;天下无道,小役大,弱役强。斯

第七讲 王道仁政

> 二者,天也。顺天者存,逆天者亡。(《离娄上》7)

当天下政治清明的时候,一切都是按着常规来行事的,即道德好的役使道德差的,贤明的役使不贤明的。而当天下政治黑暗的时候,那就纯粹以势力的大小和力量的强弱来办事了。这些都可以说是天意使然,因此是不能违背的。但是,孟子要强调的是,天意也不是不能改变的。如弱小的周国却能战胜强大的殷朝,这就说明只要国君能够施行仁政、修饰德教的话,那么,"天命"是可以转移的。又如孟子对滕文公提出的那些难题(参见《梁惠王下》第十三、十四、十五章),他也没有办法解决。但孟子的原则是,不能寄希望于外交手段上的走钢丝,像滕这样在齐、楚两强环视下的弱小国家,唯一可行的也只能是争取民心,自力更生,加强战备,宁为玉碎,不为瓦全,誓与国家共存亡。这就是没有办法的办法。齐人在薛地修筑城池,目的显然是威胁滕国,滕文公很担心,孟子认为:齐强滕弱是明摆着的,因此你就是知道齐国的意图,又能怎么办呢?唯一的出路还是努力施行"仁政",自强自立,尽自己所能做的先做好它,至于以后怎样,只能看天意了。这都是很无奈的说法,强权时代的国际关系就是如此,古今中外均不例外,今天又何尝不是如此呢?

这让我想到了老子,他对黑暗的现实不满,于是描绘出了一个神话般世界:

> 小国寡民,使有什伯之器而不用;使民重死而不远徙;虽有舟舆,无所乘之;虽有甲兵,无所陈之。使人复结绳而用之。甘其食,美其服,安其居,乐其俗。邻国相望,鸡犬之声相闻,民至老死不相往来。(《老子》第八十章)

这还让我想起了庄子,他在现世看不到希望,便幻想出了那么一个"至德之世":

> 至德之世,不尚贤,不使能,上如标枝,民如野鹿,端正而不知以为义,相爱而不知以为仁,实而不知以为忠,当而不知以为信,蠢动而相使不以为赐。是故行而无迹,事而无传。(《庄子·天地》)

你看,老子和庄子是何其浪漫,又何其认真,"满纸荒唐言"的背后当然也是对于自由的渴望,对于美好的追求。

回到孟子,同是返本,他不如老、庄那么彻底;同是做梦,他不如老、庄那么浪漫,这是才性使然,无可厚非。或许你会认为孟子不够洒脱,但你不得不佩服他的猛志和毅力,那么一以贯之地坚持自己的理想,努力想用道德规矩的天性唤醒世人,尤其是对统治者,劝他们放下屠刀。但很不幸,没有多少人理会他的主张。

仁义仁义,奈"滔滔者天下"何?隐者长沮、桀溺的话不是没有道理。孔子、孟子又岂会不知道,那他们为何还要硬做?又为何不隐居起来呢?孟子回答了前者:

> 君子创业垂统,为可继也。若夫成功,则天也。君如彼何哉?强为善而已矣。(《梁惠王下》14)

孔子回答了后者:

> 鸟兽不可与同群,吾非斯人之徒与而谁与?天下有道,丘不与易也。(《论语·微子》)

人是社会动物,是"一切社会关系的总和"(马克思语),天网恢恢,疏而不失,逃也逃不掉。孔、孟不逍遥,老、庄又何尝逍遥过?

推荐阅读书目

一、基本阅读书目

1. (东汉)赵岐:《孟子章句》,《四部丛刊》初编本;又(清)焦循《孟子正义》全文收入。介绍参见本书"导论"。
2. (宋)朱熹:《孟子集注》,中华书局1983年版的《四书章句集注》本。介绍参见本书"导论"。
3. (清)焦循:《孟子正义》,中华书局1983年的校勘标点本。介绍参见本书"导论"。
4. 杨伯峻:《孟子译注》,中华书局1960年版。介绍参见本书"导论"。
5. 徐洪兴:《孟子直解》,复旦大学出版社2004年版。介绍参见本书"导论"。

二、进一步研究书目

(南宋)余允文:《尊孟辨》,《丛书集成》初编本。
(南宋)张栻:《南轩先生孟子说》,《通志堂经解》本。
(元)程复心:《孟子年谱》,商务印书馆1929年版。
(明)胡广等编:《孟子集注大全》,德馨堂《四书大全》本。
《孟子节文》(明刻本),书目文献出版社1991年版。
(清)戴震:《孟子字义疏证》,中华书局1982年版。

（清）周广业：《孟子四考》，《皇清经解》第一册，上海书店1988年版。
（近代）康有为：《孟子微》，中华书局1987年版。
郎擎霄：《孟子学案》，商务印书馆1928年版。
罗根泽：《孟子评传》，商务印书馆1932年版。
陈大齐：《孟子名理思想及其辩说实况》，台湾商务印书馆1968年版。
黄俊杰：《孟学思想史论》（卷一），台湾东大图书公司1990年版。
黄俊杰：《孟子思想史论》（卷二），台湾中研院中国文哲研究所筹备处1997年版（北京社会科学文献出版社2004年出简体字版，易名为《中国孟学诠释史论》）。
翟廷晋：《孟子思想评析与探源》，上海社会科学出版社1992年版。
袁保新：《孟子三辨之学的历史省察与现代诠释》，台湾文津出版社1992年版。
杨国荣：《孟子评传》，广西教育出版社1994年版。
杨泽波：《孟子性善论研究》，中国社会科学出版社1995年版。
杨泽波：《孟子评传》，南京大学出版社1998年版。
李明辉：《孟子思想的哲学探讨》，台湾中研院中国文哲研究所筹备处1995年版。
〔美〕江文思（James Behuniak Jr.）、〔美〕安乐哲（Roger T. Ames）编：《孟子心性之学》，社会科学文献出版社2005年版。

本书参考文献

（上列书目从略）

《十三经注疏》，中华书局1979年版。
黄侃手批：《白文十三经》，上海古籍出版社1983年版。
钱穆：《先秦诸子系年考辨》，商务印书馆1935年版。
《国语》，上海古籍出版社1988年版。
（西汉）刘向集录：《战国策》，上海古籍出版社1985年版。
杨宽：《战国史》，上海人民出版社1980年版。
（西汉）司马迁：《史记》，中华书局1959年版。
（清）王先谦：《荀子集解》，中华书局1988年版。
（东汉）王充：《论衡》，上海人民出版社1974年版。
（唐）韩愈：《韩昌黎集》，世界书局1935年版。
（北宋）孙复：《孙明复小集》，《四库全书》本。
（北宋）李觏：《李觏集》，中华书局1982年版。
（北宋）程颢、程颐：《二程集》，中华书局1981年版。
（北宋）张载：《张载集》，中华书局1978年版。
（北宋）王安石：《王文公文集》，上海人民出版社1974年版。
（北宋）司马光：《司马文正集》，《四部备要》本。
（南宋）朱熹：《朱子语类》，中华书局1983年版。
（南宋）陆九渊：《陆九渊集》，中华书局1980年版。
（南宋）叶适：《习学记言序目》，中华书局1977年版。
（明）王守仁：《王阳明全集》，上海古籍出版社1992年版。

（清）崔述：《崔东壁遗书》，上海古籍出版社1983年版。
嵇文甫：《嵇文甫文集》，河南人民出版社1985年版。
李泽厚：《中国古代思想史论》，人民出版社1986年版。
陈来：《古代宗教与伦理——儒家思想的根源》，三联书店1996年版。
徐洪兴：《思想的转型——理学发生过程研究》，上海人民出版社1996年版。
冯友兰：《中国哲学史新编》，人民出版社1998年版。
许道勋、徐洪兴：《中华文化通志·经学志》，上海人民出版社1998年版。
吕涛：《孟子评传》，山西人民出版社1987年版。
钱穆：《孟子要略》，《四书释义》本，台湾学生书局1978年版。
李明辉：《康德伦理学与孟子道德思考之重建》，台湾中研院中国文哲研究所1994年版。
吴乃恭：《孟子》，吉林文史出版社1997年版。
杨泽波：《孟子与中国文化》，贵州人民出版社2000年版。
刘培桂：《孟子与孟子故里》，中国文史出版社2001年版。
金良年：《孟子译注》，上海古籍出版社1995年版。

附录：《孟子》白文

梁惠王上

1. 孟子见梁惠王。王曰："叟，不远千里而来，亦将有以利吾国乎？"

孟子对曰："王何必曰利？亦有仁义而已矣。王曰'何以利吾国'，大夫曰'何以利吾家'，士、庶人曰'何以利吾身'，上下交征利而国危矣。万乘之国，弑其君者，必千乘之家；千乘之国，弑其君者，必百乘之家。万取千焉，千取百焉，不为不多矣。苟为后义而先利，不夺不餍。未有仁而遗其亲者也，未有义而后其君者也。王亦曰仁义而已矣，何必曰利？"

2. 孟子见梁惠王。王立于沼上，顾鸿雁麋鹿，曰："贤者亦乐此乎？"

孟子对曰："贤者而后乐此，不贤者虽有此不乐也。《诗》云：'经始灵台，经之营之，庶民攻之，不日成之。经始勿亟，庶民子来。王在灵囿，麀鹿攸伏。麀鹿濯濯，白鸟鹤鹤。王在灵沼，于牣鱼跃。'文王以民力为台为沼，而民欢乐之，谓其台曰'灵台'，谓其沼曰'灵沼'，乐其有麋鹿鱼鳖。古之人与民偕乐，故能乐也。《汤誓》曰：'时日害丧，予及女偕亡。'民欲与之偕亡，虽有台池鸟兽，岂能独乐哉？"

3. 梁惠王曰："寡人之于国也，尽心焉耳矣！河内凶，则移其民于河东，移其粟于河内；河东凶亦然。察邻国之政，无如寡人之用心者。邻国之民不加少，寡人之民不加多，何也？"

孟子对曰："王好战，请以战喻。填然鼓之，兵刃既接，弃甲曳兵而走，或百步而后止,或五十步而后止,以五十步笑百步,则何如?"

曰:"不可。直不百步耳,是亦走也。"

曰:"王如知此,则无望民之多于邻国也。不违农时,谷不可胜食也;数罟不入洿池,鱼鳖不可胜食也;斧斤以时入山林,材木不可胜用也。谷与鱼鳖不可胜食,材木不可胜用,是使民养生丧死无憾也。养生丧死无憾,王道之始也。五亩之宅,树之以桑,五十者可以衣帛矣;鸡豚狗彘之畜,无失其时,七十者可以食肉矣;百亩之田,勿夺其时,数口之家,可以无饥矣;谨庠序之教,申之以孝悌之义,颁白者不负戴于道路矣。七十者衣帛食肉,黎民不饥不寒,然而不王者,未之有也。狗彘食人食而不知检,涂有饿莩而不知发;人死,则曰:'非我也,岁也。'是何异于刺人而杀之,曰:'非我也,兵也。'王无罪岁,斯天下之民至焉。"

4. 梁惠王曰:"寡人愿安承教。"

孟子对曰:"杀人以梃与刃,有以异乎?"

曰:"无以异也。"

"以刃与政,有以异乎?"

曰:"无以异也。"

曰:"庖有肥肉,厩有肥马,民有饥色,野有饿莩,此率兽而食人也。兽相食,且人恶之;为民父母行政,不免于率兽而食人,恶在其为民父母也?仲尼曰:'始作俑者,其无后乎!'为其象人而用之也。如之何其使斯民饥而死也?"

5. 梁惠王曰:"晋国,天下莫强焉,叟之所知也。及寡人之身,东败于齐,长子死焉;西丧地于秦七百里;南辱于楚。寡人耻之,愿比死者一洒之。如之何则可?"

孟子对曰:"地方百里而可以王。王如施仁政于民,省刑罚,薄税敛,深耕易耨;壮者以暇日修其孝弟忠信,入以事其父兄,出以事其长上,可使制梃以挞秦楚之坚甲利兵矣。彼夺其民时,使不得耕耨以养其父母,父母冻饿,兄弟妻子离散。彼陷溺其民,王往而征之,夫谁与王敌?故曰仁者无敌。王请勿疑!"

6. 孟子见梁襄王,出,语人曰:"望之不似人君,就之而不见所畏焉。卒然问曰:'天下恶乎定?'吾对曰:'定于一。''孰能一之?'对曰:'不嗜杀人者能一之。''孰能与之?'对曰:'天下莫不与也。王知夫苗乎?七八月之间旱,则苗槁矣。天油然作云,沛然下雨,则苗浡然兴之矣。其如是,孰能御之?今夫天下之人牧,未有不嗜杀人者也。如有不嗜杀人者,则天下之民皆引领而望之矣。诚如是也,民归之,由水就下,沛然谁能御之?'"

7. 齐宣王问曰:"齐桓、晋文之事,可得闻乎?"

孟子对曰:"仲尼之徒,无道桓、文之事者,是以后世无传焉,臣未之闻也。无以,则王乎?"

曰:"德何如则可以王矣?"

曰:"保民而王,莫之能御也。"

曰:"若寡人者,可以保民乎哉?"

曰:"可。"

曰:"何由知吾可也?"

曰:"臣闻之胡龁曰,王坐于堂上,有牵牛而过堂下者,王见之,曰:'牛何之?'对曰:'将以衅钟。'王曰:'舍之!吾不忍其觳觫,若无罪而就死地。'对曰:'然则废衅钟与?'曰:'何可废也?以羊易之。'不识有诸?"

曰:"有之。"

曰:"是心足以王矣。百姓皆以王为爱也,臣固知王之不忍也。"

王曰:"然!诚有百姓者,齐国虽褊小,吾何爱一牛?即不忍其觳觫,若无罪而就死地,故以羊易之也。"

曰:"王无异于百姓之以王为爱也。以小易大,彼恶知之?王若隐其无罪而就死地,则牛羊何择焉?"

王笑曰:"是诚何心哉?我非爱其财而易之以羊也,宜乎百姓之谓我爱也。"

曰:"无伤也,是乃仁术也,见牛未见羊也。君子之于禽兽也,见其生,不忍见其死;闻其声,不忍食其肉。是以君子远庖厨也。"

王说曰:"《诗》云:'他人有心,予忖度之。'夫子之谓也。夫我乃行之,反而求之,不得吾心。夫子言之,于我心有戚戚焉。此心之所以合于王者,何也?"

曰："有复于王者曰：'吾力足以举百钧，而不足以举一羽；明足以察秋毫之末，而不见舆薪。'则王许之乎？"

曰："否。"

"今恩足以及禽兽，而功不至于百姓者，独何与？然则一羽之不举，为不用力焉；舆薪之不见，为不用明焉；百姓之不见保，为不用恩焉。故王之不王，不为也，非不能也。"

曰："不为者与不能者之形，何以异？"

曰："挟太山以超北海，语人曰：'我不能'，是诚不能也。为长者折枝，语人曰：'我不能'，是不为也，非不能也。故王之不王，非挟太山以超北海之类也；王之不王，是折枝之类也。老吾老，以及人之老；幼吾幼，以及人之幼，天下可运于掌。《诗》云：'刑于寡妻，至于兄弟，以御于家邦。'言举斯心加诸彼而已。故推恩足以保四海，不推恩无以保妻子。古之人所以大过人者，无他焉，善推其所为而已矣。今恩足以及禽兽，而功不至于百姓者，独何与？权，然后知轻重；度，然后知长短。物皆然，心为甚。王请度之。抑王兴甲兵，危士臣，构怨于诸侯，然后快于心与？"

王曰："否，吾何快于是？将以求吾所大欲也。"

曰："王之所大欲，可得闻与？"

王笑而不言。

曰："为肥甘不足于口与？轻暖不足于体与？抑为采色不足视于目与？声音不足听于耳与？便嬖不足使令于前与？王之诸臣，皆足以供之，而王岂为是哉？"

曰："否，吾不为是也。"

曰："然则王之所大欲可知已，欲辟土地，朝秦楚，莅中国而抚四夷也。以若所为，求若所欲，犹缘木而求鱼也。"

王曰："若是其甚与？"

曰："殆有甚焉！缘木求鱼，虽不得鱼，无后灾。以若所为，求若所欲，尽心力而为之，后必有灾。"

曰："可得闻与？"

曰："邹人与楚人战，则王以为孰胜？"

曰："楚人胜。"

附录:《孟子》白文

曰:"然则小固不可以敌大,寡固不可以敌众,弱固不可以敌强。海内之地,方千里者九,齐集有其一。以一服八,何以异于邹敌楚哉?盖亦反其本矣。今王发政施仁,使天下仕者皆欲立于王之朝,耕者皆欲耕于王之野,商贾皆欲藏于王之市,行旅皆欲出于王之涂,天下之欲疾其君者,皆欲赴愬于王。其若是,孰能御之?"

王曰:"吾惛,不能进于是矣。愿夫子辅吾志,明以教我。我虽不敏,请尝试之。"

曰:"无恒产而有恒心者,惟士为能。若民,则无恒产,因无恒心。苟无恒心,放辟邪侈,无不为已。及陷于罪,然后从而刑之,是罔民也。焉有仁人在位,罔民而可为也?是故明君制民之产,必使仰足以事父母,俯足以畜妻子,乐岁终身饱,凶年免于死亡。然后驱而之善,故民之从之也轻。今也制民之产,仰不足以事父母,俯不足以畜妻子,乐岁终身苦,凶年不免于死亡。此惟救死而恐不赡,奚暇治礼义哉?王欲行之,则盍反其本矣:五亩之宅,树之以桑,五十者可以衣帛矣。鸡豚狗彘之畜,无失其时,七十者可以食肉矣。百亩之田,勿夺其时,八口之家,可以无饥矣。谨庠序之教,申之以孝悌之义,颁白者不负戴于道路矣。老者衣帛食肉,黎民不饥不寒,然而不王者,未之有也。"

梁 惠 王 下

1. 庄暴见孟子,曰:"暴见于王,王语暴以好乐,暴未有以对也。"曰:"好乐何如?"

孟子曰:"王之好乐甚,则齐国庶几乎!"

他日,见于王曰:"王尝语庄子以好乐,有诸?"

王变乎色,曰:"寡人非能好先王之乐也,直好世俗之乐耳。"

曰:"王之好乐甚,则齐国庶几乎。今之乐,由古之乐也。"

曰:"可得闻与?"

曰:"独乐乐,与人乐乐,孰乐?"

曰:"不若与人。"

曰:"与少乐乐,与众乐乐,孰乐?"

曰："不若与众。"

"臣请为王言乐。今王鼓乐于此，百姓闻王钟鼓之声，管籥之音，举疾首蹙頞而相告曰：'吾王之好鼓乐，夫何使我至于此极也，父子不相见，兄弟妻子离散？'今王田猎于此，百姓闻王车马之音，见羽旄之美，举疾首蹙頞而相告曰：'吾王之好田猎，夫何使我至于此极也，父子不相见，兄弟妻子离散？'此无他，不与民同乐也。今王鼓乐于此，百姓闻王钟鼓之声，管籥之音，举欣欣然有喜色而相告曰：'吾王庶几无疾病与，何以能鼓乐也？'今王田猎于此，百姓闻王车马之音，见羽旄之美，举欣欣然有喜色而相告曰：'吾王庶几无疾病与，何以能田猎也？'此无他，与民同乐也。今王与百姓同乐，则王矣。"

2. 齐宣王问曰："文王之囿，方七十里，有诸？"

孟子对曰："于《传》有之。"

曰："若是其大乎？"

曰："民犹以为小也！"

曰："寡人之囿，方四十里，民犹以为大，何也？"

曰："文王之囿，方七十里，刍荛者往焉，雉兔者往焉，与民同之。民以为小，不亦宜乎？臣始至于境，问国之大禁，然后敢入。臣闻郊关之内，有囿方四十里，杀其麋鹿者，如杀人之罪，则是方四十里为阱于国中。民以为大，不亦宜乎？"

3. 齐宣王问曰："交邻国有道乎？"

孟子对曰："有。惟仁者为能以大事小，是故汤事葛，文王事混夷。惟智者为能以小事大，故大王事獯鬻，勾践事吴。以大事小者，乐天者也；以小事大，畏天者也。乐天者保天下，畏天者保其国。《诗》云：'畏天之威，于时保之。'"

王曰："大哉言矣！寡人有疾，寡人好勇。"

对曰："王请无好小勇。夫抚剑疾视曰：'彼恶敢当我哉！'此匹夫之勇，敌一人者也。王请大之！《诗》云：'王赫斯怒，爰整其旅，以遏徂莒，以笃周祜，以对于天下。'此文王之勇也。文王一怒而安天下之民。《书》曰：'天降下民，作之君，作之师，惟曰其助上帝宠之。四方有罪无罪惟我在，天下曷敢有越厥志？'一人衡行于天下，武王耻之。此武王之勇也。而武王亦一怒而安天下之民。今王亦一怒而安天下之民,民惟恐王之不好勇也。"

4. 齐宣王见孟子于雪宫。王曰:"贤者亦有此乐乎?"

孟子对曰:"有。人不得,则非其上矣。不得而非其上者,非也;为民上而不与民同乐者,亦非也。乐民之乐者,民亦乐其乐;忧民之忧者,民亦忧其忧。乐以天下,忧以天下,然而不王者,未之有也。昔者齐景公问于晏子曰:'吾欲观于转附、朝儛,遵海而南,放于琅邪。吾何修而可以比于先王观也?'晏子对曰:'善哉问也!天子适诸侯曰巡狩;巡狩者,巡所守也。诸侯朝于天子曰述职;述职者,述所职也。无非事者。春省耕而补不足,秋省敛而助不给。夏谚曰:吾王不游,吾何以休?吾王不豫,吾何以助?一游一豫,为诸侯度。今也不然,师行而粮食,饥者弗食,劳者弗息。睊睊胥谗,民乃作慝。方命虐民,饮食若流。流连荒亡,为诸侯忧。从流下而忘反谓之流,从流上而忘反谓之连,从兽无厌谓之荒,乐酒无厌谓之亡。先王无流连之乐,荒亡之行。惟君所行也。'景公悦,大戒于国,出舍于郊。于是始兴发,补不足,召大师曰:'为我作君臣相说之乐!'盖《徵招》、《角招》是也。其诗曰:'畜君何尤?'畜君者,好君也。"

5. 齐宣王问曰:"人皆谓我毁明堂,毁诸,已乎?"

孟子对曰:"夫明堂者,王者之堂也。王欲行王政,则勿毁之矣。"

王曰:"王政可得闻与?"

对曰:"昔者文王之治岐也,耕者九一,仕者世禄,关市讥而不征,泽梁无禁,罪人不孥。老而无妻曰鳏,老而无夫曰寡,老而无子曰独,幼而无父曰孤。此四者,天下之穷民而无告者。文王发政施仁,必先斯四者。《诗》云:'哿矣富人,哀此茕独!'"

王曰:"善哉言乎!"

曰:"王如善之,则何为不行?"

王曰:"寡人有疾,寡人好货。"

对曰:"昔者公刘好货,《诗》云:'乃积乃仓,乃裹糇粮,于橐于囊,思戢用光。弓矢斯张,干戈戚扬,爰方启行。'故居者有积仓,行者有裹囊,然后可以爰方启行。王如好货,与百姓同之,于王何有?"

王曰:"寡人有疾,寡人好色。"

对曰："昔者大王好色,爱厥妃。《诗》云:'古公亶父,来朝走马,率西水浒,至于岐下。爰及姜女,聿来胥宇。'当是时也,内无怨女,外无旷夫。王如好色,与百姓同之,于王何有?"

6. 孟子谓齐宣王曰:"王之臣,有托其妻子于其友而之楚游者,比其反也,则冻馁其妻子,则如之何?"

王曰:"弃之。"

曰:"士师不能治士,则如之何?"

王曰:"已之。"

曰:"四境之内不治,则如之何?"

王顾左右而言他。

7. 孟子见齐宣王曰:"所谓故国者,非谓有乔木之谓也,有世臣之谓也。王无亲臣矣,昔者所进,今日不知其亡也。"

王曰:"吾何以识其不才而舍之?"

曰:"国君进贤,如不得已,将使卑逾尊,疏逾戚,可不慎与?左右皆曰贤,未可也;诸大夫皆曰贤,未可也;国人皆曰贤,然后察之;见贤焉,然后用之。左右皆曰不可,勿听;诸大夫皆曰不可,勿听;国人皆曰不可,然后察之;见不可焉,然后去之。左右皆曰可杀,勿听;诸大夫皆曰可杀,勿听;国人皆曰可杀,然后察之;见可杀焉,然后杀之。故曰国人杀之也。如此,然后可以为民父母。"

8. 齐宣王曰:"汤放桀,武王伐纣,有诸?"

孟子对曰:"于《传》有之。"

曰:"臣弑君可乎?"

曰:"贼仁者谓之贼,贼义者谓之残。残贼之人,谓之一夫。闻诛一夫纣矣,未闻弑君也。"

9. 孟子见齐宣王曰:"为巨室,则必使工师求大木。工师得大木,则王喜,以为能胜其任也。匠人斫而小之,则王怒,以为不胜其任矣。夫人幼而学之,壮而欲行之,王曰:'姑舍女所学而从我',则何如?今有璞玉于此,虽万镒,必使玉人雕琢之。至于治国家,则曰:'姑舍女所学而从我',则何以异于教玉人雕琢玉哉？"

10. 齐人伐燕，胜之。宣王问曰："或谓寡人勿取，或谓寡人取之。以万乘之国伐万乘之国，五旬而举之，人力不至于此。不取，必有天殃。取之何如？"

孟子对曰："取之而燕民悦，则取之。古之人有行之者，武王是也。取之而燕民不悦，则勿取。古之人有行之者，文王是也。以万乘之国伐万乘之国，箪食壶浆以迎王师，岂有他哉？避水火也。如水益深，如火益热，亦运而已矣。"

11. 齐人伐燕，取之。诸侯将谋救燕。

宣王曰："诸侯多谋伐寡人，何以待之？"

孟子对曰："臣闻七十里为政于天下者，汤是也。未闻以千里畏人者也。《书》曰：'汤一征，自葛始。'天下信之，东面而征西夷怨，南面而征北狄怨，曰：'奚为后我？'民望之，若大旱之望云霓也。归市者不止，耕者不变，诛其君而吊其民，若时雨降，民大悦。《书》曰：'徯我后，后来其苏。'今燕虐其民，王往而征之，民以为将拯己于水火之中也，箪食壶浆以迎王师。若杀其父兄，系累其子弟，毁其宗庙，迁其重器，如之何其可也？天下固畏齐之强也，今又倍地而不行仁政，是动天下之兵也。王速出令，反其旄倪，止其重器，谋于燕众，置君而后去之，则犹可及止也。"

12. 邹与鲁哄。穆公问曰："吾有司死者三十三人，而民莫之死也。诛之，则不可胜诛；不诛，则疾视其长上之死而不救，如之何则可也？"

孟子对曰："凶年饥岁，君之民老弱转乎沟壑，壮者散而之四方者，几千人矣；而君之仓廪实，府库充，有司莫以告，是上慢而残下也。曾子曰：'戒之戒之！出乎尔者，反乎尔者也。'夫民今而后得反之也。君无尤焉。君行仁政，斯民亲其上，死其长矣。"

13. 滕文公问曰："滕，小国也，间于齐、楚。事齐乎？事楚乎？"

孟子对曰："是谋，非吾所能及也。无已，则有一焉：凿斯池也，筑斯城也，与民守之，效死而民弗去，则是可为也。"

14. 滕文公问曰："齐人将筑薛，吾甚恐，如之何则可？"

孟子对曰："昔者大王居邠，狄人侵之，去之岐山之下居焉。非择而取之，不得已也。苟为善,后世子孙必有王者矣。君子创业垂统,为可继也。若夫成功,则天也。君如彼何哉？强为善而已矣。"

15. 滕文公问曰："滕,小国也；竭力以事大国,则不得免焉,如之何则可？"

孟子对曰："昔者大王居邠,狄人侵之。事之以皮币,不得免焉；事之以犬马,不得免焉；事之以珠玉,不得免焉。乃属其耆老而告之曰：'狄人之所欲者,吾土地也。吾闻之也：君子不以其所以养人者害人。二三子何患乎无君？我将去之。'去邠,逾梁山,邑于岐山之下居焉。邠人曰：'仁人也,不可失也。'从之者如归市。或曰：'世守也,非身之所能为也。效死勿去。'君请择于斯二者。"

16. 鲁平公将出,嬖人臧仓者请曰："他日君出,则必命有司所之。今乘舆已驾矣,有司未知所之,敢请。"

公曰："将见孟子。"

曰："何哉,君所为轻身以先于匹夫者？以为贤乎？礼义由贤者出,而孟子之后丧逾前丧。君无见焉。"

公曰："诺。"

乐正子入见,曰："君奚为不见孟子也？"

曰："或告寡人曰：'孟子之后丧逾前丧',是以不往见也。"

曰："何哉,君所谓逾者？前以士,后以大夫；前以三鼎,而后以五鼎与？"

曰："否。谓棺椁衣衾之美也。"

曰："非所谓逾也,贫富不同也。"

乐正子见孟子,曰："克告于君,君为来见也。嬖人有臧仓者沮君,君是以不果来也。"

曰："行,或使之；止,或尼之。行止,非人所能也。吾之不遇鲁侯,天也。臧氏之子焉能使予不遇哉？"

公 孙 丑 上

1. 公孙丑问曰："夫子当路于齐,管仲、晏子之功,可复许乎？"

附录:《孟子》白文

孟子曰:"子诚齐人也,知管仲、晏子而已矣。或问乎曾西曰:'吾子与子路孰贤?'曾西蹴然曰:'吾先子之所畏也。'曰:'然则吾子与管仲孰贤?'曾西艴然不悦,曰:'尔何曾比予于管仲!管仲得君,如彼其专也;行乎国政,如彼其久也;功烈,如彼其卑也。尔何曾比予于是!'"曰:"管仲,曾西之所不为也,而子为我愿之乎?"

曰:"管仲以其君霸,晏子以其君显。管仲、晏子,犹不足为与?"

曰:"以齐王,由反手也。"

曰:"若是,则弟子之惑滋甚。且以文王之德,百年而后崩,犹未洽于天下;武王、周公继之,然后大行。今言王若易然,则文王不足法与?"

曰:"文王何可当也!由汤至于武丁,贤圣之君六七作,天下归殷久矣,久则难变也。武丁朝诸侯,有天下,犹运之掌也。纣之去武丁未久也,其故家遗俗,流风善政。犹有存者;又有微子、微仲、王子比干、箕子、胶鬲,皆贤人也,相与辅相之,故久而后失之也。尺地莫非其有也,一民莫非其臣也。然而文王犹方百里起,是以难也。齐人有言曰:'虽有智慧,不如乘势;虽有镃基,不如待时。'今时则易然也。夏后、殷、周之盛,地未有过千里者也,而齐有其地矣;鸡鸣狗吠相闻,而达乎四境,而齐有其民矣。地不改辟矣,民不改聚矣,行仁政而王,莫之能御也。且王者之不作,未有疏于此时者也;民之憔悴于虐政,未有甚于此时者也。饥者易为食,渴者易为饮。孔子曰:'德之流行,速于置邮而传命。'当今之时,万乘之国行仁政,民之悦之,犹解倒悬也。故事半古之人,功必倍之,惟此时为然。"

2. 公孙丑问曰:"夫子加齐之卿相,得行道焉,虽由此霸、王,不异矣。如此则动心否乎?"

孟子曰:"否。我四十不动心。"

曰:"若是,则夫子过孟贲远矣。"

曰:"是不难,告子先我不动心。"

曰:"不动心有道乎?"

曰:"有。北宫黝之养勇也,不肤挠,不目逃,思以一毫挫于人,若挞之于市朝;不受于褐宽博,亦不受于万乘之君;视刺万乘之君,若刺褐夫;无严诸侯,恶声至,必反之。孟施舍之所养勇也,曰:'视不胜犹胜也。量敌而后进,虑胜而后会，是畏三军者也。舍岂能为必胜哉？能无惧而已矣。'孟施舍似曾子，北宫黝似子夏。夫二子之勇，未知其孰贤，然而孟施舍守约也。昔者曾子谓子襄曰：'子好勇乎？吾尝闻大勇于夫子矣，自反而不缩，虽褐宽博，吾不惴焉；自反而缩，虽千万人，吾往矣。'孟施舍之守气，又不如曾子之守约也。"

曰："敢问夫子之不动心与告子之不动心，可得闻与？"

"告子曰：'不得于言，勿求于心；不得于心，勿求于气。'不得于心，勿求于气，可；不得于言，勿求于心，不可。夫志，气之帅也；气，体之充也。夫志至焉，气次焉，故曰：'持其志，无暴其气。'"

"既曰'志至焉，气次焉'；又曰：'持其志，无暴其气'者，何也？"

曰："志壹则动气，气壹则动志也。今夫蹶者、趋者，是气也，而反动其心。"

"敢问夫子恶乎长？"

曰："我知言，我善养吾浩然之气。"

"敢问何谓浩然之气？"

曰："难言也。其为气也，至大至刚，以直养而无害，则塞于天地之间。其为气也，配义与道；无是，馁也。是集义所生者，非义袭而取之也。行有不慊于心，则馁矣。我故曰告子未尝知义，以其外之也。必有事焉而勿正，心勿忘，勿助长也。无若宋人然：宋人有闵其苗之不长而揠之者，芒芒然归，谓其人曰：'今日病矣！予助苗长矣！'其子趋而往视之，苗则槁矣。天下之不助苗长者寡矣。以为无益而舍之者，不耘苗者也；助之长者，揠苗者也。非徒无益，而又害之。"

"何谓知言？"

曰："诐辞知其所蔽，淫辞知其所陷，邪辞知其所离，遁辞知其所穷。生于其心，害于其政；发于其政，害于其事。圣人复起，必从吾言矣。"

"宰我、子贡善为说辞；冉牛、闵子、颜渊善言德行；孔子兼之，曰：'我于辞命，则不能也。'然则夫子既圣矣乎？"

曰："恶！是何言也！昔者子贡问于孔子曰：'夫子圣矣乎？'孔子曰：'圣则吾不能，我学不厌而教不倦也。'子贡曰：'学不厌，智也；教不倦，仁也。仁且智，夫子既圣矣。'夫圣，孔子不居。是何言也！"

"昔者窃闻之：子夏、子游、子张皆有圣人之一体，冉牛、闵子、颜渊则具体而微,敢问所安?"

曰:"姑舍是。"

曰:"伯夷、伊尹何如?"

曰:"不同道。非其君不事,非其民不使;治则进,乱则退,伯夷也。何事非君,何使非民;治亦进,乱亦进,伊尹也。可以仕则仕,可以止则止,可以久则久,可以速则速,孔子也。皆古圣人也,吾未能有行焉。乃所愿,则学孔子也。"

"伯夷、伊尹于孔子,若是班乎?"

曰:"否。自有生民以来,未有孔子也。"

曰:"然则有同与?"

曰:"有。得百里之地而君之,皆能以朝诸侯、有天下;行一不义、杀一不辜而得天下,皆不为也。是则同。"

曰:"敢问其所以异。"

曰:"宰我、子贡、有若,智足以知圣人,污不至阿其所好。宰我曰:'以予观于夫子,贤于尧舜远矣。'子贡曰:'见其礼而知其政,闻其乐而知其德,由百世之后,等百世之王,莫之能违也。自生民以来,未有夫子也。'有若曰:'岂惟民哉?麒麟之于走兽,凤凰之于飞鸟,太山之于丘垤,河海之于行潦,类也。圣人之于民,亦类也。出于其类,拔乎其萃,自有生民以来,未有盛于孔子也。'"

3. 孟子曰:"以力假仁者霸,霸必有大国。以德行仁者王,王不待大,汤以七十里,文王以百里。以力服人者,非心服也,力不赡也。以德服人者,中心悦而诚服也,如七十子之服孔子也。《诗》云:'自西自东,自南自北,无思不服。'此之谓也。"

4. 孟子曰:"仁则荣,不仁则辱。今恶辱而居不仁,是犹恶湿而居下也。如恶之,莫如贵德而尊士,贤者在位,能者在职。国家闲暇,及是时,明其政刑,虽大国,必畏之矣。《诗》云:'迨天之未阴雨,彻彼桑土,绸缪牖户。今此下民,或敢侮予?'孔子曰:'为此诗者,其知道乎!能治其国家,谁敢侮之?'今国家闲暇,及是时,般乐怠敖,是自求祸也。祸福无不自己求之者。《诗》云:'永言配命,自求多福。'《太甲》曰:'天作孽,犹可违;自作孽,不可活。'此之谓也。"

5. 孟子曰："尊贤使能，俊杰在位，则天下之士皆悦，而愿立于其朝矣。市，廛而不征，法而不廛，则天下之商皆悦，而愿藏于其市矣。关，讥而不征，则天下之旅皆悦，而愿出于其路矣。耕者，助而不税，则天下之农皆悦，而愿耕于其野矣。廛，无夫里之布，则天下之民皆悦，而愿为之氓矣。信能行此五者，则邻国之民，仰之若父母矣。率其子弟，攻其父母，自有生民以来，未有能济者也。如此，则无敌于天下。无敌于天下者，天吏也。然而不王者，未之有也。"

6. 孟子曰："人皆有不忍人之心。先王有不忍人之心，斯有不忍人之政矣。以不忍人之心，行不忍人之政，治天下可运之掌上。所以谓人皆有不忍人之心者，今人乍见孺子将入于井，皆有怵惕恻隐之心。非所以内交于孺子之父母也，非所以要誉于乡党朋友也，非恶其声而然也。由是观之，无恻隐之心，非人也；无羞恶之心，非人也；无辞让之心，非人也；无是非之心，非人也。恻隐之心，仁之端也；羞恶之心，义之端也；辞让之心，礼之端也；是非之心，智之端也。人之有是四端也，犹其有四体也。有是四端而自谓不能者，自贼者也；谓其君不能者，贼其君者也。凡有四端于我者，知皆扩而充之矣，若火之始然，泉之始达。苟能充之，足以保四海；苟不充之，不足以事父母。"

7. 孟子曰："矢人岂不仁于函人哉？矢人唯恐不伤人，函人唯恐伤人。巫、匠亦然。故术不可不慎也。孔子曰：'里仁为美，择不处仁，焉得智？'夫仁，天之尊爵也，人之安宅也。莫之御而不仁，是不智也。不仁不智，无礼无义，人役也。人役而耻为役，由弓人而耻为弓，矢人而耻为矢也。如耻之，莫如为仁。仁者如射，射者正己而后发，发而不中，不怨胜己者，反求诸己而已矣。"

8. 孟子曰："子路，人告之以有过则喜，禹闻善言则拜。大舜有大焉，善与人同，舍己从人，乐取于人以为善。自耕稼、陶、渔以至为帝，无非取于人者。取诸人以为善，是与人为善者也。故君子莫大乎与人为善。"

9. 孟子曰："伯夷，非其君不事，非其友不友；不立于恶人之朝，不与恶人言;立于恶人之朝,与恶人言,如以朝衣、朝冠坐于涂炭。推恶恶之心,思与乡人立,其冠不正,望望然去之,若将浼焉。是故诸侯虽有善其辞命而至者,不受也。不受也者,是亦不屑就已。柳下惠不羞污君,不卑小官;进不隐贤,必以其道;遗佚而不怨,阨穷而不悯。故曰:'尔为尔,我为我,虽袒裼裸裎于我侧,尔焉能浼我哉?'故由由然与之偕而不自失焉,援而止之而止。援而止之而止者,是亦不屑去已。"

孟子曰:"伯夷隘,柳下惠不恭。隘与不恭,君子不由也。"

公 孙 丑 下

1. 孟子曰:"天时不如地利,地利不如人和。三里之城,七里之郭,环而攻之而不胜。夫环而攻之,必有得天时者矣;然而不胜者,是天时不如地利也。城非不高也,池非不深也,兵革非不坚利也,米粟非不多也;委而去之,是地利不如人和也。故曰:域民不以封疆之界,固国不以山谿之险,威天下不以兵革之利。得道者多助,失道者寡助。寡助之至,亲戚畔之;多助之至,天下顺之。以天下之所顺,攻亲戚之所畔,故君子有不战,战必胜矣。"

2. 孟子将朝王,王使人来曰:"寡人如就见者也,有寒疾,不可以风;朝将视朝,不识可使寡人得见乎?"

对曰:"不幸而有疾,不能造朝。"

明日,出吊于东郭氏。公孙丑曰:"昔者辞以疾,今日吊,或者不可乎?"

曰:"昔者疾,今日愈,如之何不吊?"

王使人问疾,医来。孟仲子对曰:"昔者有王命,有采薪之忧,不能造朝。今病小愈,趋造于朝,我不识能至否乎?"使数人要于路,曰:"请必无归,而造于朝。"

不得已而之景丑氏宿焉。景子曰:"内则父子,外则君臣,人之大伦也。父子主恩,君臣主敬。丑见王之敬子也,未见所以敬王也。"

曰:"恶,是何言也!齐人无以仁义与王言者,岂以仁义为不美也?其心曰:'是何足与言仁义也'云尔,则不敬莫大乎是。我非尧舜之道不敢陈于王前,故齐人莫如我敬王也。"

景子曰:"否,非此之谓也。《礼》曰:'父召,无诺;君命召,不俟驾。'固将朝也,闻王命而遂不果,宜与夫礼若不相似然。"

曰:"岂谓是与?曾子曰:'晋、楚之富,不可及也。彼以其富,我以吾仁;彼以其爵,我以吾义,吾何慊乎哉!'夫岂不义而曾子言之?是或一道也。天下有达尊三:爵一,齿一,德一。朝廷莫如爵,乡党莫如齿,辅世长民莫如德。恶得有其一以慢其二哉!故将大有为之君,必有所不召之臣,欲有谋焉则就之。其尊德乐道,不如是,不足与有为也。故汤之于伊尹,学焉而后臣之,故不劳而王;桓公之于管仲,学焉而后臣之,故不劳而霸。今天下地丑德齐,莫能相尚。无他,好臣其所教,而不好臣其所受教。汤之于伊尹,桓公之于管仲,则不敢召。管仲且犹不可召,而况不为管仲者乎!"

3. 陈臻问曰:"前日于齐,王馈兼金一百而不受;于宋,馈七十镒而受;于薛,馈五十镒而受。前日之不受是,则今日之受非也;今日之受是,则前日之不受非也。夫子必居一于此矣。"

孟子曰:"皆是也。当在宋也,予将远行,行者必以赆;辞曰:'馈赆。'予何为不受?当在薛,予有戒心;辞曰:'闻戒,故为兵馈之。'予何为不受?若于齐,则未有处也,无处而馈之,是货之也。焉有君子而可以货取乎?"

4. 孟子之平陆,谓其大夫曰:"子之持戟之士,一日而三失伍,则去之否乎?"

曰:"不待三。"

"然则子之失伍也亦多矣。凶年饥岁,子之民,老羸转于沟壑,壮者散而之四方者,几千人矣。"

曰:"此非距心之所得为也。"

曰:"今有受人之牛羊而为之牧之者,则必为之求牧与刍矣。求牧与刍而不得,则反诸其人乎?抑亦立而视其死与?"

曰:"此则距心之罪也。"

他日,见于王曰:"王之为都者,臣知五人焉。知其罪者,惟孔距心。"为王诵之。

王曰:"此则寡人之罪也。"

5. 孟子谓蚳䵷曰:"子之辞灵丘而请士师,似也,为其可以言也。今既数月矣,未可以言与?"

蚳䵷谏于王而不用,致为臣而去。

齐人曰:"所以为蚳䵷则善矣;所以自为,则吾不知也。"

公都子以告。

曰:"吾闻之也,有官守者,不得其职则去,有言责者,不得其言则去。我无官守,我无言责也,则吾进退,岂不绰绰然有余裕哉?"

6. 孟子为卿于齐,出吊于滕,王使盖大夫王驩为辅行。王驩朝暮见,反齐滕之路,未尝与之言行事也。

公孙丑曰:"齐卿之位,不为小矣;齐滕之路,不为近矣,反之而未尝与言行事,何也?"

曰:"夫既或治之,予何言哉?"

7. 孟子自齐葬于鲁,反于齐,止于嬴。

充虞请曰:"前日不知虞之不肖,使虞敦匠事。严,虞不敢请。今愿窃有请也:木若以美然。"

曰:"古者棺椁无度,中古棺七寸,椁称之。自天子达于庶人,非直为观美也,然后尽于人心。不得,不可以为悦;无财,不可以为悦。得之为有财,古之人皆用之,吾何为独不然?且比化者无使土亲肤,于人心独无恔乎?吾闻之也,君子不以天下俭其亲。"

8. 沈同以其私问曰:"燕可伐与?"

孟子曰:"可。子哙不得与人燕,子之不得受燕于子哙。有仕于此而子悦之,不告于王而私与之吾子之禄爵;夫士也,亦无王命而私受之于子,则可乎?何以异于是?"

齐人伐燕。

或问曰:"劝齐伐燕,有诸?"

曰:"未也。沈同问'燕可伐与',吾应之曰'可',彼然而伐之也。彼如曰:'孰可以伐之?'则将应之曰:'为天吏,则可以伐之。'今有杀人者,或问之曰:'人可杀与?'则将应之曰'可'。彼如曰:'孰可以杀之?'则将应之曰:'为士师,则可以杀之。'今以燕伐燕,何为劝之哉?"

9. 燕人畔。王曰:"吾甚惭于孟子。"

陈贾曰:"王无患焉。王自以为与周公孰仁且智?"

曰:"恶!是何言也!"

曰:"周公使管叔监殷,管叔以殷畔。知而使之,是不仁也;不知而使之,是不智也。仁智,周公未之尽也,而况于王乎?贾请见而解之。"

见孟子,问曰:"周公何人也?"

曰:"古圣人也。"

曰:"使管叔监殷,管叔以殷畔也,有诸?"

曰:"然。"

曰:"周公知其将畔而使之与?"

曰:"不知也。"

"然则圣人且有过与?"

曰:"周公,弟也;管叔,兄也。周公之过,不亦宜乎?且古之君子,过则改之;今之君子,过则顺之。古之君子,其过也,如日月之食,民皆见之;及其更也,民皆仰之。今之君子,岂徒顺之,又从为之辞。"

10. 孟子致为臣而归。王就见孟子,曰:"前日愿见而不可得,得侍同朝,甚喜。今又弃寡人而归,不识可以继此而得见乎?"

对曰:"不敢请耳,固所愿也。"

他日,王谓时子曰:"我欲中国而授孟子室,养弟子以万钟,使诸大夫国人皆有所矜式,子盍为我言之!"

时子因陈子而以告孟子,陈子以时子之言告孟子。

孟子曰:"然。夫时子恶知其不可也?如使予欲富,辞十万而受万,是为欲富乎?季孙曰:'异哉子叔疑!使己为政,不用,则亦已矣,又使其子弟为卿。人亦孰不欲富贵,而独于富贵之中有私龙断焉。'古之为市也,以其所有易其所无者,有司者治之耳。有贱丈夫焉,必求龙断而登之,以左右望,而罔市利。人皆以为贱,故从而征之。征商自此贱丈夫始矣。"

11. 孟子去齐,宿于昼。有欲为王留行者,坐而言。不应,隐几而卧。

客不悦曰:"弟子齐宿而后敢言,夫子卧而不听,请勿复敢见矣。"

曰:"坐!我明语子。昔者鲁缪公无人乎子思之侧,则不能安子思;泄柳、申详无人乎缪公之侧,则不能安其身。子为长者虑,而不及子思。子绝长者乎?长者绝子乎?"

12. 孟子去齐。尹士语人曰:"不识王之不可以为汤、武,则是不明也;识其不可,然且至,则是干泽也。千里而见王,不遇故去,三宿而后出昼,是何濡滞也?士则兹不悦。"

高子以告。

曰:"夫尹士恶知予哉?千里而见王,是予所欲也;不遇故去,岂予所欲哉?予不得已也。予三宿而后出昼,于予心犹以为速,王庶几改之!王如改诸,则必反予。夫出昼而王不予追也,予然后浩然有归志。予虽然,岂舍王哉?王由足用为善。王如用予,则岂徒齐民安,天下之民举安。王庶几改之,予日望之!予岂若是小丈夫然哉?谏于其君而不受则怒,悻悻然见于其面,去则穷日之力而后宿哉?"

尹士闻之,曰:"士诚小人也。"

13. 孟子去齐,充虞路问曰:"夫子若有不豫色然。前日虞闻诸夫子曰:'君子不怨天,不尤人。'"

曰:"彼一时,此一时也。五百年必有王者兴,其间必有名世者。由周而来,七百有余岁矣。以其数,则过矣;以其时考之,则可矣。夫天未欲平治天下也;如欲平治天下,当今之世,舍我其谁也?吾何为不豫哉?"

14. 孟子去齐,居休。公孙丑问曰:"仕而不受禄,古之道乎?"

曰:"非也。于崇,吾得见王,退而有去志,不欲变,故不受也。继而有师命,不可以请。久于齐,非我志也。"

滕 文 公 上

1. 滕文公为世子,将之楚,过宋而见孟子。孟子道性善,言必称尧舜。

世子自楚反,复见孟子。孟子曰:"世子疑吾言乎?夫道一而已矣。成覸谓齐景公曰:'彼丈夫也,我丈夫也,吾何畏彼哉?'颜渊曰:'舜何人也,予何人也,有为者亦若是。'公明仪曰:'文王我师也;周公岂欺我哉?'今滕,绝长补短,将五十里也,犹可以为善国。《书》曰:'若药不瞑眩,厥疾不瘳。'"

2. 滕定公薨,世子谓然友曰:"昔者孟子尝与我言于宋,于心终不忘。今也不幸至于大故,吾欲使子问于孟子,然后行事。"

然友之邹问于孟子。

孟子曰:"不亦善乎!亲丧,固所自尽也。曾子曰:'生,事之以礼;死,葬之以礼,祭之以礼,可谓孝矣。'诸侯之礼,吾未之学也。虽然,吾尝闻之矣:三年之丧,齐疏之服,飦粥之食,自天子达于庶人,三代共之。"

然友反命,定为三年之丧。父兄百官皆不欲,曰:"吾宗国鲁先君莫之行,吾先君亦莫之行也,至于子之身而反之,不可。且《志》曰:'丧祭从先祖。'曰:'吾有所受之也。'"

谓然友曰:"吾他日未尝学问,好驰马试剑。今也父兄百官不我足也,恐其不能尽于大事,子为我问孟子。"

然友复之邹问于孟子。

孟子曰:"然,不可以他求者也。孔子曰:'君薨,听于冢宰。'歠粥,面深墨,即位而哭,百官有司莫敢不哀,先之也。上有好者,下必有甚焉者矣。君子之德,风也;小人之德,草也。草尚之风,必偃。是在世子。"

然友反命。

世子曰:"然,是诚在我。"

五月居庐,未有命戒。百官族人可,谓曰知。及至葬,四方来观之,颜色之戚,哭泣之哀,吊者大悦。

3. 滕文公问为国。

孟子曰:"民事不可缓也。《诗》云:'昼尔于茅,宵尔索绹,亟其乘屋,其始播百谷。'民之为道也,有恒产者有恒心,无恒产者无恒心。苟无恒心,放辟邪侈,无不为已。及陷于罪,然后从而刑之,是罔民也。焉有仁人在位,罔民而可为也?是故贤君必恭俭礼下,取于民有制。阳虎曰:'为富不仁矣,为仁不富矣。'夏后氏五十而贡,殷人七十而助,周人百亩而彻,其实皆什一也。彻者,彻也;助者,藉也。龙子曰:'治地莫善于助,莫不善于贡。'贡者,校数岁之中以为常。乐岁,粒米狼戾,多取之而不为虐,则寡取之;凶年,粪其田而不足,则必取盈焉。为民父母,使民盻盻然,将终岁勤动,不得以养其父母,又称贷而益之,使老稚转乎沟壑,恶在其为民父母也?夫世禄,滕固行之矣。《诗》云:'雨我公田,遂及我私。'惟助为有公田。由此观之,虽周亦助也。设为庠序学校以教之。庠者,养也;校者,教也;序者,射也。夏曰校,殷曰序,周曰庠,学则三代共之,皆所以明人伦也。人伦明于上,小民亲于下。有王者起,必来取法,是为王者师也。《诗》云:'周虽旧邦,其命惟新',文王之谓也。子力行之,亦以新子之国!"

使毕战问井地。

孟子曰:"子之君将行仁政,选择而使子,子必勉之!夫仁政必自经界始。经界不正,井地不均,谷禄不平。是故暴君污吏必慢其经界。经界既正,分田制禄可坐而定也。夫滕,壤地褊小,将为君子焉,将为野人焉;无君子;莫治野人;无野人,莫养君子。请野九一而助,国中什一使自赋。卿以下必有圭田,圭田五十亩,余夫二十五亩。死徙无出乡,乡田同井,出入相友,守望相助,疾病相扶持,则百姓亲睦。方里而井,井九百亩,其中为公田。八家皆私百亩,同养公田。公事毕,然后敢治私事,所以别野人也。此其大略也。若夫润泽之,则在君与子矣。"

4. 有为神农之言者许行,自楚之滕,踵门而告文公曰:"远方之人闻君行仁政,愿受一廛而为氓。"

文公与之处。其徒数十人,皆衣褐,捆屦、织席以为食。

陈良之徒陈相与其弟辛,负耒耜而自宋之滕,曰:"闻君行圣人之政,是亦圣人也,愿为圣人氓。"

陈相见许行而大悦,尽弃其学而学焉。

陈相见孟子,道许行之言曰:"滕君则诚贤君也。虽然,未闻道也。贤者与民并耕而食,饔飧而治。今也滕有仓廪府库,则是厉民而以自养也,恶得贤?"

孟子曰:"许子必种粟而后食乎?"

曰:"然。"

"许子必织布而后衣乎？"

曰："否。许子衣褐。"

"许子冠乎？"

曰："冠。"

曰："奚冠？"

曰："冠素。"

曰："自织之与？"

曰："否。以粟易之。"

曰："许子奚为不自织？"

曰："害于耕。"

曰："许子以釜甑爨、以铁耕乎？"

曰："然。"

"自为之与？"

曰："否。以粟易之。"

"以粟易械器者，不为厉陶冶。陶冶亦以其械器易粟者，岂为厉农夫哉？且许子何不为陶冶，舍皆取其宫中而用之？何为纷纷然与百工交易？何许子之不惮烦？"

曰："百工之事固不可耕且为也。"

"然则治天下独可耕且为与？有大人之事，有小人之事。且一人之身，而百工之所为备，如必自为而后用之，是率天下而路也。故曰：或劳心，或劳力。劳心者治人，劳力者治于人；治于人者食人，治人者食于人，天下之通义也。当尧之时，天下犹未平，洪水横流，泛滥于天下，草木畅茂，禽兽繁殖，五谷不登，禽兽偪人，兽蹄鸟迹之道交于中国。尧独忧之，举舜而敷治焉。舜使益掌火，益烈山泽而焚之，禽兽逃匿。禹疏九河，瀹济、漯而注诸海，决汝、汉，排淮、泗而注之江，然后中国可得食也。当是时也，禹八年于外，三过其门而不入，虽欲耕，得乎？后稷教民稼穑，树艺五谷，五谷熟而民人育。人之有道也，饱食、煖衣、逸居而无教，则近于禽兽。圣人有忧之，使契为司徒，教以人伦：父子有亲，君臣有义，夫妇有别，长幼有序，朋友有信。放勋曰：'劳之来之，匡之直之，辅之翼之，使自得之，又从而振德之。'圣人之忧民如此，而暇耕乎？尧以不得舜为己忧，舜以不得禹、皋陶为己忧。夫以百亩之不易为己忧者,农夫也。分人以财谓之惠,教人以善谓之忠,为天下得人者谓之仁。是故以天下与人易,为天下得人难。孔子曰:'大哉尧之为君!惟天为大,惟尧则之,荡荡乎民无能名焉!君哉舜也!巍巍乎有天下而不与焉!'尧舜之治天下,岂无所用其心哉?亦不用于耕耳。吾闻用夏变夷者,未闻变于夷者也。陈良,楚产也,悦周公、仲尼之道,北学于中国。北方之学者,未能或之先也。彼所谓豪杰之士也。子之兄弟事之数十年,师死而遂倍之。昔者孔子没,三年之外,门人治任将归,入揖于子贡,相向而哭,皆失声,然后归。子贡反,筑室于场,独居三年,然后归。他日,子夏、子张、子游以有若似圣人,欲以所事孔子事之,强曾子。曾子曰:'不可。江汉以濯之,秋阳以暴之,皓皓乎不可尚已。'今也南蛮鴃舌之人,非先王之道,子倍子之师而学之,亦异于曾子矣。吾闻出于幽谷迁于乔木者,未闻下乔木而入于幽谷者。《鲁颂》曰:'戎狄是膺,荆舒是惩。'周公且方膺之,子是之学,亦为不善变矣。"

"从许子之道,则市贾不贰,国中无伪,虽使五尺之童适市,莫之或欺。布帛长短同,则贾相若;麻缕丝絮轻重同,则贾相若;五谷多寡同,则贾相若;屦大小同,则贾相若。"

曰:"夫物之不齐,物之情也。或相倍蓰,或相什伯,或相千万。子比而同之,是乱天下也。巨屦小屦同贾,人岂为之哉?从许子之道,相率而为伪者也,恶能治国家?"

5. 墨者夷之因徐辟而求见孟子。孟子曰:"吾固愿见,今吾尚病,病愈。我且往见。"夷子不来。

他日,又求见孟子。孟子曰:"吾今则可以见矣。不直,则道不见,我且直之。吾闻夷子墨者,墨之治丧也,以薄为其道也。夷子思以易天下,岂以为非是而不贵也?然而夷子葬其亲厚,则是以所贱事亲也。"

徐子以告夷子。

夷子曰:"儒者之道,古之人若保赤子,此言何谓也?之则以为爱无差等,施由亲始。"

孟子曰:"夫夷子信以为人之亲其兄之子若亲其邻之赤子乎?彼有取尔也。赤子匍匐将入井,非赤子之罪也。且天之生物也,使之一本,而夷子二本故也。盖上世尝有不葬其亲者,其亲死,则举而委之于壑。他日过之,狐狸食之,蝇蚋姑嘬之。其颡有泚,睨而不视。夫泚也,非为人泚,中心达于面目,盖归反蘽梩而掩之。掩之诚是也,则孝子仁人之掩其亲,亦必有道矣。"

徐子以告夷子。夷子怃然,为间,曰:"命之矣。"

滕 文 公 下

1. 陈代曰:"不见诸侯,宜若小然。今一见之,大则以王,小则以霸。且《志》曰:'枉尺而直寻',宜若可为也。"

孟子曰:"昔齐景公田,招虞人以旌,不至,将杀之。'志士不忘在沟壑,勇士不忘丧其元。'孔子奚取焉?取非其招不往也。如不待其招而往,何哉?且夫枉尺而直寻者,以利言也。如以利,则枉寻直尺而利,亦可为与?昔者赵简子使王良与嬖奚乘,终日而不获一禽。嬖奚反命曰:'天下之贱工也。'或以告王良。良曰:'请复之。'强而后可,一朝而获十禽。嬖奚反命曰:'天下之良工也。'简子曰:'我使掌与女乘。'谓王良,良不可,曰:'吾为之范我驰驱,终日不获一;为之诡遇,一朝而获十。《诗》云:"不失其驰,舍矢如破。"我不贯与小人乘,请辞。'御者且羞与射者比,比而得禽兽,虽若丘陵,弗为也。如枉道而从彼,何也?且子过矣,枉己者,未有能直人者也。"

2. 景春曰:"公孙衍、张仪岂不诚大丈夫哉?一怒而诸侯惧,安居而天下熄。"

孟子曰:"是焉得为大丈夫乎?子未尝学礼乎?丈夫之冠也,父命之;女子之嫁也,母命之,往送之门,戒之曰:'往之女家,必敬必戒,无违夫子!'以顺为正者,妾妇之道也。居天下之广居,立天下之正位,行天下之大道;得志,与民由之;不得志,独行其道。富贵不能淫,贫贱不能移,威武不能屈,此之谓大丈夫。"

3. 周霄问曰:"古之君子仕乎?"

孟子曰:"仕。《传》曰:'孔子三月无君,则皇皇如也;出疆必载质。'公明仪曰:'古之人三月无君,则吊。'"

"三月无君则吊,不以急乎?"

曰:"士之失位也,犹诸侯之失国家也。《礼》曰:'诸侯耕助以供粢盛,夫人蚕缫以为衣服。牺牲不成,粢盛不洁,衣服不备,不敢以祭。惟士无田,则亦不祭。'牲杀、器皿、衣服不备,不敢以祭,则不敢以宴,亦不足吊乎?"

"出疆必载质,何也?"

曰:"士之仕也,犹农夫之耕也,农夫岂为出疆舍其耒耜哉?"

曰:"晋国亦仕国也,未尝闻仕如此其急。仕如此其急也,君子之难仕,何也?"

曰:"丈夫生而愿为之有室,女子生而愿为之有家,父母之心,人皆有之。不待父母之命,媒妁之言,钻穴隙相窥,逾墙相从,则父母国人皆贱之。古之人未尝不欲仕也,又恶不由其道。不由其道而往者,与钻穴隙之类也。"

4. 彭更问曰:"后车数十乘,从者数百人,以传食于诸侯,不以泰乎?"

孟子曰:"非其道,则一箪食不可受于人;如其道,则舜受尧之天下,不以为泰。子以为泰乎?"

曰:"否。士无事而食,不可也。"

曰:"子不通功易事,以羡补不足,则农有余粟,女有余布;子如通之,则梓、匠、轮、舆皆得食于子。于此有人焉,入则孝,出则悌,守先王之道,以待后之学者,而不得食于子;子何尊梓、匠、轮、舆而轻为仁义者哉?"

曰:"梓、匠、轮、舆,其志将以求食也;君子之为道也,其志亦将以求食与?"

曰:"子何以其志为哉?其有功于子,可食而食之矣。且子食志乎?食功乎?"

曰:"食志。"

曰:"有人于此,毁瓦画墁,其志将以求食,则子食之乎?"

曰:"否。"

曰:"然则子非食志也,食功也。"

5. 万章问曰:"宋小国也,今将行王政,齐、楚恶而伐之,则如之何?"

孟子曰:"汤居亳,以葛为邻,葛伯放而不祀。汤使人问之曰:'何为不祀?'曰:'无以供牺牲也。'汤使遗之牛羊,葛伯食之,又不以祀。汤又使人问之曰:'何为不祀?'曰:'无以供粢盛也。'汤使亳众往为之耕。老弱馈食。葛伯率其民，要其有酒食黍稻者夺之，不授者杀之。有童子以黍肉饷，杀而夺之。《书》曰：'葛伯仇饷。'此之谓也。为其杀是童子而征之，四海之内皆曰：'非富天下也，为匹夫匹妇复仇也。''汤始征，自葛载'，十一征而无敌于天下。东面而征西夷怨，南面而征北狄怨，曰：'奚为后我？'民之望之，若大旱之望雨也，归市者弗止，芸者不变。诛其君，吊其民，如时雨降。民大悦。《书》曰：'徯我后，后来其无罚。''有攸不惟臣，东征，绥厥士女。篚厥玄黄，绍我周王见休，惟臣附于大邑周。'其君子实玄黄于篚，以迎其君子；其小人箪食壶浆，以迎其小人。救民于水火之中，取其残而已矣。《太誓》曰：'我武惟扬，侵于之疆，则取于残，杀伐用张，于汤有光。'不行王政云尔。苟行王政，四海之内，皆举首而望之，欲以为君，齐、楚虽大，何畏焉？"

6. 孟子谓戴不胜曰："子欲子之王之善与？我明告子。有楚大夫于此，欲其子之齐语也，则使齐人傅诸？使楚人傅诸？"

曰："使齐人傅之。"

曰："一齐人傅之，众楚人咻之，虽日挞而求其齐也，不可得矣；引而置之庄、岳之间数年，虽日挞而求其楚，亦不可得矣。子谓薛居州，善士也，使之居于王所。在于王所者，长幼、卑尊皆薛居州也，王谁与为不善？在王所者，长幼、卑尊皆非薛居州也，王谁与为善？一薛居州，独如宋王何？"

7. 公孙丑问曰："不见诸侯何义？"

孟子曰："古者不为臣不见。段干木逾垣而辟之，泄柳闭门而不内，是皆已甚；迫，斯可以见矣。阳货欲见孔子而恶无礼，大夫有赐于士，不得受于其家，则往拜其门。阳货瞰孔子之亡也，而馈孔子蒸豚。孔子亦瞰其亡也，而往拜之。当是时，阳货先，岂不得见？曾子曰：'胁肩谄笑，病于夏畦。'子路曰：'未同而言，观其色赧赧然，非由之所知也。'由是观之，则君子之所养，可知已矣。"

8. 戴盈之曰："什一，去关市之征，今兹未能，请轻之，以待来年，然后已，何如？"

孟子曰："今有人日攘其邻之鸡者，或告之曰：'是非君子之道。'曰：'请损之，月攘一鸡，以待来年，然后已。'如知其非义，斯速已矣，何待来年？"

9. 公都子曰:"外人皆称夫子好辩,敢问何也?"

孟子曰:"予岂好辩哉?予不得已也。天下之生久矣,一治一乱。

"当尧之时,水逆行,泛滥于中国,蛇龙居之,民无所定,下者为巢,上者为营窟。《书》曰:'洚水警余。'洚水者,洪水也。使禹治之。禹掘地而注之海,驱蛇龙而放之菹。水由地中行,江、淮、河、汉是也。险阻既远,鸟兽之害人者消,然后人得平土而居之。

"尧舜既没,圣人之道衰,暴君代作,坏宫室以为汙池,民无所安息;弃田以为园囿,使民不得衣食。邪说暴行又作,园囿、汙池、沛泽多而禽兽至。及纣之身,天下又大乱。周公相武王,诛纣伐奄,三年讨其君,驱飞廉于海隅而戮之,灭国者五十,驱虎、豹、犀、象而远去,天下大悦。《书》曰:'丕显哉,文王谟!丕承哉,武王烈!佑启我后人,咸以正无缺。'

"世衰道微,邪说暴行有作,臣弑其君者有之,子弑其父者有之。孔子惧,作《春秋》。《春秋》,天子之事也。是故孔子曰:'知我者,其惟《春秋》乎!罪我者,其惟《春秋》乎!'

"圣王不作,诸侯放恣,处士横议,杨朱、墨翟之言盈天下,天下之言不归杨,则归墨。杨氏为我,是无君也;墨氏兼爱,是无父也;无父无君,是禽兽也。公明仪曰:'庖有肥肉,厩有肥马,民有饥色,野有饿莩,此率兽而食人也。'杨、墨之道不息,孔子之道不著,是邪说诬民,充塞仁义也。仁义充塞,则率兽食人,人将相食。吾为此惧,闲先圣之道,距杨、墨,放淫辞,邪说者不得作。作于其心,害于其事;作于其事,害于其政。圣人复起,不易吾言矣。

"昔者,禹抑洪水而天下平,周公兼夷狄、驱猛兽而百姓宁,孔子成《春秋》而乱臣贼子惧。《诗》云:'戎狄是膺,荆舒是惩,则莫我敢承。'无父无君,是周公所膺也。我亦欲正人心,息邪说,距诐行,放淫辞,以承三圣者,岂好辩哉?予不得已也。能言距杨、墨者,圣人之徒也。"

10. 匡章曰:"陈仲子岂不诚廉士哉?居于陵,三日不食,耳无闻,目无见也。井上有李,螬食实者过半矣,匍匐往,将食之,三咽然后耳有闻,目有见。"

孟子曰:"于齐国之士,吾必以仲子为巨擘。虽然,仲子恶能廉?充仲子之操,则蚓而后可者也。夫蚓,上食槁壤,下饮黄泉。仲子所居之室,伯夷之所筑与?抑亦盗跖所筑与?所食之粟,伯夷之所树与?抑亦盗跖所树与?是未可知也。"

曰："是何伤哉？彼身织屦，妻辟纑，以易之也。"

曰："仲子，齐之世家也；兄戴，盖禄万钟。以兄之禄为不义之禄而不食也，以兄之室为不义之室而不居也，辟兄离母，处于於陵。他日归，则有馈其兄生鹅者，己频顣曰：'恶用鶃鶃者为哉？'他日，其母杀是鹅也，与之食之。其兄自外至，曰：'是鶃鶃之肉也。'出而哇之。以母则不食，以妻则食之；以兄之室则弗居，以於陵则居之。是尚为能充其类也乎？若仲子者，蚓而后充其操者也。"

离 娄 上

1. 孟子曰："离娄之明，公输子之巧，不以规矩，不能成方员；师旷之聪，不以六律，不能正五音；尧舜之道，不以仁政，不能平治天下。今有仁心仁闻，而民不被其泽，不可法于后世者，不行先王之道也。故曰：徒善不足以为政，徒法不能以自行。《诗》云：'不愆不忘，率由旧章。'遵先王之法而过者，未之有也。圣人既竭目力焉，继之以规矩准绳，以为方员平直，不可胜用也；既竭耳力焉，继之以六律正五音，不可胜用也；既竭心思焉，继之以不忍人之政，而仁覆天下矣。故曰：为高必因丘陵，为下必因川泽，为政不因先王之道，可谓智乎？是以惟仁者宜在高位。不仁而在高位，是播其恶于众也。上无道揆也，下无法守也，朝不信道，工不信度，君子犯义，小人犯刑，国之所存者幸也。故曰：城郭不完，兵甲不多，非国之灾也；田野不辟，货财不聚，非国之害也。上无礼，下无学，贼民兴，丧无日矣。《诗》曰：'天之方蹶，无然泄泄！'泄泄，犹沓沓也。事君无义，进退无礼，言则非先王之道者，犹沓沓也。故曰：责难于君谓之恭，陈善闭邪谓之敬，吾君不能谓之贼。"

2. 孟子曰："规矩，方员之至也；圣人，人伦之至也。欲为君，尽君道；欲为臣，尽臣道。二者皆法尧舜而已矣。不以舜之所以事尧事君，不敬其君者；不以尧之所以治民治民，贼其民者也。孔子曰：'道二，仁与不仁而已矣。'暴其民，甚者身弑国亡，不甚则身危国削。名之曰幽、厉，虽孝子慈孙，百世不能改也。《诗》云：'殷鉴不远,在夏后之世。'此之谓也。"

3. 孟子曰："三代之得天下以仁,其失天下也以不仁。国之所以废兴存亡者亦然。天子不仁,不保四海;诸侯不仁,不保社稷;卿大夫不仁,不保宗庙;士、庶人不仁,不保四体。今恶死亡而乐不仁,是犹恶醉而强酒。"

4. 孟子曰："爱人不亲,反其仁;治人不治,反其智;礼人不答,反其敬。行有不得者,皆反求诸己,其身正而天下归之。《诗》云：'永言配命,自求多福。'"

5. 孟子曰："人有恒言,皆曰'天下国家'。天下之本在国,国之本在家,家之本在身。"

6. 孟子曰："为政不难,不得罪于巨室。巨室之所慕,一国慕之;一国之所慕,天下慕之;故沛然德教溢乎四海。"

7. 孟子曰："天下有道,小德役大德,小贤役大贤;天下无道,小役大,弱役强。斯二者,天也。顺天者存,逆天者亡。齐景公曰：'既不能令,又不受命,是绝物也。'涕出而女于吴。今也小国师大国而耻受命焉,是犹弟子而耻受命于先师也。如耻之,莫若师文王。师文王,大国五年,小国七年,必为政于天下矣。《诗》云：'商之孙子,其丽不亿。上帝既命,侯于周服。侯服于周,天命靡常。殷士肤敏,裸将于京。'孔子曰：'仁不可为众也。夫国君好仁,天下无敌。'今也欲无敌于天下而不以仁,是犹执热而不以濯也。《诗》云：'谁能执热,逝不以濯?'"

8. 孟子曰："不仁者可与言哉? 安其危而利其菑,乐其所以亡者。不仁而可与言,则何亡国败家之有? 有孺子歌曰：'沧浪之水清兮,可以濯我缨;沧浪之水浊兮,可以濯我足。'孔子曰：'小子听之! 清斯濯缨;浊斯濯足,自取之也。'夫人必自侮,然后人侮之;家必自毁,而后人毁之;国必自伐,而后人伐之。《太甲》曰：'天作孽,犹可违;自作孽,不可活。'此之谓也。"

9. 孟子曰："桀纣之失天下也,失其民也;失其民者,失其心也。得天下有道：得其民,斯得天下矣。得其民有道：得其心,斯得民矣。得其心有道：所欲与之聚之,所恶勿施,尔也。民之归仁也,犹水之就下、兽之走圹也。故为渊驱鱼者,獭也;为丛驱爵者,鹯也;为汤武驱民者,桀与纣也。今天下之君有好仁者,则诸侯皆为之驱矣。虽欲无王,不可得也。今之欲王者,犹七年之病求三年之艾也。苟为不畜,终身不得。苟不志于仁,终身忧辱,以陷于死亡。《诗》云:'其何能淑,载胥及溺。'此之谓也。"

10. 孟子曰:"自暴者,不可与有言也;自弃者,不可与有为也。言非礼义,谓之自暴也;吾身不能居仁由义,谓之自弃也。仁,人之安宅也;义,人之正路也。旷安宅而弗居,舍正路而不由,哀哉!"

11. 孟子曰:"道在迩而求诸远,事在易而求诸难。人人亲其亲,长其长,而天下平。"

12. 孟子曰:"居下位而不获于上,民不可得而治也。获于上有道,不信于友,弗获于上矣。信于友有道,事亲弗悦,弗信于友矣。悦亲有道,反身不诚,不悦于亲矣。诚身有道,不明乎善,不诚其身矣。是故诚者,天之道也;思诚者,人之道也。至诚而不动者,未之有也;不诚,未有能动者也。"

13. 孟子曰:"伯夷辟纣,居北海之滨,闻文王作,兴曰:'盍归乎来!吾闻西伯善养老者。'太公辟纣,居东海之滨,闻文王作,兴曰:'盍归乎来!吾闻西伯善养老者。'二老者,天下之大老也,而归之,是天下之父归之也。天下之父归之,其子焉往?诸侯有行文王之政者,七年之内,必为政于天下矣。"

14. 孟子曰:"求也为季氏宰,无能改于其德,而赋粟倍他日。孔子曰:'求非我徒也,小子鸣鼓而攻之可也!'由此观之,君不行仁政而富之,皆弃孔子者也,况于为之强战!争地以战,杀人盈野;争城以战,杀人盈城;此所谓率土地而食人肉,罪不容于死。故善战者服上刑,连诸侯者次之,辟草莱、任土地者次之。"

15. 孟子曰:"存乎人者,莫良于眸子。眸子不能掩其恶。胸中正,则眸子瞭焉;胸中不正,则眸子眊焉。听其言也,观其眸子,人焉廋哉?"

16. 孟子曰:"恭者不侮人,俭者不夺人,侮夺人之君,惟恐不顺焉,恶得为恭俭?恭俭岂可以声音笑貌为哉?"

17. 淳于髡曰:"男女授受不亲,礼与?"

孟子曰:"礼也。"

曰:"嫂溺,则援之以手乎?"

曰:"嫂溺不援,是豺狼也。男女授受不亲,礼也;嫂溺,援之以手者,权也。"

曰:"今天下溺矣,夫子不援,何也?"

曰:"天下溺,援之以道;嫂溺,援之以手。子欲手援天下乎?"

18. 公孙丑曰:"君子之不教子,何也?"

孟子曰:"势不行也。教者必以正;以正不行,继之以怒;继之以怒,则反夷矣。'夫子教我以正,夫子未出于正也。'则是父子相夷也。父子相夷,则恶矣。古者易子而教之,父子之间不责善。责善则离,离则不祥莫大焉。"

19. 孟子曰:"事,孰为大?事亲为大;守,孰为大?守身为大。不失其身而能事其亲者,吾闻之矣,失其身而能事其亲者,吾未之闻也。孰不为事?事亲,事之本也;孰不为守?守身,守之本也。曾子养曾晳,必有酒肉;将彻,必请所与;问有余,必曰有。曾晳死,曾元养曾子,必有酒肉;将彻,不请所与;问有余,曰亡矣,将以复进也。此所谓养口体者也。若曾子,则可谓养志也。事亲若曾子者可也。"

20. 孟子曰:"人不足与适也,政不足间也,惟大人为能格君心之非。君仁莫不仁,君义莫不义,君正莫不正。一正君而国定矣。"

21. 孟子曰:"有不虞之誉,有求全之毁。"

22. 孟子曰:"人之易其言也,无责耳矣。"

23. 孟子曰:"人之患,在好为人师。"

24. 乐正子从于子敖之齐。

乐正子见孟子。孟子曰:"子亦来见我乎?"

曰:"先生何为出此言也?"

曰:"子来几日矣?"

曰:"昔者。"

曰:"昔者,则我出此言也,不亦宜乎?"
曰:"舍馆未定。"
曰:"子闻之也,舍馆定,然后求见长者乎?"
曰:"克有罪。"

25. 孟子谓乐正子曰:"子之从于子敖来,徒餔啜也。我不意子学古之道而以餔啜也。"

26. 孟子曰:"不孝有三,无后为大。舜不告而娶,为无后也,君子以为犹告也。"

27. 孟子曰:"仁之实,事亲是也;义之实,从兄是也。智之实,知斯二者弗去是也;礼之实,节文斯二者是也;乐之实,乐斯二者,乐则生矣,生则恶可已也。恶可已,则不知足之蹈之,手之舞之。"

28. 孟子曰:"天下大悦而将归己,视天下悦而归己,犹草芥也,惟舜为然。不得乎亲,不可以为人;不顺乎亲,不可以为子。舜尽事亲之道而瞽瞍厎豫,瞽瞍厎豫而天下化;瞽瞍厎豫而天下之为父子者定,此之谓大孝。"

离　娄　下

1. 孟子曰:"舜生于诸冯,迁于负夏,卒于鸣条,东夷之人也。文王生于岐周,卒于毕郢,西夷之人也。地之相去也千有余里,世之相后也千有余岁。得志行乎中国,若合符节,先圣后圣,其揆一也。"

2. 子产听郑国之政,以其乘舆济人于溱、洧。孟子曰:"惠而不知为政。岁十一月徒杠成,十二月舆梁成,民未病涉也。君子平其政,行辟人可也,焉得人人而济之? 故为政者,每人而悦之,日亦不足矣。"

3. 孟子告齐宣王曰:"君之视臣如手足,则臣视君如腹心;君之视臣如犬马,则臣视君如国人;君之视臣如土芥,则臣视君如寇仇。"

王曰:"礼,为旧君有服,何如斯可为服矣?"

曰:"谏行言听,膏泽下于民;有故而去,则君使人导之出疆,又先于其所往;去三年不反,然后收其田里。此之谓'三有礼'焉。如此,则为之服。今也为臣,谏则不行,言则不听;膏泽不下于民;有故而去,则君搏执之,又极之于其所往;去之日,遂收其田里。此之谓寇仇。寇仇,何服之有?"

4. 孟子曰:"无罪而杀士,则大夫可以去;无罪而戮民,则士可以徙。"

5. 孟子曰:"君仁,莫不仁;君义,莫不义。"

6. 孟子曰:"非礼之礼,非义之义,大人弗为。"

7. 孟子曰:"中也养不中,才也养不才,故人乐有贤父兄也。如中也弃不中,才也弃不才,则贤不肖之相去,其间不能以寸。"

8. 孟子曰:"人有不为也,而后可以有为。"

9. 孟子曰:"言人之不善,当如后患何?"

10. 孟子曰:"仲尼不为已甚者。"

11. 孟子曰:"大人者,言不必信,行不必果,惟义所在。"

12. 孟子曰:"大人者,不失其赤子之心者也。"

13. 孟子曰:"养生者不足以当大事,惟送死可以当大事。"

14. 孟子曰:"君子深造之以道,欲其自得之也。自得之,则居之安;居之安,则资之深;资之深,则取之左右逢其原。故君子欲其自得之也。"

15. 孟子曰:"博学而详说之,将以反说约也。"

16. 孟子曰:"以善服人者,未有能服人者也;以善养人,然后能服天下。天下不心服而王者,未之有也。"

17. 孟子曰:"言无实不祥。不祥之实,蔽贤者当之。"

18. 徐子曰:"仲尼亟称于水曰:'水哉,水哉!'何取于水也?"

孟子曰:"源泉混混,不舍昼夜,盈科而后进,放于四海。有本者如是,是之取尔。苟为无本,七八月之间雨集,沟浍皆盈;其涸也,可立而待也。故声闻过情,君子耻之。"

19. 孟子曰:"人之所以异于禽兽者几希,庶民去之,君子存之。舜明于庶物,察于人伦,由仁义行,非行仁义也。"

20. 孟子曰:"禹恶旨酒而好善言。汤执中,立贤无方。文王视民如伤,望道而未之见。武王不泄迩,不忘远。周公思兼三王,以施四事,其有不合者,仰而思之,夜以继日,幸而得之,坐以待旦。"

21. 孟子曰:"王者之迹熄而《诗》亡,《诗》亡然后《春秋》作。晋之《乘》,楚之《梼杌》,鲁之《春秋》,一也。其事则齐桓、晋文,其文则史。孔子曰:'其义则丘窃取之矣。'"

22. 孟子曰:"君子之泽,五世而斩;小人之泽,五世而斩。予未得为孔子之徒,予私淑诸人也。"

23. 孟子曰:"可以取,可以无取;取伤廉。可以与,可以无与;与伤惠。可以死,可以无死;死伤勇。"

24. 逢蒙学射于羿,尽羿之道,思天下惟羿为愈己,于是杀羿。孟子曰:"是亦羿之罪焉。"

公明仪曰:"宜若无罪焉。"

曰:"薄乎云尔,恶得无罪?郑人使子濯孺子侵卫,卫使庾公之斯追之,子濯孺子曰:'今日我疾作,不可以执弓,吾死矣夫!'问其仆曰:'追我者谁?'其仆曰:'庾公之斯也。'曰:'吾生矣。'其仆曰:'庾公之斯,卫之善射者也。夫子曰吾生,何谓也?'曰:'庾公之斯学射于尹公之他,尹公之他学射于我。夫尹公之他,端人也,其取友必端矣。'庾公之斯至,曰:'夫子何为不执弓?'曰:'今日我疾作,不可以执弓。'曰:'小人学射于尹公之他,尹公之他学射于夫子。我不忍以夫子之道反害夫子。虽然,今日之事,君事也,我不敢废。'抽矢,扣轮,去其金,发乘矢而后反。"

25. 孟子曰:"西子蒙不洁,则人皆掩鼻而过之。虽有恶人,齐戒沐浴,则可以祀上帝。"

26. 孟子曰:"天下之言性也,则故而已矣。故者以利为本。所恶于智者,为其凿也。如智者若禹之行水也,则无恶于智者矣。禹之行水也,行其所无事也。如智者亦行其所无事,则智亦大矣。天之高也,星辰之远也,苟求其故,千岁之日至,可坐而致也。"

27. 公行子有子之丧,右师往吊。入门,有进而与右师言者,有就右师之位而与右师言者。孟子不与右师言,右师不悦曰:"诸君子皆与驩言,孟子独不与驩言,是简驩也。"

孟子闻之,曰:"礼,朝廷不历位而相与言,不逾阶而相揖也。我欲行礼,子敖以我为简,不亦异乎?"

28. 孟子曰:"君子所以异于人者,以其存心也。君子以仁存心,以礼存心。仁者爱人,有礼者敬人。爱人者人恒爱之,敬人者人恒敬之。有人于此,其待我以横逆,则君子必自反也:我必不仁也,必无礼也,此物奚宜至哉?其自反而仁矣,自反而有礼矣,其横逆由是也,君子必自反也,我必不忠。自反而忠矣,其横逆由是也,君子曰:'此亦妄人也已矣!如此,则与禽兽奚择哉?于禽兽又何难焉?'是故君子有终身之忧,无一朝之患也。乃若所忧则有之:舜,人也;我,亦人也。舜为法于天下,可传于后世,我由未免为乡人也,是则可忧也。忧之如何?如舜而已矣。若夫君子所患则亡矣。非仁无为也,非礼无行也。如有一朝之患,则君子不患矣。"

29. 禹、稷当平世,三过其门而不入,孔子贤之。颜子当乱世,居于陋巷,一箪食,一瓢饮,人不堪其忧,颜子不改其乐,孔子贤之。孟子曰:"禹、稷、颜回同道。禹思天下有溺者,由己溺之也;稷思天下有饥者,由己饥之也,是以如是其急也。禹、稷、颜子易地则皆然。今有同室之人斗者,救之,虽被发缨冠而救之可也;乡邻有斗者,被发缨冠而往救之,则惑也;虽闭户可也。"

30. 公都子曰:"匡章,通国皆称不孝焉。夫子与之游,又从而礼貌之,敢问何也?"

孟子曰:"世俗所谓不孝者五,惰其四支,不顾父母之养,一不孝也;博弈好饮酒,不顾父母之养,二不孝也;好货财、私妻子,不顾父母之养,三不孝也;从耳目之欲,以为父母戮,四不孝也;好勇斗狠,以危父母,五不孝也。章子有一是乎？夫章子，子父责善而不相遇也。责善，朋友之道也；父子责善，贼恩之大者。夫章子，岂不欲有夫妻子母之属哉？为得罪于父，不得近，出妻屏子，终身不养焉。其设心以为不若是，是则罪之大者。是则章子已矣。"

31. 曾子居武城，有越寇。或曰："寇至，盍去诸？"曰："无寓人于我室，毁伤其薪木。"寇退，则曰："修我墙屋，我将反。"寇退，曾子反。左右曰："待先生如此其忠且敬也。寇至，则先去以为民望；寇退则反，殆于不可。"沈犹行曰："是非汝所知也。昔沈犹有负刍之祸，从先生者七十人，未有与焉。"

子思居于卫，有齐寇。或曰："寇至，盍去诸？"子思曰："如伋去，君谁与守？"

孟子曰："曾子、子思同道。曾子，师也，父兄也；子思，臣也，微也。曾子、子思易地则皆然。"

32. 储子曰："王使人瞯夫子，果有以异于人乎？"

孟子曰："何以异于人哉？尧舜与人同耳。"

33. 齐人有一妻一妾而处室者，其良人出，则必餍酒肉而后反。其妻问所与饮食者，则尽富贵也。其妻告其妾曰："良人出，则必餍酒肉而后反，问其与饮食者，尽富贵也，而未尝有显者来。吾将瞯良人之所之也。"

蚤起，施从良人之所之，遍国中无与立谈者。卒之东郭墦间，之祭者，乞其余；不足，又顾而之他。此其为餍足之道也。

其妻归，告其妾曰："良人者，所仰望而终身也，今若此！"与其妾讪其良人，而相泣于中庭。而良人未之知也，施施从外来，骄其妻妾。

由君子观之，则人之所以求富贵利达者，其妻妾不羞也、而不相泣者，几希矣。

万　章　上

1. 万章问曰："舜往于田，号泣于旻天，何为其号泣也？"

孟子曰："怨慕也。"

万章曰："'父母爱之,喜而不忘;父母恶之,劳而不怨。'然则舜怨乎？"

曰："长息问于公明高曰：'舜往于田,则吾既得闻命矣。号泣于旻天,于父母,则吾不知也。'公明高曰：'是非尔所知也。'夫公明高以孝子之心,为不若是恝：我竭力耕田,共为子职而已矣,父母之不我爱,于我何哉？帝使其子九男二女,百官牛羊仓廪备,以事舜于畎亩之中,天下之士多就之者,帝将胥天下而迁之焉。为不顺于父母,如穷人无所归。天下之士悦之,人之所悦也,而不足以解忧；好色,人之所欲,妻帝之二女,而不足以解忧；富,人之所欲,富有天下,而不足以解忧；贵,人之所欲,贵为天子,而不足以解忧。人悦之、好色、富贵,无足以解忧者,惟顺父母可以解忧。人少,则慕父母；知好色,则慕少艾；有妻子,则慕妻子；仕则慕君,不得于君则热中。大孝终身慕父母,五十而慕者,予于大舜见之矣。"

2. 万章问曰："《诗》云：'娶妻如之何？必告父母。'信斯言也,宜莫如舜。舜之不告而娶,何也？"

孟子曰："告则不得娶。男女居室,人之大伦也。如告则废人之大伦,以怼父母,是以不告也。"

万章曰："舜之不告而娶,则吾既得闻命矣。帝之妻舜而不告,何也？"

曰："帝亦知告焉则不得妻也。"

万章曰："父母使舜完廪,捐阶,瞽瞍焚廪；使浚井,出,从而揜之。象曰：'谟盖都君咸我绩。牛羊父母,仓廪父母。干戈朕,琴朕,弤朕,二嫂使治朕栖。'象往入舜宫,舜在床琴。象曰：'郁陶思君尔。'忸怩。舜曰：'惟兹臣庶,汝其于予治！'不识舜不知象之将杀己与？"

曰："奚而不知也？象忧亦忧,象喜亦喜。"

曰："然则舜伪喜者与？"

曰："否。昔者有馈生鱼于郑子产,子产使校人畜之池。校人烹之,反命曰：'始舍之,圉圉焉,少则洋洋焉,悠然而逝。'子产曰：'得其所哉！得其所哉！'校人出,曰：'孰谓子产智？予既烹而食之,曰：得其所哉！得其所哉！'故君子可欺以其方,难罔以非其道。彼以爱兄之道来,故诚信而喜之,奚伪焉？"

3. 万章问曰："象日以杀舜为事,立为天子则放之,何也？"

孟子曰："封之也。或曰放焉。"

万章曰："舜流共工于幽州，放驩兜于崇山，杀三苗于三危，殛鲧于羽山，四罪而天下咸服，诛不仁也。象至不仁，封之有庳。有庳之人奚罪焉？仁人固如是乎：在他人则诛之，在弟则封之？"

曰："仁人之于弟也，不藏怒焉，不宿怨焉，亲爱之而已矣。亲之，欲其贵也；爱之，欲其富也。封之有庳，富贵之也。身为天子，弟为匹夫，可谓亲爱之乎？"

"敢问或曰放者，何谓也？"

曰："象不得有为于其国，天子使吏治其国而纳其贡税焉，故谓之放。岂得暴彼民哉？虽然，欲常常而见之，故源源而来。'不及贡，以政接于有庳。'此之谓也。"

4. 咸丘蒙问曰："语云：'盛德之士，君不得而臣，父不得而子。'舜南面而立，尧帅诸侯北面而朝之，瞽瞍亦北面而朝之。舜见瞽瞍，其容有蹙。孔子曰：'于斯时也，天下殆哉岌岌乎！'不识此语诚然乎哉？"

孟子曰："否。此非君子之言，齐东野人之语也。尧老而舜摄也。《尧典》曰：'二十有八载，放勋乃徂落，百姓如丧考妣，三年，四海遏密八音。'孔子曰：'天无二日，民无二王。'舜既为天子矣，又帅天下诸侯以为尧三年丧，是二天子矣。"

咸丘蒙曰："舜之不臣尧，则吾既得闻命矣。《诗》云：'普天之下，莫非王土；率土之滨，莫非王臣。'而舜既为天子矣，敢问瞽瞍之非臣，如何？"

曰："是诗也，非是之谓也。劳于王事，而不得养父母也。曰：'此莫非王事，我独贤劳也。'故说诗者，不以文害辞，不以辞害志，以意逆志，是为得之。如以辞而已矣，《云汉》之诗曰：'周余黎民，靡有孑遗。'信斯言也，是周无遗民也。孝子之至，莫大乎尊亲；尊亲之至，莫大乎以天下养。为天子父，尊之至也；以天下养，尊之至也。《诗》曰：'永言孝思，孝思维则。'此之谓也。《书》曰：'祗载见瞽瞍，夔夔齐栗，瞽瞍亦允若。'是为父不得而子也？"

5. 万章曰："尧以天下与舜，有诸？"

孟子曰："否。天子不能以天下与人。"

"然则舜有天下也，孰与之？"

曰:"天与之。"

"天与之者,谆谆然命之乎?"

曰:"否。天不言,以行与事示之而已矣。"

曰:"以行与事示之者,如之何?"

曰:"天子能荐人于天,不能使天与之天下;诸侯能荐人于天子,不能使天子与之诸侯;大夫能荐人于诸侯,不能使诸侯与之大夫。昔者,尧荐舜于天,而天受之;暴之于民,而民受之。故曰:天不言,以行与事示之而已矣。"

曰:"敢问荐之于天,而天受之;暴之于民,而民受之,如何?"

曰:"使之主祭而百神享之,是天受之;使之主事而事治,百姓安之,是民受之也。天与之,人与之,故曰:天子不能以天下与人。舜相尧二十有八载,非人之所能也,天也。尧崩,三年之丧毕,舜避尧之子于南河之南,天下诸侯朝觐者,不之尧之子而之舜;讼狱者,不之尧之子而之舜;讴歌者,不讴歌尧之子而讴歌舜。故曰:天也。夫然后之中国,践天子位焉。而居尧之宫,逼尧之子,是篡也,非天与也。《太誓》曰:'天视自我民视,天听自我民听。'此之谓也。"

6. 万章问曰:"人有言,'至于禹而德衰,不传于贤而传于子。'有诸?"

孟子曰:"否,不然也。天与贤则与贤,天与子则与子。昔者,舜荐禹于天,十有七年。舜崩,三年之丧毕,禹避舜之子于阳城,天下之民从之,若尧崩之后不从尧之子而从舜也。禹荐益于天,七年,禹崩,三年之丧毕,益避禹之子于箕山之阴。朝觐、讼狱者不之益而之启,曰:'吾君之子也。'讴歌者不讴歌益而讴歌启,曰:'吾君之子也。'丹朱之不肖,舜之子亦不肖。舜之相尧、禹之相舜也,历年多,施泽与民久。启贤,能敬承继禹之道。益之相禹也,历年少,施泽与民未久。舜、禹、益相去久远,其子之贤不肖,皆天也,非人之所能为也。莫之为而为者,天也;莫之致而至者,命也。匹夫而有天下者,德必若舜、禹,而又有天子荐之者,故仲尼不有天下。继世以有天下,天之所废,必若桀、纣者也。故益、伊尹、周公不有天下。伊尹相汤以王于天下,汤崩,太丁未立,外丙二年,仲壬四年,太甲颠覆汤之典刑,伊尹放之于桐。三年,太甲悔过,自怨自艾,于桐处仁迁义;三年,以听伊尹之训己也,复归于亳。周公之不有天下,犹益之于夏,伊尹之于殷也。孔子曰:'唐、虞禅,夏后、殷、周继,其义一也。'"

7. 万章问曰："人有言，'伊尹以割烹要汤。'有诸？"

孟子曰："否。不然。伊尹耕于有莘之野，而乐尧舜之道焉。非其义也，非其道也，禄之以天下，弗顾也；系马千驷，弗视也。非其义也，非其道也，一介不以与人，一介不以取诸人。汤使人以币聘之，嚣嚣然曰：'我何以汤之聘币为哉？我岂若处畎亩之中，由是以乐尧舜之道哉？'汤三使往而聘之，既而幡然改曰：'与我处畎亩之中，由是以乐尧舜之道，吾岂若使是君为尧舜之君哉？吾岂若使是民为尧舜之民哉？吾岂若于吾身亲见之哉？天之生此民也，使先知觉后知，使先觉觉后觉也。予，天民之先觉者也；予将以斯道觉斯民也。非予觉之，而谁也？'思天下之民匹夫匹妇有不被尧舜之泽者，若己推而内之沟中。其自任以天下之重如此，故就汤而说之以伐夏救民。吾未闻枉己而正人者也，况辱己以正天下者乎？圣人之行不同也，或远，或近，或去，或不去，归洁其身而已矣。吾闻其以尧舜之道要汤，未闻以割烹也。《伊训》曰：'天诛造攻自牧宫，朕载自亳。'"

8. 万章问曰："或谓孔子于卫主痈疽，于齐主侍人瘠环，有诸乎？"

孟子曰："否，不然也；好事者为之也。于卫主颜雠由。弥子之妻与子路之妻，兄弟也。弥子谓子路曰：'孔子主我，卫卿可得也。'子路以告。孔子曰：'有命。'孔子进以礼，退以义，得之不得曰'有命'。而主痈疽与侍人瘠环，是无义无命也。孔子不悦于鲁、卫，遭宋桓司马将要而杀之，微服而过宋。是时孔子当阨，主司城贞子，为陈侯周臣。吾闻观近臣，以其所为主；观远臣，以其所主。若孔子主痈疽与侍人瘠环，何以为孔子？"

9. 万章问曰："或曰，'百里奚自鬻于秦养牲者五羊之皮，食牛，以要秦穆公。'信乎？"

孟子曰："否。不然也；好事者为之也。百里奚，虞人也。晋人以垂棘之璧与屈产之乘，假道于虞以伐虢。宫之奇谏，百里奚不谏。知虞公之不可谏而去，之秦，年已七十矣，曾不知以食牛干秦穆公之为污也，可谓智乎？不可谏而不谏，可谓不智乎？知虞公之将亡而先去之，不可谓不智也。时举于秦，知穆公之可与有行也而相之，可谓不智乎？相秦而显其君于天下，可传于后

附录：《孟子》白文

世，不贤而能之乎？自鬻以成其君，乡党自好者不为，而谓贤者为之乎？"

万　章　下

1. 孟子曰："伯夷目不视恶色，耳不听恶声，非其君不事，非其民不使，治则进，乱则退。横政之所出，横民之所止，不忍居也。思与乡人处，如以朝衣朝冠坐于涂炭也。当纣之时，居北海之滨，以待天下之清也。故闻伯夷之风者，顽夫廉，懦夫有立志。

"伊尹曰：'何事非君，何使非民？'治亦进，乱亦进，曰：'天之生斯民也，使先知觉后知，使先觉觉后觉也。予，天民之先觉者也；予将以此道觉此民也。'思天下之民匹夫匹妇有不与被尧舜之泽者，若己推而内之沟中。其自任以天下之重也。

"柳下惠不羞污君，不辞小官。进不隐贤，必以其道。遗佚而不怨，阨穷而不悯。与乡人处，由由然不忍去也。'尔为尔，我为我，虽袒裼裸裎于我侧，尔焉能浼我哉？'故闻柳下惠之风者，鄙夫宽，薄夫敦。

"孔子之去齐，接淅而行；去鲁，曰：'迟迟吾行也，去父母国之道也。'可以速而速，可以久而久，可以处而处，可以仕而仕，孔子也。"

孟子曰："伯夷，圣之清者也；伊尹，圣之任者也；柳下惠，圣之和者也；孔子，圣之时者也。孔子之谓集大成。集大成也者，金声而玉振之也。金声也者，始条理也；玉振之也者，终条理也。始条理者，智之事也；终条理者，圣之事也。智，譬则巧也；圣譬则力也。由射于百步之外，其至，尔力也；其中，非尔力也。"

2. 北宫锜问曰："周室班爵禄也，如之何？"

孟子曰："其详不可得闻也，诸侯恶其害己也，而皆去其籍，然而轲也尝闻其略也：天子一位，公一位，侯一位，伯一位，子、男同一位，凡五等也。君一位，卿一位，大夫一位，上士一位，中士一位，下士一位，凡六等。天子之制，地方千里，公、侯皆方百里，伯七十里，子、男五十里，凡四等。不能五十里，不达于天子，附于诸侯，曰附庸。天子之卿受地视侯，大夫受地视伯，元士视受地视子、男。大国地方百里,君十卿禄,卿禄四大夫,大夫倍上士,上士倍中士,中士倍下士,下士与庶人在官者同禄,禄足以代其耕也。次国地方七十里,君十卿禄,卿禄三大夫,大夫倍上士,上士倍中士,中士倍下士,下士与庶人在官者同禄,禄足以代其耕也。小国地方五十里,君十卿禄,卿禄二大夫,大夫倍上士,上士倍中士,中士倍下士,下士与庶人在官者同禄,禄足以代其耕也。耕者之所获,一夫百亩;百亩之粪,上农夫食九人,上次食八人,中食七人,中次食六人,下食五人。庶人在官者,其禄以是为差。"

3. 万章问曰:"敢问友。"

孟子曰:"不挟长,不挟贵,不挟兄弟为友。友也者,友其德也,不可以有挟也。孟献子,百乘之家也,有友五人焉:乐正裘、牧仲,其三人则予忘之矣。献子之与此五人者友也,无献子之家者也。此五人者,亦有献子之家,则不与之友矣。非惟百乘之家为然也,虽小国之君亦有之。费惠公曰:'吾于子思,则师之矣;吾于颜般,则友之矣;王顺、长息,则事我者也。'非惟小国之君为然也,虽大国之君亦有之。晋平公之于亥唐也,入云则入,坐云则坐,食云则食,虽蔬食菜羹未尝不饱,盖不敢不饱也。然终于此而已矣。弗与共天位也,弗与治天职也,弗与食天禄也,士之尊贤者也,非王公之尊贤者也。舜尚见帝,帝馆甥于贰室,亦飨舜,迭为宾主,是天子而友匹夫也。用下敬上,谓之贵贵;用上敬下,谓之尊贤。贵贵尊贤,其义一也。"

4. 万章问曰:"敢问交际何心也?"

孟子曰:"恭也。"

曰:"'却之却之为不恭',何哉?"

曰:"尊者赐之,曰:'其所取之者义乎,不义乎?'而后受之,以是为不恭,故弗却也。"

曰:"请无以辞却之,以心却之,曰,'其取诸民之不义也',而以他辞无受,不可乎?"

曰:"其交也以道,其接也以礼,斯孔子受之矣。"

万章曰:"今有御人于国门之外者,其交也以道,其馈也以礼,斯可受御与?"

曰:"不可。《康诰》曰:'杀越人于货,闵不畏死,凡民罔不譈。'是不待教而诛者也。殷受夏,周受殷,所不辞也。于今为烈,如之何其受之?"

曰:"今之诸侯之于民也,犹御也。苟善其礼际矣,斯君子受之,敢问何说也?"

曰:"子以为有王者作,将比今之诸侯而诛之乎?其教之不改而后诛之乎?夫谓非其有而取之者盗也,充类至义之尽也。孔子之仕于鲁也,鲁人猎较,孔子亦猎较。猎较犹可,而况受其赐乎?"

曰:"然则孔子之仕也,非事道与?"

曰:"事道也。"

"事道奚猎较也?"

曰:"孔子先簿正祭器,不以四方之食供簿正。"

曰:"奚不去也?"

曰:"为之兆也。兆足以行矣,而不行,而后去,是以未尝有所终三年淹也。孔子有见行可之仕,有际可之仕,有公养之仕。于季桓子,见行可之仕也;于卫灵公,际可之仕也;于卫孝公,公养之仕也。"

5. 孟子曰:"仕非为贫也,而有时乎为贫;娶妻非为养也,而有时乎为养。为贫者,辞尊居卑,辞富居贫。辞尊居卑,辞富居贫,恶乎宜乎?抱关击柝。孔子尝为委吏矣,曰:'会计当而已矣。'尝为乘田矣,曰:'牛羊茁壮长而已矣。'位卑而言高,罪也;立乎人之本朝,而道不行,耻也。"

6. 万章曰:"士之不托诸侯,何也?"

孟子曰:"不敢也。诸侯失国而后托于诸侯,礼也。士之托诸侯,非礼也。"

万章曰:"君馈之粟,则受之乎?"

曰:"受之。"

"受之何义也?"

曰:"君之于氓也,固周之。"

曰:"周之则受,赐之则不受,何也?"

曰:"不敢也。"

曰:"敢问其不敢何也?"

曰:"抱关击柝者皆有常职以食于上。无常职而赐于上者,以为不恭也。"

曰:"君馈之则受之,不识可常继乎?"

曰:"缪公之于子思也,亟问,亟馈鼎肉。子思不悦。于卒也,摽使者出诸大门之外,北面稽首再拜而不受,曰:'今而后知君之犬马畜伋。'盖自是台无馈也。悦贤不能举,又不能养,可谓悦贤乎?"

曰:"敢问国君欲养君子,如何斯可谓养矣?"

曰:"以君命将之,再拜稽首而受。其后廪人继粟,庖人继肉,不以君命将之。子思以为鼎肉使己仆仆亟拜也,非养君子之道也。尧之于舜也,使其子九男事之,二女女焉,百官牛羊仓廪备,以养舜于畎亩之中,后举而加诸上位,故曰:王公之尊贤者也。"

7. 万章曰:"敢问不见诸侯,何义也?"

孟子曰:"在国曰市井之臣,在野曰草莽之臣,皆谓庶人。庶人不传质为臣,不敢见于诸侯,礼也。"

万章曰:"庶人召之役,则往役;君欲见之,召之则不往见之,何也?"

曰:"往役,义也;往见,不义。且君之欲见之也,何为也哉?"

曰:"为其多闻也,为其贤也。"

曰:"为其多闻也,则天子不召师,而况诸侯乎？为其贤也,则吾未闻欲见贤而召之也。缪公亟见于子思,曰:'古千乘之国以友士,何如?'子思不悦,曰:'古之人有言曰：事之云乎,岂曰友之云乎?'子思之不悦也,岂不曰:'以位,则子君也,我臣也,何敢与君友也？以德,则子事我者也,奚可以与我友?'千乘之君求与之友而不可得也,而况可召与？齐景公田,招虞人以旌,不至,将杀之。'志士不忘在沟壑,勇士不忘丧其元。'孔子奚取焉？取非其招不往也。"

曰:"敢问招虞人何以?"

曰:"以皮冠。庶人以旃,士以旂,大夫以旌。以大夫之招招虞人,虞人死不敢往;以士之招招庶人,庶人岂敢往哉？况乎以不贤人之招招贤人乎？欲见贤人而不以其道,犹欲其入而闭之门也。夫义,路也;礼,门也。惟君子能由是路,出入是门也。《诗》云:'周道如底,其直如矢;君子所履,小人所视。'"

万章曰:"孔子,君命召,不俟驾而行。然则孔子非与?"

曰:"孔子当仕有官职,而以其官召之也。"

8. 孟子谓万章曰："一乡之善士斯友一乡之善士,一国之善士斯友一国之善士,天下之善士斯友天下之善士。以友天下之善士为未足,又尚论古之人,颂其诗,读其书,不知其人,可乎？是以论其世也。是尚友也。"

9. 齐宣王问卿。孟子曰："王何卿之问也？"

王曰："卿不同乎？"

曰："不同。有贵戚之卿,有异姓之卿。"

王曰："请问贵戚之卿？"

曰："君有大过则谏,反覆之而不听则易位。"

王勃然变乎色。

曰："王勿异也。王问臣,臣不敢不以正对。"

王色定,然后请问异姓之卿。

曰："君有过则谏,反覆之而不听则去。"

告 子 上

1. 告子曰："性,犹杞柳也。义,犹桮棬也。以人性为仁义,犹以杞柳为桮棬。"

孟子曰："子能顺杞柳之性而以为桮棬乎？将戕贼杞柳而后以为桮棬也？如将戕贼杞柳而以为桮棬,则亦将戕贼人以为仁义与？率天下之人而祸仁义者,必子之言夫！"

2. 告子曰："性犹湍水也,决诸东方则东流,决诸西方则西流。人性之无分于善不善也,犹水之无分于东西也。"

孟子曰："水信无分于东西,无分于上下乎？人性之善也,犹水之就下也。人无有不善,水无有不下。今夫水,搏而跃之,可使过颡；激而行之,可使在山。是岂水之性哉？其势则然也。人之可使为不善,其性亦犹是也。"

3. 告子曰："生之谓性。"

孟子曰："生之谓性也,犹白之谓白与？"

曰:"然。"

"白羽之白也犹白雪之白;白雪之白犹白玉之白与?"

曰:"然。"

"然则犬之性犹牛之性,牛之性犹人之性与?"

4. 告子曰:"食、色,性也。仁,内也,非外也;义,外也,非内也。"

孟子曰:"何以谓仁内义外也?"

曰:"彼长而我长之,非有长于我也;犹彼白而我白之,从其白于外也,故谓之外也。"

曰:"异于白马之白也,无以异于白人之白也。不识长马之长也,无以异于长人之长与？且谓长者义乎？长之者义乎？"

曰:"吾弟则爱之,秦人之弟则不爱也,是以我为悦者也,故谓之内。长楚人之长,亦长吾之长,是以长为悦者也,故谓之外也。"

曰:"耆秦人之炙,无以异于耆吾炙,夫物则亦有然者也。然则耆炙亦有外与?"

5. 孟季子问公都子曰:"何以谓义内也?"

曰:"行吾敬,故谓之内也。"

"乡人长于伯兄一岁,则谁敬?"

曰:"敬兄。"

"酌则谁先?"

曰:"先酌乡人。"

"所敬在此,所长在彼,果在外,非由内也。"

公都子不能答,以告孟子。

孟子曰:"'敬叔父乎？敬弟乎？'彼将曰:'敬叔父。'曰:'弟为尸,则谁敬？'彼将曰:'敬弟。'子曰:'恶在其敬叔父也？'彼将曰:'在位故也。'子亦曰:'在位故也。庸敬在兄,斯须之敬在乡人。'"

季子闻之,曰:"敬叔父则敬,敬弟则敬,果在外,非由内也。"

公都子曰:"冬日则饮汤,夏日则饮水,然则饮食亦在外也？"

6. 公都子曰:"告子曰:'性无善无不善也。'或曰:'性可以为善,可以为

附录：《孟子》白文

不善。是故文、武兴则民好善,幽、厉兴则民好暴。'或曰:'有性善,有性不善。是故以尧为君而有象;以瞽瞍为父而有舜;以纣为兄之子且以为君,而有微子启、王子比干。今曰性善,然则彼皆非与?"

孟子曰:"乃若其情,则可以为善矣,乃所谓善也。若夫为不善,非才之罪也。恻隐之心,人皆有之;羞恶之心,人皆有之;恭敬之心,人皆有之;是非之心,人皆有之。恻隐之心,仁也;羞恶之心,义也;恭敬之心,礼也;是非之心,智也。仁义礼智,非由外铄我也,我固有之也,弗思耳矣。故曰:'求则得之,舍则失之。'或相倍蓰而无算者,不能尽其才者也。《诗》曰:'天生蒸民,有物有则。民之秉夷,好是懿德。'孔子曰:'为此诗者,其知道乎!故有物必有则,民之秉夷也,故好是懿德。'"

7. 孟子曰:"富岁子弟多赖,凶岁子弟多暴,非天之降才尔殊也,其所以陷溺其心者然也。今夫麰麦,播种而耰之,其地同,树之时又同,浡然而生,至于日至之时,皆熟矣。虽有不同,则地有肥硗、雨露之养、人事之不齐也,故凡同类者,举相似也,何独至于人而疑之?圣人与我同类者。故龙子曰:'不知足而为屦,我知其不为蒉也。'屦之相似,天下之足同也。口之于味,有同耆也,易牙先得我口之所耆者也。如使口之于味也,其性与人殊,若犬马之与我不同类也,则天下何耆皆从易牙之于味也?至于味,天下期于易牙,是天下之口相似也。惟耳亦然,至于声,天下期于师旷,是天下之耳相似也。惟目亦然,至于子都,天下莫不知其姣也。不知子都之姣者,无目者也。故曰:口之于味也,有同耆焉;耳之于声也,有同听焉;目之于色也,有同美焉。至于心,独无所同然乎?心之所同然者何也?谓理也,义也。圣人先得我心之所同然耳。故理义之悦我心,犹刍豢之悦我口。"

8. 孟子曰:"牛山之木尝美矣,以其郊于大国也,斧斤伐之,可以为美乎?是其日夜之所息,雨露之所润,非无萌蘖之生焉,牛羊又从而牧之,是以若彼濯濯也。人见其濯濯也,以为未尝有材焉,此岂山之性也哉?虽存乎人者,岂无仁义之心哉?其所以放其良心者,亦犹斧斤之于木也,旦旦而伐之,可以为美乎?其日夜之所息,平旦之气,其好恶与人相近也者几希,则其旦昼之所为,有梏亡之矣。梏之反复,则其夜气不足以存;夜气不足以存,则其违禽兽不远矣。人见其禽兽也,而以为未尝有才焉者,是岂人之情也哉?故苟得其养,无物不长;苟失其养,无物不消。孔子曰:'操则存,舍则亡;出入无时,莫知其乡。'惟心之谓与。"

9. 孟子曰:"无或乎王之不智也。虽有天下易生之物也,一日暴之,十日寒之,未有能生者也。吾见亦罕矣,吾退而寒之者至矣,吾如有萌焉何哉?今夫奕之为数,小数也;不专心致志,则不得也。奕秋,通国之善奕者也。使奕秋诲二人奕,其一人专心致志,惟奕秋之为听。一人虽听之,一心以为有鸿鹄将至,思援弓缴而射之,虽与之俱学,弗若之矣。为是其智弗若与?曰:非然也。"

10. 孟子曰:"鱼,我所欲也,熊掌,亦我所欲也;二者不可得兼,舍鱼而取熊掌者也。生,亦我所欲也,义,亦我所欲也;二者不可得兼,舍生而取义者也。生亦我所欲,所欲有甚于生者,故不为苟得也;死亦我所恶,所恶有甚于死者,故患有所不辟也。如使人之所欲莫甚于生,则凡可以得生者,何不用也?使人之所恶莫甚于死者,则凡可以辟患者,何不为也?由是则生而有不用也,由是则可以辟患而有不为也。是故所欲有甚于生者,所恶有甚于死者。非独贤者有是心也,人皆有之,贤者能勿丧耳。一箪食,一豆羹,得之则生,弗得则死,嘑尔而与之,行道之人弗受,蹴尔而与之,乞人不屑也。万锺则不辨礼义而受之,万锺于我何加焉?为宫室之美,妻妾之奉,所识穷乏者得我与?乡为身死而不受,今为宫室之美为之;乡为身死而不受,今为妻妾之奉为之;乡为身死而不受,今为所识穷乏者得我而为之,是亦不可以已乎?此之谓失其本心。"

11. 孟子曰:"仁,人心也;义,人路也。舍其路而弗由,放其心而不知求,哀哉!人有鸡犬放,则知求之,有放心而不知求。学问之道无他,求其放心而已矣。"

12. 孟子曰:"今有无名之指屈而不信,非疾痛害事也,如有能信之者,则不远秦楚之路,为指之不若人也。指不若人,则知恶之,心不若人则不知恶,此之谓不知类也。"

13. 孟子曰:"拱把之桐、梓,人苟欲生之,皆知所以养之者。至于身,而不知所以养之者,岂爱身不若桐、梓哉? 弗思甚也。"

14. 孟子曰:"人之于身也,兼所爱。兼所爱,则兼所养也。无尺寸之肤不爱焉,则无尺寸之肤不养也。所以考其善不善者,岂有他哉? 于己取之而已矣。体有贵贱,有小大。无以小害大,无以贱害贵。养其小者为小人,养其大者为大人。今有场师,舍其梧槚,养其樲棘,则为贱场师焉。养其一指而失其肩背,而不知也,则为狼疾人也。饮食之人,则人贱之矣,为其养小以失大也。饮食之人无有失也,则口腹岂适为尺寸之肤哉?"

15. 公都子问曰:"钧是人也,或为大人,或为小人,何也?"

孟子曰:"从其大体为大人,从其小体为小人。"

曰:"钧是人也,或从其大体,或从其小体,何也?"

曰:"耳目之官不思,而蔽于物。物交物,则引之而已矣。心之官则思,思则得之,不思则不得也。此天之所与我者。先立乎其大者,则其小者不能夺也。此为大人而已矣。"

16. 孟子曰:"有天爵者,有人爵者。仁义忠信,乐善不倦,此天爵也;公卿大夫,此人爵也。古之人修其天爵,而人爵从之。今之人修其天爵,以要人爵;既得人爵,而弃其天爵,则惑之甚者也,终亦必亡而已矣。"

17. 孟子曰:"欲贵者,人之同心也。人人有贵于己者,弗思耳矣。人之所贵者,非良贵也。赵孟之所贵,赵孟能贱之。《诗》云:'既醉以酒,既饱以德。'言饱乎仁义也,所以不愿人之膏粱之味也。令闻广誉施于身,所以不愿人之文绣也。"

18. 孟子曰:"仁之胜不仁也,犹水胜火。今之为仁者,犹以一杯水救一车薪之火也;不熄,则谓之水不胜火,此又与于不仁之甚者也,亦终必亡而已矣。"

19. 孟子曰:"五谷者,种之美者也;苟为不熟,不如荑稗。夫仁,亦在熟之而已矣。"

20. 孟子曰:"羿之教人射,必志于彀,学者亦必志于彀。大匠诲人,必以规矩,学者亦必以规矩。"

告 子 下

1. 任人有问屋庐子曰:"礼与食孰重?"

曰:"礼重。"

"色与礼孰重?"

曰:"礼重。"

曰:"以礼食,则饥而死;不以礼食,则得食,必以礼乎?亲迎,则不得妻;不亲迎,则得妻,必亲迎乎?"

屋庐子不能对,明日之邹,以告孟子。

孟子曰:"于答是也何有?不揣其本,而齐其末,方寸之木可使高于岑楼。金重于羽者,岂谓一钩金与一舆羽之谓哉?取食之重者,与礼之轻者而比之,奚翅食重?取色之重者与礼之轻者而比之,奚翅色重?往应之曰:'紾兄之臂而夺食之,则得食;不紾则不得食,则将紾之乎?逾东墙而搂其处子,则得妻;不搂,则不得妻,则将搂之乎?'"

2. 曹交问曰:"人皆可以为尧舜,有诸?"

孟子曰:"然。"

"交闻文王十尺,汤九尺,今交九尺四寸以长,食粟而已,如何则可?"

曰:"奚有于是?亦为之而已矣。有人于此,力不能胜一匹雏,则为无力人矣;今曰举百钧,则为有力人矣。然则举乌获之任,是亦为乌获而已矣。夫人岂以不胜为患哉?弗为耳。徐行后长者谓之弟,疾行先长者谓之不弟。夫徐行者,岂人所不能哉?所不为也。尧舜之道,孝弟而已矣。子服尧之服,诵尧之言,行尧之行,是尧而已矣。子服桀之服,诵桀之言,行桀之行,是桀而已矣。"

曰:"交得见于邹君,可以假馆,愿留而受业于门。"

曰:"夫道若大路然,岂难知哉?人病不求耳。子归而求之,有余师!"

3. 公孙丑问曰:"高子曰:'《小弁》,小人之诗也。'"

孟子曰:"何以言之?"

曰:"怨。"

曰:"固哉,高叟之为诗也!有人于此,越人关弓而射之,则已谈笑而道之;无他,疏之也。其兄关弓而射之,则已垂涕泣而道之;无他,戚之也。《小弁》之怨,亲亲也。亲亲,仁也。固矣夫,高叟之为诗也!"

曰:"《凯风》何以不怨?"

曰:"《凯风》,亲之过小者也。《小弁》,亲之过大者也。亲之过大而不怨,是愈疏也;亲之过小而怨,是不可矶也。愈疏,不孝也;不可矶,亦不孝也。孔子曰:'舜其至孝矣,五十而慕。'"

4. 宋牼将之楚,孟子遇于石丘,曰:"先生将何之?"

曰:"吾闻秦楚构兵,我将见楚王说而罢之。楚王不悦,我将见秦王说而罢之。二王我将有所遇焉。"

曰:"轲也请无问其详,愿闻其指。说之将何如?"

曰:"我将言其不利也。"

曰:"先生之志则大矣,先生之号则不可。先生以利说秦楚之王,秦楚之王悦于利,以罢三军之师,是三军之士乐罢而悦于利也。为人臣者怀利以事其君,为人子者怀利以事其父,为人弟者怀利以事其兄,是君臣、父子、兄弟终去仁义。怀利以相接,然而不亡者,未之有也。先生以仁义说秦楚之王,秦楚之王悦于仁义,而罢三军之师,是三军之士乐罢而悦于仁义也。为人臣者怀仁义以事其君,为人子者怀仁义以事其父,为人弟者怀仁义以事其兄,是君臣、父子、兄弟去利,怀仁义以相接也,然而不王者,未之有也。何必曰利?"

5. 孟子居邹,季任为任处守,以币交,受之而不报。处于平陆,储子为相,以币交,受之而不报。他日,由邹之任,见季子;由平陆之齐,不见储子。屋庐子喜曰:"连得间矣。"问曰:"夫子之任,见季子;之齐,不见储子,为其为相与?"

曰:"非也。《书》曰:'享多仪,仪不及物曰不享,惟不役志于享。'为其不成享也。"

屋庐子悦。或问之,屋庐子曰:"季子不得之邹,储子得之平陆。"

6. 淳于髡曰:"先名实者,为人也;后名实者,自为也。夫子在三卿之中,名实未加于上下而去之,仁者固如此乎?"

孟子曰:"居下位,不以贤事不肖者,伯夷也。五就汤、五就桀者,伊尹也。不恶污君,不辞小官者,柳下惠也。三子者不同道,其趋一也。一者何也?曰:仁也。君子亦仁而已矣,何必同?"

曰:"鲁缪公之时,公仪子为政,子柳、子思为臣,鲁之削地也滋甚。若是乎贤者之无益于国也?"

曰:"虞不用百里奚而亡,秦穆公用之而霸。不用贤则亡,削何可得与?"

曰:"昔者王豹处于淇而河西善讴,绵驹处于高唐而齐右善歌,华周、杞梁之妻善哭其夫而变国俗。有诸内,必形诸外。为其事而无其功者,髡未尝睹之也。是故无贤者也,有则髡必识之。"

曰:"孔子为鲁司寇,不用,从而祭,燔肉不至,不税冕而行。不知者以为为肉也,其知者以为为无礼也。乃孔子则欲以微罪行,不欲为苟去。君子之所为,众人固不识也。"

7. 孟子曰:"五霸者,三王之罪人也。今之诸侯,五霸之罪人也。今之大夫,今之诸侯之罪人也。天子适诸侯曰巡狩,诸侯朝于天子曰述职。春省耕而补不足,秋省敛而助不给。入其疆,土地辟,田野治,养老尊贤,俊杰在位,则有庆;庆以地。入其疆,土地荒芜,遗老失贤,掊克在位,则有让。一不朝,则贬其爵;再不朝,则削其地;三不朝,则六师移之。是故天子讨而不伐,诸侯伐而不讨。五霸者,搂诸侯以伐诸侯者也。故曰:五霸者,三王之罪人也。五霸,桓公为盛。葵丘之会,诸侯束牲载书而不歃血。初命曰,诛不孝,无易树子,无以妾为妻。再命曰,尊贤育才,以彰有德。三命曰,敬老慈幼,无忘宾旅。四命曰,士无世官,官事无摄,取士必得,无专杀大夫。五命曰,无曲防,无遏籴,无有封而不告。曰:凡我同盟之人,既盟之后,言归于好。今之诸侯皆犯此五禁,故曰:今之诸侯,五霸之罪人也。长君之恶其罪小,逢君之恶其罪大。今之大夫皆逢君之恶,故曰:今之大夫,今之诸侯之罪人也。"

8. 鲁欲使慎子为将军。孟子曰:"不教民而用之,谓之殃民。殃民者,不容于尧舜之世。一战胜齐,遂有南阳,然且不可……"

慎子勃然不悦曰:"此则滑釐所不识也。"

曰:"吾明告子。天子之地方千里,不千里,不足以待诸侯;诸侯之地方百里,不百里,不足以守宗庙之典籍。周公之封于鲁,为方百里也,地非不足也,而俭于百里。太公之封于齐也,亦为方百里也,地非不足也,而俭于百里。今鲁方百里者五,子以为有王者作,则鲁在所损乎,在所益乎?徒取诸彼以与此,然且仁者不为,况于杀人以求之乎!君子之事君也,务引其君以当道,志于仁而已。"

9. 孟子曰:"今之事君者皆曰:'我能为君辟土地,充府库。'今之所谓良臣,古之所谓民贼也。君不乡道,不志于仁,而求富之,是富桀也。'我能为君约与国,战必克。'今之所谓良臣,古之所谓民贼也。君不乡道,不志于仁,而求为之强战,是辅桀也。由今之道,无变今之俗,虽与之天下,不能一朝居也。"

10. 白圭曰:"吾欲二十而取一,何如?"

孟子曰:"子之道,貉道也。万室之国,一人陶,则可乎?"

曰:"不可。器不足用也。"

曰:"夫貉,五谷不生,惟黍生之。无城郭、宫室、宗庙、祭祀之礼,无诸侯币帛饔飧,无百官有司,故二十取一而足也。今居中国,去人伦,无君子,如之何其可也?陶以寡,且不可以为国,况无君子乎?欲轻之于尧舜之道者,大貉小貉也。欲重尧舜之道者,大桀小桀也。"

11. 白圭曰:"丹之治水也愈于禹。"

孟子曰:"子过矣。禹之治水,水之道也,是故禹以四海为壑。今吾子以邻国为壑。水逆行谓之洚水;洚水者,洪水也,仁人之所恶也。吾子过矣!"

12. 孟子曰:"君子不亮,恶乎执?"

13. 鲁欲使乐正子为政。孟子曰:"吾闻之,喜而不寐。"

公孙丑曰:"乐正子强乎?"

曰:"否。"

"多闻识乎?"

曰:"否。"

"然则奚为喜而不寐?"

曰:"其为人也好善。"

"好善足乎?"

曰:"好善优于天下,而况鲁国乎? 夫苟好善,则四海之内皆将轻千里而来告之以善。夫苟不好善,则人将曰:'訑訑,予既已知之矣!'訑訑之声音颜色,距人于千里之外。士止于千里之外,则谗谄面谀之人至矣。与谗谄面谀之人居,国欲治,可得乎?"

14. 陈子曰:"古之君子何如则仕?"

孟子曰:"所就三,所去三。迎之致敬以有礼;言,将行其言也,则就之。礼貌未衰,言弗行也,则去之。其次,虽未行其言也,迎之致敬以有礼,则就之。礼貌衰,则去之。其下,朝不食,夕不食,饥饿不能出门户,君闻之,曰:'吾大者不能行其道,又不能从其言也,使饥饿于我土地,吾耻之。'周之,亦可受也,免死而已矣。"

15. 孟子曰:"舜发于畎亩之中,傅说举于版筑之间,胶鬲举于鱼盐之中,管夷吾举于士,孙叔敖举于海,百里奚举于市。故天将降大任于是人也,必先苦其心志,劳其筋骨,饿其体肤,空乏其身,行拂乱其所为,所以动心忍性,曾益其所不能。人恒过,然后能改;困于心,衡于虑,而后作;徵于色,发于声,而后喻。入则无法家拂士,出则无敌国外患者,国恒亡。然后知生于忧患而死于安乐也。"

16. 孟子曰:"教亦多术矣,予不屑之教诲也者,是亦教诲之而已矣。"

尽 心 上

1. 孟子曰:"尽其心者,知其性也。知其性,则知天矣。存其心,养其性,所以事天也。殀寿不贰,修身以俟之,所以立命也。"

2. 孟子曰:"莫非命也,顺受其正;是故知命者不立乎岩墙之下。尽其道而死者,正命也;桎梏死者,非正命也。"

3. 孟子曰:"求则得之,舍则失之,是求有益于得也,求在我者也。求之有道,得之有命,是求无益于得也,求在外者也。"

4. 孟子曰:"万物皆备于我矣。反身而诚,乐莫大焉。强恕而行,求仁莫近焉。"

5. 孟子曰:"行之而不著焉,习矣而不察焉,终身由之而不知其道者,众也。"

6. 孟子曰:"人不可以无耻。无耻之耻,无耻矣。"

7. 孟子曰:"耻之于人大矣。为机变之巧者,无所用耻焉。不耻不若人,何若人有?"

8. 孟子曰:"古之贤王好善而忘势;古之贤士何独不然?乐其道而忘人之势,故王公不致敬尽礼,则不得亟见之。见且由不得亟,而况得而臣之乎?"

9. 孟子谓宋句践曰:"子好游乎?吾语子游。人知之,亦嚣嚣;人不知,亦嚣嚣。"

曰:"何如斯可以嚣嚣矣?"

曰:"尊德乐义,则可以嚣嚣矣。故士穷不失义,达不离道。穷不失义,故士得己焉;达不离道,故民不失望焉。古之人,得志,泽加于民;不得志,修身见于世。穷则独善其身,达则兼善天下。"

10. 孟子曰:"待文王而后兴者,凡民也。若夫豪杰之士,虽无文王犹兴。"

11. 孟子曰:"附之以韩、魏之家,如其自视欿然,则过人远矣。"

12. 孟子曰:"以佚道使民,虽劳不怨。以生道杀民,虽死不怨杀者。"

13. 孟子曰:"霸者之民,驩虞如也;王者之民,皞皞如也。杀之而不怨,利之而不庸,民日迁善不知为之者。夫君子所过者化,所存者神,上下与天地同流,岂曰小补之哉?"

14. 孟子曰:"仁言不如仁声之入人深也,善政不如善教之得民也。善政民畏之,善教民爱之。善政得民财,善教得民心。"

15. 孟子曰:"人之所不学而能者,其良能也;所不虑而知者,其良知也。孩提之童,无不知爱其亲者,及其长也,无不知敬其兄也。亲亲,仁也;敬长,义也。无他,达之天下也。"

16. 孟子曰:"舜之居深山之中,与木石居,与鹿豕游,其所以异于深山之野人者几希。及其闻一善言,见一善行,若决江河,沛然莫之能御也。"

17. 孟子曰:"无为其所不为,无欲其所不欲,如此而已矣。"

18. 孟子曰:"人之有德慧术知者,恒存乎疢疾。独孤臣孽子,其操心也危,其虑患也深,故达。"

19. 孟子曰:"有事君人者,事是君则为容悦者也;有安社稷者,以安社稷为悦者也;有天民者,达可行于天下而后行之者;有大人者,正己而物正者也。"

20. 孟子曰:"君子有三乐,而王天下不与存焉。父母俱存,兄弟无故,一乐也;仰不愧于天,俯不怍于人,二乐也;得天下英才而教育之,三乐也。君子有三乐,而王天下不与存焉!"

21. 孟子曰:"广土众民,君子欲之,所乐不存焉。中天下而立,定四海之民,君子乐之,所性不存焉。君子所性,虽大行不加焉,虽穷居不损焉,分定故也。君子所性,仁义礼智根于心,其生色也睟然,见于面,盎于背,施于四体,四体不言而喻。"

22. 孟子曰:"伯夷辟纣,居北海之滨,闻文王作,兴曰:'盍归乎来!吾闻西伯善养老者。'太公辟纣,居东海之滨,闻文王作,兴曰:'盍归乎来!吾闻西伯善养老者。'天下善养老,则仁人以为己归矣。五亩之宅,树墙下以桑,匹妇蚕之,则老者足以衣帛矣。五母鸡,二母彘,无失其时,老者足以无失肉矣。百亩之田,匹夫耕之,八口之家足以无饥矣。所谓西伯善养老者,制其田里,教之树畜,导其妻子使养其老。五十非帛不煖,七十非肉不饱。不煖不饱,谓之冻馁。文王之民无冻馁之老者,此之谓也。"

23. 孟子曰:"易其田畴,薄其税敛,民可使富也。食之以时,用之以礼,财不可胜用也。民非水火不生活，昏暮叩人之门户求水火，无弗与者，至足矣。圣人治天下，使有菽粟如水火。菽粟如水火，而民焉有不仁者乎？"

24. 孟子曰："孔子登东山而小鲁，登泰山而小天下。故观于海者难为水，游于圣人之门者难为言。观水有术，必观其澜。日月有明，容光必照焉。流水之为物也，不盈科不行。君子之志于道也，不成章不达。"

25. 孟子曰："鸡鸣而起，孳孳为善者，舜之徒也；鸡鸣而起，孳孳为利者，跖之徒也。欲知舜与跖之分，无他，利与善之间也。"

26. 孟子曰："杨子取为我，拔一毛而利天下，不为也。墨子兼爱，摩顶放踵利天下，为之。子莫执中。执中为近之。执中无权，犹执一也。所恶执一者，为其贼道也，举一而废百也。"

27. 孟子曰："饥者甘食，渴者甘饮，是未得饮食之正也，饥渴害之也。岂惟口腹有饥渴之害？人心亦皆有害。人能无以饥渴之害为心害，则不及人不为忧矣。"

28. 孟子曰："柳下惠不以三公易其介。"

29. 孟子曰："有为者辟如掘井，掘井九轫而不及泉，犹为弃井也。"

30. 孟子曰："尧、舜性之也，汤、武身之也，五霸假之也。久假而不归，恶知其非有也？"

31. 公孙丑曰："伊尹曰：'予不狎于不顺。'放太甲于桐，民大悦。太甲贤，又反之，民大悦。贤者之为人臣也，其君不贤，则固可放与？"

孟子曰："有伊尹之志则可，无伊尹之志则篡也。"

32. 公孙丑曰："《诗》曰：'不素餐兮！'君子之不耕而食，何也？"

孟子曰："君子居是国也，其君用之，则安富尊荣；其子弟从之，则孝悌忠信。'不素餐兮'，孰大于是？"

33. 王子垫问曰："士何事？"

孟子曰："尚志。"

曰："何谓尚志？"

曰："仁义而已矣。杀一无罪，非仁也；非其有而取之，非义也。居恶在？仁是也；路恶在？义是也。居仁由义，大人之事备矣。"

34. 孟子曰："仲子，不义与之齐国而弗受，人皆信之，是舍箪食豆羹之义也。人莫大焉亡亲戚君臣上下。以其小者信其大者，奚可哉？"

35. 桃应问曰："舜为天子，皋陶为士，瞽瞍杀人，则如之何？"

孟子曰："执之而已矣。"

"然则舜不禁与？"

曰："夫舜恶得而禁之？夫有所受之也。"

"然则舜如之何？"

曰："舜视弃天下犹弃敝蹝也。窃负而逃，遵海滨而处，终身䜣然，乐而忘天下。"

36. 孟子自范之齐，望见齐王之子，喟然叹曰："居移气，养移体，大哉居乎！夫非尽人之子与？"

孟子曰："王子宫室、车马、衣服多与人同，而王子若彼者，其居使之然也；况居天下之广居者乎？鲁君之宋，呼于垤泽之门，守者曰：'此非吾君也，何其声之似我君也？'此无他，居相似也。"

37. 孟子曰："食而弗爱，豕交之也；爱而不敬，兽畜之也。恭敬者，币之未将者也。恭敬而无实，君子不可虚拘。"

38. 孟子曰："形色，天性也；惟圣人然后可以践形。"

39. 齐宣王欲短丧。公孙丑曰："为期之丧，犹愈于已乎？"

孟子曰："是犹或紾其兄之臂，子谓之姑徐徐云尔，亦教之孝悌而已矣。"

王子有其母死者，其傅为之请数月之丧。公孙丑曰："若此者何如也？"

曰："是欲终之而不可得也。虽加一日愈于已，谓夫莫之禁而弗为者也。"

40. 孟子曰："君子之所以教者五：有如时雨化之者，有成德者，有达财者，有答问者，有私淑艾者。此五者，君子之所以教也。"

41. 公孙丑曰:"道则高矣,美矣,宜若登天然,似不可及也。何不使彼为可几及而日孳孳也?"

孟子曰:"大匠不为拙工改废绳墨,羿不为拙射变其彀率。君子引而不发,跃如也;中道而立,能者从之。"

42. 孟子曰:"天下有道,以道殉身;天下无道,以身殉道。未闻以道殉乎人者也。"

43. 公都子曰:"滕更之在门也,若在所礼而不答,何也?"

孟子曰:"挟贵而问,挟贤而问,挟长而问,挟有勋而问,挟故而问,皆所不答也。滕更有二焉。"

44. 孟子曰:"于不可已而已者,无所不已。于所厚者薄,无所不薄也。其进锐者,其退速。"

45. 孟子曰:"君子之于物也,爱之而弗仁;于民也,仁之而弗亲。亲亲而仁民,仁民而爱物。"

46. 孟子曰:"知者无不知也,当务之为急;仁者无不爱也,急亲贤之为务。尧舜之知而不遍物,急先务也;尧舜之仁不遍爱人,急亲贤也。不能三年之丧而缌、小功之察,放饭、流歠而问无齿决,是之谓不知务。"

尽 心 下

1. 孟子曰:"不仁哉梁惠王也!仁者以其所爱及其所不爱,不仁者以其所不爱及其所爱。"

公孙丑问曰:"何谓也?"

"梁惠王以土地之故,糜烂其民而战之,大败,将复之,恐不能胜,故驱其所爱子弟以殉之,是之谓以其所不爱及其所爱也。"

2. 孟子曰:"春秋无义战,彼善于此,则有之矣。征者,上伐下也,敌国不相征也。"

3. 孟子曰："尽信《书》，则不如无《书》。吾于《武成》，取二三策而已矣。仁人无敌于天下，以至仁伐至不仁，而何其血之流杵也？"

4. 孟子曰："有人曰：'我善为阵，我善为战'，大罪也。国君好仁，天下无敌焉。南面而征北狄怨，东面而征西夷怨，曰：'奚为后我？'武王之伐殷也，革车三百两，虎贲三千人。王曰：'无畏！宁尔也，非敌百姓也。'若崩厥角稽首。征之为言正也，各欲正己也，焉用战？"

5. 孟子曰："梓匠轮舆能与人规矩，不能使人巧。"

6. 孟子曰："舜之饭糗茹草也，若将终身焉。及其为天子也，被袗衣，鼓琴，二女果，若固有之。"

7. 孟子曰："吾今而后知杀人亲之重也。杀人之父，人亦杀其父；杀人之兄，人亦杀其兄。然则非自杀之也？一间耳。"

8. 孟子曰："古之为关也，将以御暴；今之为关也，将以为暴。"

9. 孟子曰："身不行道，不行于妻子；使人不以道，不能行于妻子。"

10. 孟子曰："周于利者，凶年不能杀；周于德者，邪世不能乱。"

11. 孟子曰："好名之人，能让千乘之国。苟非其人，箪食、豆羹见于色。"

12. 孟子曰："不信仁贤则国空虚，无礼义则上下乱，无政事则财用不足。"

13. 孟子曰："不仁而得国者，有之矣；不仁而得天下者，未之有也。"

14. 孟子曰："民为贵，社稷次之，君为轻。是故得乎丘民而为天子，得乎天子为诸侯，得乎诸侯为大夫。诸侯危社稷，则变置。牺牲既成，粢盛既洁，祭祀以时，然而旱干水溢，则变置社稷。"

15. 孟子曰："圣人，百世之师也，伯夷、柳下惠是也。故闻伯夷之风者，顽夫廉，懦夫有立志；闻柳下惠之风者，薄者敦，鄙夫宽。奋乎百世之上，百世之下闻者莫不兴起也，非圣人而能若是乎？而况于亲炙之者乎？"

16. 孟子曰："仁也者，人也。合而言之，道也。"

17. 孟子曰:"孔子之去鲁,曰:'迟迟吾行也。'去父母国之道也。去齐,接淅而行,去他国之道也。"

18. 孟子曰:"君子之戹于陈、蔡之间,无上下之交也。"

19. 貉稽曰:"稽大不理于口。"

20. 孟子曰:"无伤也。士憎兹多口。《诗》云:'忧心悄悄,愠于群小',孔子也。'肆不殄厥愠,亦不殒厥问',文王也。"

21. 孟子曰:"贤者以其昭昭,使人昭昭;今以其昏昏,使人昭昭。"

22. 孟子谓高子曰:"山径之蹊间,介然用之而成路;为间不用,则茅塞之矣。今茅塞子之心矣。"

23. 高子曰:"禹之声尚文王之声。"
孟子曰:"何以言之?"
曰:"以追蠡。"
曰:"是奚足哉?城内之轨,两马之力与?"

24. 齐饥,陈臻曰:"国人皆以夫子将复为发棠,殆不可复。"
孟子曰:"是为冯妇也。晋人有冯妇者,善搏虎,卒为善士。则之野,有众逐虎。虎负隅,莫之敢撄。望见冯妇,趋而迎之。冯妇攘臂下车,众皆悦之,其为士者笑之。"

25. 孟子曰:"口之于味也,目之于色也,耳之于声也,鼻之于臭也,四肢之于安佚也,性也。有命焉,君子不谓性也。仁之于父子也,义之于君臣也,礼之于宾主也,知之于贤者也,圣人之于天道也,命也。有性焉,君子不谓命也。"

26. 浩生不害问曰:"乐正子何人也?"
孟子曰:"善人也,信人也。"
"何谓善?何谓信?"
曰:"可欲之谓善,有诸己之谓信,充实之谓美,充实而有光辉之谓大,大而化之之谓圣,圣而不可知之之谓神。乐正子,二之中、四之下也。"

27. 孟子曰："逃墨必归于杨,逃杨必归于儒。归,斯受之而已矣。今之与杨、墨辩者,如追放豚,既入其苙,又从而招之。"

28. 孟子曰："有布缕之征,粟米之征,力役之征。君子用其一,缓其二。用其二而民有殍,用其三而父子离。"

29. 孟子曰："诸侯之宝三:土地,人民,政事。宝珠玉者,殃必及身。"

30. 盆成括仕于齐,孟子曰:"死矣盆成括!"
盆成括见杀,门人问曰:"夫子何以知其将见杀?"
曰:"其为人也小有才,未闻君子之大道也,则足以杀其躯而已矣。"

31. 孟子之滕,馆于上宫。有业屦于牖上,馆人求之弗得。或问之曰:"若是乎从者之廋也?"
曰:"子以是为窃屦来与?"
曰:"殆非也。"
"夫子之设科也,往者不追,来者不拒。苟以是心至,斯受之而已矣。"

32. 孟子曰:"人皆有所不忍,达之于其所忍,仁也;人皆有所不为,达之于其所为,义也。人能充无欲害人之心,而仁不可胜用也;人能充无穿逾之心,而义不可胜用也;人能充无受尔、汝之实,无所往而不为义也。士未可以言而言,是以言餂之也。可以言而不言,是以不言餂之也,是皆穿逾之类也。"

33. 孟子曰:"言近而指远者,善言也;守约而施博者,善道也。君子之言也,不下带而道存焉;君子之守,修其身而天下平。人病舍其田而芸人之田,所求于人者重,而所以自任者轻。"

34. 孟子曰:"尧、舜,性者也;汤、武,反之也。动容周旋中礼者,盛德之至也。哭死而哀,非为生者也。经德不回,非以干禄也。言语必信,非以正行也。君子行法以俟命而已矣。"

35. 孟子曰:"说大人则藐之,勿视其巍巍然。堂高数仞,榱题数尺,我得志,弗为也。食前方丈,侍妾数百人,我得志,弗为也。般乐饮酒,驱骋田猎,后车千乘,我得志,弗为也。在彼者,皆我所不为也;在我者,皆古之制也,吾何畏彼哉?"

36. 孟子曰:"养心莫善于寡欲。其为人也寡欲,虽有不存焉者,寡矣;其为人也多欲,虽有存焉者,寡矣。"

37. 曾晳嗜羊枣,而曾子不忍食羊枣。公孙丑问曰:"脍炙与羊枣孰美?"

孟子曰:"脍炙哉!"

公孙丑曰:"然则曾子何为食脍炙而不食羊枣?"

曰:"脍炙所同也,羊枣所独也。讳名不讳姓,姓所同也,名所独也。"

38. 万章问曰:"孔子在陈曰:'盍归乎来!吾党之士狂简,进取,不忘其初。'孔子在陈,何思鲁之狂士?"

孟子曰:"孔子'不得中道而与之,必也狂狷乎!狂者进取,狷者有所不为。'孔子岂不欲中道哉?不可必得,故思其次也。"

"敢问何如斯可谓狂矣?"

曰:"如琴张、曾晳、牧皮者,孔子之所谓狂矣。"

"何以谓之狂也?"

曰:"其志嘐嘐然,曰:'古之人,古之人。'夷考其行而不掩焉者也。狂者又不可得,欲得不屑不洁之士而与之,是狷也,是又其次也。孔子曰:'过我门而不入我室,我不憾焉者,其惟乡原乎!乡原,德之贼也。'"

曰:"何如斯可谓乡原矣?"

曰:"'何以是嘐嘐也?言不顾行,行不顾言,则曰,古之人,古之人。行何为踽踽凉凉?生斯世也,为斯世也,善斯可矣。'阉然媚于世也者,是乡原也。"

万子曰:"一乡皆称原人焉,无所往而不为原人,孔子以为德之贼,何哉?"

曰:"非之无举也,刺之无刺也,同乎流俗,合乎污世,居之似忠信,行之似廉洁,众皆悦之,自以为是,而不可与入尧舜之道,故曰'德之贼'也。孔子曰,恶似而非者:恶莠,恐其乱苗也;恶佞,恐其乱义也;恶利口,恐其乱信也;恶郑声,恐其乱乐也;恶紫,恐其乱朱也;恶乡原,恐其乱德也。君子反经而已矣。经正,则庶民兴;庶民兴,斯无邪慝矣。"

39. 孟子曰:"由尧、舜至于汤五百有余岁,若禹、皋陶则见而知之,若汤

《孟子》精读

则闻而知之。由汤至于文王五百有余岁,若伊尹、莱朱则见而知之,若文王则闻而知之。由文王至于孔子五百有余岁,若太公望、散宜生则见而知之,若孔子则闻而知之。由孔子而来至于今百有余岁,去圣人之世若此其未远也,近圣人之居若此其甚也,然而无有乎尔,则亦无有乎尔。"

图书在版编目(CIP)数据

《孟子》精读/徐洪兴著.—上海:复旦大学出版社,2010.8(2017.3重印)
(哲学原典精读系列)
ISBN 978-7-309-07097-2

Ⅰ.孟… Ⅱ.徐… Ⅲ.①儒家②孟子-研究 Ⅳ.B222.55

中国版本图书馆 CIP 数据核字(2010)第 031292 号

《孟子》精读
徐洪兴 著
责任编辑/陈 军

复旦大学出版社有限公司出版发行
上海市国权路579号 邮编:200433
网址:fupnet@fudanpress.com   http://www.fudanpress.com
门市零售:86-21-65642857   团体订购:86-21-65118853
外埠邮购:86-21-65109143
上海华业装潢印刷厂有限公司

开本 787×960 1/16 印张 14.75 字数 215 千
2017 年 3 月第 1 版第 2 次印刷

ISBN 978-7-309-07097-2/B·342
定价:25.00 元

如有印装质量问题,请向复旦大学出版社有限公司发行部调换。
版权所有   侵权必究